高等职业教育物流类专业系列教材

# 货物学

主　编　颉栋栋
副主编　植海姬　唐玉藏　梁小孟　孙　莉
参　编　覃毅康　朱玮羚　农华富　吴小恒

机械工业出版社
CHINA MACHINE PRESS

本书是全国物流职业教育教学指导委员会"基于新专业标准的物流类专业教材建设"专项课题研究成果教材。本书依据新专业标准，采用理论阐述、案例分析与实践操作相结合的多元化教学方法，旨在引导学生全面掌握货物的基础知识，包括货物的概念、性质、分类体系、编码原则、质量管理、检验流程、包装技术、储存管理、养护方法，以及特殊货物的专门处理与管理技巧。通过这种综合教学模式，学生能够构建起完善的专业素养框架，为未来在物流及关联行业的职业生涯打下牢固的基础。教材内容紧密贴合工作实际，注重培育学生的职业技能和解决实际问题的能力。

本书既可供职业院校现代物流管理、铁路物流管理、港口物流管理、冷链物流技术与管理、道路运输管理等专业学生学习使用，也可供各类货物运输企业、仓储物流企业、货代企业及相关行业的从业人员自学相关知识，提高自身技能使用。

### 图书在版编目（CIP）数据

货物学／颉栋栋主编． -- 北京：机械工业出版社，2025．7． --（高等职业教育物流类专业系列教材）．

ISBN 978-7-111-78972-7

Ⅰ．F252

中国国家版本馆 CIP 数据核字第 2025LN7061 号

机械工业出版社（北京市百万庄大街22号　邮政编码100037）
策划编辑：孔文梅　胡延斌　　责任编辑：孔文梅　胡延斌　施　红
责任校对：李小宝　陈　越　　封面设计：王　旭
责任印制：单爱军
北京盛通数码印刷有限公司印刷
2025年9月第1版第1次印刷
184mm×260mm・12.25印张・296千字
标准书号：ISBN 978-7-111-78972-7
定价：49.00元

电话服务　　　　　　　　　网络服务
客服电话：010-88361066　　机　工　官　网：www.cmpbook.com
　　　　　010-88379833　　机　工　官　博：weibo.com/cmp1952
　　　　　010-68326294　　金　书　网：www.golden-book.com
**封底无防伪标均为盗版**　　机工教育服务网：www.cmpedu.com

# 前 言
Foreword

新质生产力的发展带来了技术的革新,如物联网、人工智能、大数据等技术的广泛应用,不仅使得智慧仓储和配送作业的效率和精度大幅提升,也使得智慧仓储与配送运营领域正经历着深刻的变革。这一变革不仅重塑了仓储和配送作业的运作模式,也对相关人才培养提出了新的要求,即要求仓储配送从业人员不仅要掌握新技术、新设备条件下新的作业流程、运作原理和操作方法,还要具备应用这些技术、设备优化作业流程、解决实际问题、管理决策的能力。

近年来,党和国家高度重视物流业的发展,特别是党的二十大报告中明确提出了要"加快发展数字经济,促进数字经济和实体经济深度融合"。这既为我国物流行业的发展指明了方向,也对物流人才的培养提出了更高要求。在此背景下,《货物学》的编写工作更加注重理论与实践相结合,强调以市场为导向,紧密跟踪行业发展前沿,力求内容新颖、实用性强,以适应新时期物流行业对高素质技能型人才的需求。本教材顺应理论和实践发展的新趋势,为读者提供了更前沿、更全面、更系统、更深刻的货物学知识体系,在完善知识结构的同时,适应经济发展和行业发展的要求。

职业教育改革要全方位地实现"工学结合",尤其要在课程理念、课程目标、课程模式、课程开发方法和课程内容方面体现"工学结合"的思想。为培养学生的综合职业能力,本教材以管理一个物流企业作业部的整个工作过程为主线,通过让学生在虚拟物流作业平台上运作"业务",初步实现学生向职业人的转变。在内容编写方面,根据国家《"十四五"交通领域科技创新规划》《数字交通"十四五"发展规划》等文件的规定,同时考虑到在当今信息化与智能化高度融合的时代背景下,物流行业正经历的前所未有的变革,本教材不仅系统地介绍了货物的基本属性、分类方法及相关内容在物流过程中的重要性,还特别注重将新的信息技术、计算机技术、数据通信技术、传感器技术、电子控制技术、自动控制技术、人工智能等多学科成果融入货物学中,以建立一套定时、准确、高效的现代化货物管理体系。党的二十大报告指出:"加快建设国家战略人才力量,努力培养造就更多大师、战略科学家、一流科技领军人才和创新团队、青年科技人才、卓越工程师、大国工匠、高技能人才。"本教材有机融入了党的二十大精神,旨在教育引导广大青年学生把爱国情、强国志、报国行自觉贯穿校园学习中,早日实现成为"高技能人才"的目标。

本教材具有以下三个特色:

## 1. 职业素养融入专业课

本教材每个模块设置"职业素养"内容,不仅培养学生与货物学相关的实践技能,还注重引导学生树立正确的职业道德观，强化爱岗敬业的意识，提升综合素养。

### 2．结构合理、逻辑严谨

本教材以模块和项目的形式组织内容，各模块中囊括了"知识目标""能力目标""素质目标""学习重点""学习难点""职业素养"等多项内容。在内容编排上，本教材力求遵循职业院校学生认知与学习规律和思维特点。

### 3．理论联系实际、可操作性强

本教材在重视理论知识的同时，融入了大量生动的案例分析，旨在加深学生对货物学知识的理解和提升实际应用能力。通过实践与学习相结合的"学中做、做中学"方法，学生能够在实践中学习，在学习中实践，从而有效地将理论知识转化为解决实际问题的能力，全面提升专业技能。

为了确保教材内容的实用性与前瞻性，本教材编写团队汇集了来自高等院校的物流教师以及物流行业一线的专业人士，确保教材既能反映学术研究成果，又能紧密结合行业实际需求。本教材由广西物流职业技术学院颉栋栋担任主编，植海姬、唐玉藏、梁小孟、孙莉担任副主编。颉栋栋负责全书整体架构设计和内容安排工作，植海姬负责统稿工作。各模块编写分工如下（编者中除标注了单位的人员外，其余均为广西物流职业技术学院教师）：

模块一、二由植海姬编写；模块三由梁小孟编写；模块四由农华富编写；模块五由朱玮羚编写；模块六由覃毅康编写；模块七项目一、二、三由颉栋栋编写，模块七项目四、五由孙莉（单位：湖南高速铁路职业技术学院）编写；模块八项目一、二由唐玉藏（单位：浙江经济职业技术学院）编写，模块八项目三、四由颉栋栋编写；模块九项目一、三、四、五由颉栋栋编写，模块九项目二由吴小恒（企业编者，单位：广西京东信成供应链科技有限公司）编写；模块十由颉栋栋编写。

为方便教学，本书配有电子课件等配套教学资源，凡使用本书的教师均可登录机械工业出版社教育服务网 www.cmpedu.com 下载。咨询电话：010-88379375，或加入QQ群：962304648。

由于编者水平有限，书中难免存在疏漏与不妥之处，敬请广大读者批评指正。

编　者

# 二维码清单
## QR Code

| 序号 | 名称 | 二维码 | 页码 | 序号 | 名称 | 二维码 | 页码 |
|---|---|---|---|---|---|---|---|
| 1 | 货物的基本特征 | | 2 | 6 | 货物储存分类 | | 92 |
| 2 | 货物分类——按货物报关程序划分 | | 19 | 7 | 危险货物分类 | | 110 |
| 3 | 货物质量概述 | | 26 | 8 | 冷藏货物的温度控制要点 | | 132 |
| 4 | 货物检验的步骤 | | 54 | 9 | 环保原材料的选择与应用 | | 150 |
| 5 | 防震包装法 | | 79 | 10 | 骨牌理论——揭开事故连锁反应的神秘面纱 | | 179 |

# 目录 Contents

前言

二维码清单

## 模块一　认知货物

项目一　货物的基本概念 / 2

项目二　货物的基本性质 / 3

项目三　货物的计量 / 8

模块练习 / 12

## 模块二　货物分类与编码

项目一　货物分类及其分类管理 / 16

项目二　货物的编码 / 20

模块练习 / 23

## 模块三　货物质量与标准

项目一　货物质量概述 / 26

项目二　货物质量管理 / 32

项目三　货物标准 / 36

项目四　货物标准化 / 45

模块练习 / 49

## 模块四　货物检验

项目一　货物检验概述 / 52

项目二　货物检验的步骤和方法 / 54

项目三　进出口货物检验 / 59

模块练习 / 63

## 模块五　货物包装

项目一　认知货物包装 / 66

项目二　货物包装材料 / 69

项目三　货物包装方法 / 78

项目四　货物包装标志 / 81

项目五　货物积载因数 / 84

模块练习 / 88

## 模块六　货物储存与养护

项目一　货物储存概述 / 92

项目二　货物入库与验收 / 95

项目三　库房温湿度控制 / 100

项目四　货物养护 / 103

模块练习 / 106

## 模块七　危险货物

项目一　认知危险货物 / 110

项目二　危险货物包装与标志 / 115

项目三　危险货物的运输 / 119

项目四　危险货物的装卸 / 121

项目五　危险货物的防火与防爆 / 123

模块练习 / 128

## 模块八　冷藏货物

项目一　认知冷藏货物 / 132

项目二　易腐货物的理化特性 / 133

项目三　易腐货物的冷藏原理及
　　　　冷藏条件 / 136

项目四　冷藏货物的运输 / 142

模块练习 / 146

## 模块九　绿色货物

项目一　绿色货物的概念和特征 / 150

项目二　绿色货物的标准与认证体系 / 152

项目三　绿色物流 / 155

项目四　逆向物流 / 158

项目五　绿色货物的市场分析
　　　　与展望 / 161

模块练习 / 165

## 模块十　货物运输安全管理

项目一　货物运输安全管理概述 / 168

项目二　货物运输系统安全技术 / 179

模块练习 / 185

## 参考文献

# 模块一

## 认知货物

**知识目标**：掌握货物的基本概念；掌握货物的基本性质；熟悉货物的计量单位和计量方法。

**能力目标**：能够运用学习到的货物特征辨识生活中的货物和非货物；能够识别不同类别货物的基本特征，对货物进行归类；能够正确使用货物计量单位；能够正确计量货物的重量和体积。

**素质目标**：通过对本项目的学习，从货物的概念出发，系统地了解货物的基本性质，客观地把握货物的本质；依据货物的性质对货物进行科学分类，提升客观、系统认识问题的能力，同时养成开拓创新的职业品格和行为习惯；通过对货物计量的学习，了解我国古代的度量衡制度，感受中国的传统文化和中国人民的伟大创新精神，坚定民族自信心。

**学习重点**：货物的性质。

**学习难点**：货物的计量单位和计量方法。

### 案例导入

#### 德邦快递打造智慧物流网络体系

科技赋能，不仅让德邦快递提高了运营效率，还帮助其为客户提供了更高质量的快递服务。在收货环节，德邦快递员使用 PDA 扫描设备收派件，通过 AR 技术查找货物信息，使用双摄技术测量货物体积，减少快递员手工测量和录入体积的操作，自动获取货物体积数据并完成开单，全程只需 2s，且准确率高达 97%。

在转运环节，德邦快递通过托盘搬运机器人代替人力，减少了 80% 的现场作业人员，劳动强度降低了 35%，时效提升了 3 倍，还节省了资金。

在货物分拣环节，德邦快递利用小件自动分拣设备提高分拣效率并保障货物安全。违规率已经下降超过 40%，而且大量降低了人工监控成本，并确保安全作业，保障货物完整无损地到达收件人手里。

在运输环节，德邦快递持续加码无人驾驶货车，在 5G 技术的加持下，进一步提高了无人驾驶场景的适应性，即使在特殊环境下也能满足用户的收派件需求，极大地提高了末端收派件效率和用户满意度。

"未来，德邦快递不仅要加强科技创新，完善智慧物流体系建设，还要让科技融入乡村建设，将已搭建好的基础设施作为动脉，利用科技下沉逐步打通乡村快递的各个环节，更好地推进乡村振兴。"德邦快递相关负责人表示。

> **思考：** 现代物流技术有哪些？物流技术对货物学的发展有什么重要意义？
> 
> **分析：** 案例中体现的技术包括 AR 信息呈现、双摄体积测量、PDA 扫描、托盘搬运机器人、自动分拣设备、无人驾驶货车及 5G 通信技术。此外，现代物流技术还涵盖物联网（实时追踪）、大数据（优化路径）、人工智能（预测需求）等，通过自动化、数字化提升全链路效率。技术应用推动了货物学在数据采集（如体积自动测量）、包装标准化（降低违规率）、运输安全（无人驾驶减少货损）等领域的精细化研究。科技赋能使货物属性分析更精准，运输方案更科学，促进货物学理论与物流实践的深度融合，助力行业标准化与可持续发展。

## 项目一　货物的基本概念

### 一、货物的概念

#### （一）货物的含义

货物（Cargo）通常是运输部门承运的各种原料、材料以及其他产品的总称。它是人类社会生产力发展到一定历史阶段的产物，是可以用来交换的、能满足人们某种需要的劳动产品。

#### （二）从物流的角度认识货物

现代物流起源于美国，人们对物流的研究始于 20 世纪 20 年代。经过百余年的发展，人们对物流的认识更加清晰。

美国物流管理协会（Council of Logistics Management，CLM）对物流的定义为：物流是供应链运作的一部分，是以满足客户要求为目的，对货物、服务和相关信息在产出地和消费地之间实现高效且经济的正向和反向的流动与储存所进行的计划、执行和控制的过程。

日本日通综合研究所对物流的定义为：物流是将货物由供应者向需求者的物理位移，是创造时间价值和场所价值的经济活动，包括包装、搬运、保管、库存管理、流通加工、运输、配送等活动领域。

中华人民共和国国家标准《物流术语》（GB/T 18354—2021）关于物流的定义为：根据实际需要，将运输、储存、装卸、搬运、包装、流通加工、配送、信息处理等基本功能实施有机结合，使物品从供应地向接收地进行实体流通的过程。

### 二、货物的基本特征

货物的基本特征包括以下几个方面：

（1）可交易性。货物是一种可以进行买卖、交换的物品，具有一定的价值和价格。

（2）实用性。货物是被人们用于满足需求，为人们提供服务或带来利益的物质产品。

（3）可运输性。货物可以通过不同的运输方式进行运输、配送。它们可以在国内、国际之间进行交易，进行跨境贸易。

（4）有限性。货物是有一定量的，它们可以被生产、消费和再生产。货物的供应是有限的，需要进行合理的管理和分配。

货物在市场经济中起着重要的作用，它们通过交换和流通，满足人们的需求，并推动经济的发展。货物的交易和流通也构成了货物市场的基础，涉及供求关系、价格形成、市场竞争等经济现象。

### 三、货物与商品、产品的区别

货物、商品和产品这三个概念在经济学、物流和市场营销等领域中各自具有特定的含义和区别。

#### （一）货物与商品的区别

##### 1. 商品的概念

商品（commodity）是指用来交换、能够满足人们某种需要的劳动产品，是价值和使用价值的统一体。商品有狭义和广义之分，狭义的商品是指通过市场交换，能够满足人们某种需要的、具有物质形态的劳动产品，是有形商品；广义的商品是指通过市场交换，能够满足人们某种社会需要的、包括所有形态（知识、劳务、资金、物质等）的劳动产品，包括有形商品和无形商品。

##### 2. 商品和货物的区别

商品的本质属性是价值和使用价值，它存在于商业领域，即销售与消费环节；货物存在于运输环节，作为交通运输领域中的专门概念，货物的属性更多地体现在其物理形态和可运输性上，不直接涉及价值和使用价值的讨论。商品是经过交换的产品；货物是指没有经过交换的产品。

#### （二）货物与产品的区别

##### 1. 产品的概念

产品是指能够提供给市场，被人们使用和消费，并能满足人们某种需求的任何东西，包括有形的物品、无形的服务、无形的组织、无形的观念或它们的组合。产品的定义比商品更广泛，它不仅包括用于交换的商品，还包括非商品形式的产出。

##### 2. 产品和货物的区别

产品存在于生产领域，即生产环节。这一环节不仅包括产品，还包括原材料、涉外个人物品等。产品的用途是为了满足人们的需求或发挥产品的使用功能。在未发生交换时，它仅为产品，不能称之为商品。当产品完成交换并进入到使用阶段时，可称之为商品或物品。

货物存在于运输环节，在交通运输领域作为经营对象，其流通环节主要涉及运输、装卸、仓储等物流活动。货物的流通是商品流通的一部分，但货物的概念更侧重于其物理形态和运输属性。

## 项目二　货物的基本性质

货物在装卸、运输和保管等各个环节中，由于本身的特点以及环境的影响，会发生各种各样的质量变化，造成货物减值或丧失价值。货物的质量变化是由货物性质决定的，货物基本性质归纳起来包括物理性质、机械性质、化学性质和生物性质四种。

## 一、货物的物理性质

### （一）货物物理性质的概念

货物的物理性质是指货物具有的受外界的温度、湿度、阳光、雨水等因素影响会发生物理变化的性质。货物发生物理变化时，虽不改变其本质，但会造成货物数量减少、质量降低甚至是损坏。

### （二）货物发生物理变化的形式

货物发生物理变化的主要形式包括吸湿、挥发、热变等。

#### 1. 吸湿

吸湿是指货物具有吸附水蒸气或者水分的性质，是货物运输中发生质量变化的一个重要原因，对货运质量有较大的影响。

货物的吸湿性受到以下几个因素的影响。

（1）货物的化学成分和结构。如果货物的化学成分中含有亲水性基团（如蛋白质、糖、果酸等），那么该类货物极易吸收水分；如果货物的结构为疏松多孔，如棉、麻、茶叶等，那么该货物具有较强的吸湿性。

（2）货物蒸发水分的气压。当货物表面水气压小于空气中水气压时，货物会吸湿；反之，货物会散湿。水分流向取决于两者的气压差，水分一定是由高压的一方流向低压的一方，直至两者达到平衡状态。

（3）空气的温湿度。当空气温度较高，相对湿度较小时，货物易散发水分；当空气温度较低，相对湿度较大时，货物易吸收水分。

货物含水量过多，甚至超过其安全水分标准时，货物会出现潮解、溶化、分解、发霉等变质现象；货物含水量过少时，货物会出现损耗、发脆、开裂等现象。因此，在货物储存中应注意对仓库温湿度的控制。

#### 2. 挥发

挥发是指液体货物表面能迅速气化，变成气体散发至空间中的现象。此类货物有汽油、原油、酒精等。

液体货物发生挥发现象，是由于液体货物表面的分子比其内部分子的运动更为活跃，它的表面蒸汽压力大于空气压力，所以不断地挥发扩散到空气中去。一般地，温度高、物质沸点低、空气流动快、液面大、空气压力小，液体货物挥发的速度就快。某些固体物质也能直接升华，如硫黄、樟脑等。

液体货物的挥发会造成货物重量、质量损耗，包装中气压过大会造成包装破裂或者爆炸。有些挥发出的气体有毒、有腐蚀性或易燃，还会引发危险事故。因此，货物的包装要坚固完好、封口严密，且货物要避免受到高温外力作用。对于沸点低的液体货物，应选择低温季节或冷藏运输，且作业前必须充分通风。

#### 3. 热变

热变是低熔点货物在温度超过一定范围后发生的形态变化。热变与物质熔点、外部温度密切相关，一般来说，货物熔点低、外部温度高容易引起热变。

货物在热变后,虽然成分上没有发生变化,但是形态上发生了变化,如出现软化、变形、粘连、熔化等,以致造成货损、货垛倒塌及沾污其他货物的问题,影响装卸作业。因此,对于低熔点的货物,如松香、橡胶、石蜡等,应选择在阴凉的场所装载,远离热源部位,如在炎热的季节要采取防暑降温措施。

## 二、货物的机械性质

### (一)货物机械性质的概念

货物的机械性质是指货物的形态、结构在外力作用下发生的机械变化。货物的机械变化取决于货物的质量、形态与包装强度。货物在运输过程中所受的外力作用见表1-1。

表1-1 货物在运输过程中所受的外力作用

| 外力类型 | 所受外力 |
| --- | --- |
| 静态作用力 | 堆码压力 |
| 动态作用力 | 振动冲击 |
|  | 翻倒冲击 |
|  | 跌落冲击 |

在运输过程中,货物受到振动冲击、翻倒冲击、跌落冲击是不可避免的。常用的机械性指标有抗压强度、韧性。抗压强度(即抗压性)是指物质单位面积上所能承受的极限压力,单位名称为帕(单位符号为Pa),它决定着货物的堆码高度或耐压的强度。韧性是指物质抵抗冲击力的能力,缺乏韧性,称为脆性,脆性的货物或包装不耐外界冲击力的破坏作用。

### (二)货物发生机械变化的形式

货物发生机械变化的形式主要有破碎、变形、渗漏、结块等。

#### 1. 破碎

破碎是指由于货物质脆或包装强度弱,承受较小的外力作用就容易发生破损的现象。例如玻璃制品、陶瓷制品、电视机,以及用玻璃、陶瓷包装的货物均为易碎货物。

在运输过程中,易碎货物除要求包装坚固牢靠,加填适当材料进行缓冲和标有储运指示标志外,在搬运易碎货物时须轻拿轻放、稳吊稳铲,避免摔、抛、滑、滚等野蛮操作。易碎货物码垛不宜过高,重货不应堆装在其上,注意加固绑扎,以防止货物倒塌。易碎货物的堆装位置应选择便于作业、防振、防下沉处。另外,货物破碎还会造成环境污染。

#### 2. 变形

变形是具有可塑性的货物发生的变化。所谓可塑性,是指货物受外力作用后发生变形,而当移去外力后,不能完全恢复原状的性质。这类货物虽不易破碎,但受到超过自身所能承受的压力时就会发生变形,从而影响货物质量,如橡胶制品、塑料制品、皮革制品和铝制品等。

在运输过程中,在堆装易变形的货物时须注意堆形平整,堆装高度不宜过高,尤其不应在易变形货物上面放置重货。装卸搬运要避免摔、抛、撞击等操作,机械作业要稳铲、稳吊、稳放,以防止易变形货物由于外力作用而发生变形。

#### 3. 渗漏

渗漏主要是货物包装容器质量不佳、封口不严、灌装不符合要求而造成的。在搬运时,货物受撞击或受高温作用等均会发生渗漏现象。

在运输过程中，应加强对液体货物包装容器的检查和高温时的防暑降温措施。装卸搬运货物要使用合适的机具，船舱内应紧密堆装、不留空隙，以避免引起碰撞而造成货物渗漏。易渗漏货物有污染性，应堆装在底部。

### 4. 结块

结块主要发生在粉粒晶体等类型的货物中。装载时堆码超高或受重货所压，以及在水湿、干燥、高温、冷冻等因素影响下均会造成货物结块，如水泥、食糖、化肥、矿粉等。结块不仅会降低货物的质量，还会在装卸中造成货物包装断裂损坏，使散装货物难以卸货。在运输过程中应注意货物堆码时勿重压久压，装卸时不宜用水喷洒货物，以免造成货物结块。

### 三、货物的化学性质

货物的化学性质是指货物的组成在光、氧、水以及酸、碱等作用下发生化学变化的性质。货物的化学性质是由货物的组成成分决定的。货物在运输过程中发生了化学变化，意味着货物质量发生了变化，货物遭受了损失，严重的甚至还会殃及其他货物甚至发生严重事故。如钢铁生锈、肥料失效以及黑火药爆炸等都属于化学变化。

货物发生化学变化的形式主要有氧化、腐蚀、燃烧、爆炸等。

#### （一）氧化

氧化又称氧化作用，是指货物与空气中的氧或放出氧的物质所发生的化学反应。氧非常活泼，极易与物质发生氧化反应而使货物变质，甚至发生危险事故。一般情况下，氧化作用的进行是十分缓慢的。但是，如果氧化产生的热量不易散发而积聚起来，就会发生自热、自燃现象，如油布伞、油纸、桐油布等油制品，若尚未干透即打包运输，就容易发生自燃。因此，对于一些发热量较大、燃点较低的货物，如黄磷、废电影胶片等，要特别注意防止自燃事故的发生。另外，橡胶的老化、茶叶的陈化、煤的风化等也属于氧化现象。

金属锈蚀也是一种氧化现象。特别是钢铁制品，其在水、空气或酸、碱、盐的作用下，很容易氧化锈蚀。橡胶的老化、茶叶的陈化、煤的风化等也是在氧化作用造成的。

#### （二）腐蚀

腐蚀是指某些货物具有的、能对其他物质产生破坏作用的性质。引起腐蚀的基本原因是货物具有酸性、碱性、氧化性和吸水性。

如烧碱能与油脂作用，灼伤人的皮肤；浓硫酸能吸收植物水分，使之碳化变黑；漂白粉的氧化性能破坏有机物等。在运输过程中，常见腐蚀品主要有酸类和碱类货物。

#### （三）燃烧

燃烧是指物质相互化合而产生光和热的过程。物质与氧激烈地化合引起燃烧或继续维持燃烧，必须同时具备三个条件，即可燃物、助燃物（氧或氧化剂）以及一定的温度，三者缺一不可。液体和固体燃料通常需要先受热变成气体后才能燃烧而产生火焰，而气体燃料则能直接燃烧并产生火焰。

#### （四）爆炸

爆炸是指物质非常迅速地发生化学（或物理）变化而形成压力急剧上升的一种现象，分为化学性爆炸和物理性爆炸。化学性爆炸是指物质受外因的作用，产生化学反应而发生的爆炸。爆炸和燃烧的主要区别在于反应速度。爆炸的主要特点是反应速度极快，释放出大量的热和气体，产生冲击破坏力。

爆炸多伴随着燃烧发生，如黑火药等爆炸品发生爆炸。物理性爆炸是指由于货物包装容器内部气压超过容器的承受强度而发生的爆炸，如氧气瓶爆炸。

### 四、货物的生物性质

货物的生物性质是指有生命的有机体货物及寄附在货物上的生物体，在外界各种条件的影响下，能分解营养成分的性质。它包括货物本身的生命活动（呼吸过程消耗营养物质）和微生物在有机生命内活动两个方面。如粮谷、豆类、菜果等通过缓慢氧化（呼吸）维持生命；鲜鱼、肉类等主要由于微生物的生命活动而使营养物质分解。呼吸强度和微生物活动的程度与货物的温度和水分含量有关。在温度较高、水分含量较多的情况下，生命活动较为旺盛；在低温、干燥的条件下，生命活动被抑制。

在运输过程中，货物发生生物变化的形式主要有酶、呼吸、微生物、虫害的作用等。

#### （一）酶的作用

酶又称酵素，是一种特种蛋白质，具有催化作用。因为一切生物体内的物质分解与合成都要靠酶的催化来完成，所以酶是生物新陈代谢的内在基础。如粮谷的呼吸、后熟、发芽、发酵、陈化等都是酶作用的结果。影响酶的催化作用的因素有温度、水分、pH 值等。

#### （二）呼吸的作用

呼吸是一切活的有机体货物都具有的最普通的生物现象，寄附在货物上的微生物、害虫等也具有此特性。

呼吸可分为有氧呼吸和无氧呼吸。有氧呼吸是有机体货物中的葡萄糖或脂肪、蛋白质等，在通风良好、氧气充足的条件下受氧化酶的催化，进行氧化反应，产生二氧化碳和水，并释放出热量；无氧呼吸是在无氧条件下，有机体货物利用分子内的氧进行呼吸作用。

影响呼吸强度的因素有含水量、温度、氧的浓度等。旺盛的有氧呼吸会造成有机体中营养成分大量消耗，并产生自热、散湿现象；而严重的缺氧呼吸，则会导致酒精积累过多，引起有机体内细胞中毒死亡。所以，货物在运输过程中应合理通风，并尽量控制有关因素，使货物进行微弱的有氧呼吸。

#### （三）微生物的作用

微生物是借助显微镜才能看见个体形态的小生物，微生物作用是微生物依据外界环境条件，吸取营养物质，经细胞内的生物化学变化，进行生长、发育、繁殖的生理活动过程。有机体货物在微生物的作用下，会发生霉变、腐败和发酵发热等质量变化。易受微生物作用的货物主要有肉类、鱼类、蛋类、乳制品、水果、蔬菜等。

常见危害货物的微生物有细菌、霉菌和酵母菌等。微生物要在货物上生长、繁殖，除所需营养物质外，还要有适宜的温湿度、水分等条件。通常，货物含水量高和环境温暖潮湿时，最适宜微生物的生长和繁殖，因此控制含水量和环境温湿度以及防感染是防止货物受到微生物危害的主要措施。微生物的生存条件一般是中温（25～35℃）、高湿。所以，控制货物的含水量和环境的温湿度，调节氧气的浓度，是防止微生物作用的有效措施。同时，还要保持环境卫生，防止货物被污染。

### （四）虫害的作用

害虫对有机体货物的危害性极大，害虫不仅会破坏货物组织结构，引起货物发热、霉变结露；还会排泄代谢废物，污染货物外观，降低货物使用价值，甚至使货物完全丧失使用价值。如粮谷受到害虫侵袭后，会出现结露、陈化、发热和霉变等情况。易受虫害的货物主要有粮谷类、干果类、毛皮制品。

虫害作用与一般环境的温湿度、氧气浓度、货物的含水量密切相关，其中温湿度是最重要的。常见危害货物的仓库害虫有40多种，为防止虫害，应控制仓库的温湿度，并做好清洁卫生工作。

另外，有机体货物还容易出现后熟、发芽、陈化、胚胎发育等生物变化现象，均会导致货物受损，不利于运输和保管。

> **案例分析**
>
> 天然彩棉是一种自身具有天然色彩的棉花新品种，它具有色泽自然、质地柔软、穿着舒适、不用染色加工、能减少环境污染等特点，是一种生态环保纤维。天然彩棉的基本色调有棕色和绿色两大类，由于彩棉深浅不一，可显现出多种颜色。
>
> 天然彩棉虽然有许多优点，但存在较强的吸湿性，颜色种类少、色泽不稳定、易变色等缺点。曾经有一商人从新疆批发了大量的天然彩棉回老家零售，在返回途中，经历了连绵阴雨，回到老家后发现，因路途中受潮吸湿，部分天然彩棉已经发霉，原先的颜色也已经发生了极其明显的变化，导致品质下降。
>
> 此外，天然彩棉中天然色素不稳定，在染整加工中遇酸和碱、氧化剂易变色，在加工中要特别注意变色问题。
>
> 思考：利用本章所学货物性质的知识，分析天然彩棉发霉、变色的原因。

## 项目三　货物的计量

货物计量是指对货物的数量、重量、体积等物理属性进行测量的过程，以便确定货物的运输需求和运输成本。货物的计量不仅直接影响船舶、飞机、车辆等运输工具的载重量和载货容积的利用程度，而且关系到有关库场堆放货物时如何充分利用场地面积和空间等问题，同时货物的计量与货物的装卸、交接也有直接的关系，有时还是计算运费的基础。

### 一、货物的计量单位

#### （一）度量衡制度

世界各国所采取的度量衡制度不同，因而同一计量单位所表示的货物的实际数量也不同。目前国际上常用的度量衡制度有4种，见表1-2。

表1-2　度量衡制度及使用国家或地区

| 度量衡制度名称 | 使用国家或地区 |
| --- | --- |
| 公制（metric system） | 东欧、拉丁美洲、东南亚、非洲等地区 |
| 英制（the british system） | 英国、新西兰、澳大利亚等国家 |
| 美制（the U.S. system） | 北美国家 |
| 国际单位制（international system of units，SI） | 大部分国家 |

《中华人民共和国计量法》规定"国家实行法定计量单位制度。国际单位制计量单位和国家选定的其他计量单位，为国家法定计量单位。国家法定计量单位的名称、符号由国务院公布。因特殊需要采用非法定计量单位的管理办法，由国务院计量行政部门另行制定。"

## （二）计量单位

货物的计量单位依据货物的不同性质而定，且不同的数量计算方法有不同的计量单位。通常使用的货物计量单位见表1-3。

表1-3　常用计量单位

| 计量单位种类 | 中文名称 | 英文名称 | 缩写 | 适用范围 |
| --- | --- | --- | --- | --- |
| 按个数计算（number） | 件 | piece | pc | 日用工业制成品及杂货类产品，如文具、成衣、车辆、活牲畜等 |
| | 双 | pair | | |
| | 套 | set | - | |
| | 袋 | bag | | |
| | 包 | bale | | |
| | 打 | dozen | doz | |
| 按重量计算（weight） | 公吨 | metric ton | m/t | 农副产品、矿产品以及部分工业制成品，如谷物、羊毛、煤等 |
| | 长吨 | long ton | l/t | |
| | 短吨 | short ton | s/t | |
| | 千克 | kilogram | kg | |
| | 克 | gram | g | |
| | 盎司 | ounce | oz | |
| | 磅 | pound | lb | |
| 按长度计算（length） | 米 | meter | m | 布匹、电线、电缆、绳索 |
| | 码 | yard | yd | |
| | 英尺 | foot | ft | |
| | 厘米 | centimeter | cm | |
| | 英寸 | inch | in | |
| 按面积计算（area） | 平方米 | square meter | sq.m | 皮制品和部分装潢材料，如皮革、地板、玻璃、地砖等 |
| | 平方码 | square yard | sq.yd | |

(续)

| 计量单位种类 | 中文名称 | 英文名称 | 缩写 | 适用范围 |
|---|---|---|---|---|
| 按面积计算（area） | 平方英尺 | square foot | sq.ft | 皮制品和部分装潢材料，如皮革、地板、玻璃、地砖等 |
| | 平方英寸 | square inch | sq.in | |
| 按体积计算（volume） | 立方米 | cubic meter | cbm, $m^3$ | 木材、砂石、化学气体等 |
| | 立方码 | cubic yard | cu.yd | |
| | 立方英寸 | cubic inch | cu.in, $in^3$ | |
| 按容积计算（capacity） | 蒲式耳 | bushel | bu | 部分谷物、流体、气体等，如小麦、玉米、啤酒、汽油等 |
| | 升 | liter | l | |
| | 加仑 | gallon | gal | |
| | 毫升 | milliliter | ml | |

## 二、货物重量的计算方法

在进出口贸易中，重量是最为常用的一种货物数量计量单位。合同中常用的计算重量的方法见表1-4。

表1-4 重量计算方法

| 名称 | 定义和计算方法 | | 适用范围 |
|---|---|---|---|
| 净重 | 货物本身的重量。在实践中净重一般通过用毛重扣除皮重的方法取得 | | 净重是国际贸易中最常见的计重办法。按照国际惯例，如合同中对重量的计算没有其他规定，则应以净重计量。净重是计算货值和关税的基础，尤其在高价值商品中尤为重要 |
| | 实际皮重 | 逐一称量整批货物的包装，算出每件包装的重量和总重量 | |
| | 平均皮重 | 从全部货物中取出几件，称量包装的重量，然后除以抽取的件数，得出平均数，再乘以总件数，最后算出全部包装重量 | |
| | 习惯皮重 | 按照市场已公认的规格化的包装计算，即用标准单件皮重乘以总件数 | |
| | 约定皮重 | 按照买卖双方事先约定的皮重作为计算的基础 | |
| 毛重 | 货物本身的重量加上包装的重量。按照毛重计算重量又称"以毛作净" | | 一般用于一些货物包装和货物本身的重量难以区分的或是两者的价格相差不大的货物，如一些价值较低的农副产品和初级产品 |
| 公量 | 用科学的方法去掉货物中的水分之后，加上标准含水量所求得的重量 | | 适用于经济价值高，且含水量极不稳定的商品，如棉花、羊毛、生丝、羊绒、鸭绒等 |
| 理论重量 | 通常是指根据货物的规格、尺寸和密度计算的重量 | | 主要用于某些有固定和统一规格的货物，其形状规则，密度均匀，每件的重量大致相同，如钢板、马口铁等 |
| 法定重量 | 纯货物的重量加上直接接触货物的内包装材料的重量 | | 主要为海关征税时使用 |

计量货物重量时，原则上应逐件衡量重量，但因受条件或时间限制，不具备逐件衡量重量的条件时，可采用整批或分批、抽件并求平均值等方法测得重量。货物衡量重量可使用轨道衡、汽车衡（一种地秤）、吊钩秤、皮带秤、定量秤，水路运输时对散装运输的大宗货物还可以采用水尺计重（或称水尺检量）。

### 三、货物的丈量方法

货物丈量是指测量货物外形尺寸和计算体积。

#### （一）货物丈量的原则

1）按货件的最大方形体积进行满尺丈量，即

$$丈量体积 = 最大长度 \times 最大宽度 \times 最大高度$$

2）对于特殊、畸形货物应酌情处理或采用分割丈量。

#### （二）货物丈量的方法

对不同包装的货物，采用不同的丈量方法，具体见表1-5。

表1-5 不同包装的货物丈量方法

| 货物种类 | 丈量方法 |
| --- | --- |
| 袋装货物 | 将同品种、同规格的货物取12袋，码成3层高，每层呈2×2形式，中央突出部分略加摊平，进行满尺丈量，求出单袋平均体积，计算出整票的总体积 |
| 捆包、箱装货物 | 将同品种、同规格的货物取数件，以单件为单位或将数件码成立方形式，进行满尺丈量，求得单件的平均体积，计算出整票的总体积 |
| 托盘货物 | 将同品种、同规格的桶装货物取单件进行满尺丈量，对上下底直径大小不同的桶，或两头小、中间大的琵琶桶，应按其最大尺码的直径计算。按直径乘以长度的公式，求得单件的体积，计算出整票的总体积 |
| 捆束货物 | 取少量捆束货物堆码成整齐的小垛，进行满尺丈量，求得单件的平均体积后，计算出整票的总体积。对一头大、一头小的捆束货物，应交叉堆码成平整的小垛，再进行满尺丈量 |
| 车辆 | 对同种车辆取一辆进行满尺丈量，求得单辆的体积后，再计算出整票的总体积 |
| 圆木 | 抽取不同长短、粗细的圆木，逐根进行满尺丈量，先求得各类圆木每根的平均直径（即根头直径加梢头直径的1/2），再按直径乘以长度的公式，求得各类每根的平均体积，然后计算出总的平均体积，最后计算出整票的总体积。对长度比较一致、堆垛较为整齐的圆木，可按堆进行满尺丈量 |
| 特殊形态货物 | 这类货物必须根据装载条件及实际占用舱位的情况，采取酌情减量、免量或分量的方法，求得货物的体积 |

> **职业素养**
>
> 近年来，国家市场监管总局等部门相继发布了一系列政策文件，明确提出了加强计量基础设施建设、提升计量服务能力和水平的要求。其中，《2024年全国计量工作要点》等文件特别强调了"互联网＋计量"的重要性，将其视为推动计量工作创新发展的重要途

径。这些政策文件的出台，为"互联网＋计量"新型模式的发展提供了坚实的政策保障和明确的方向指引。在"互联网＋计量"新型模式的推动下，全国各地纷纷开展了一系列实践探索，并取得了显著成效。例如：通过引入物联网技术，研发出具有远程传输、自动校准、故障诊断等功能的智能计量器具，提高了计量的准确性和便捷性；建立计量数据云平台，实现计量数据的集中存储、处理和分析，为政府监管、企业决策和公众服务提供有力支持；通过线上线下的融合，提供计量技术咨询、校准服务、培训教育等一站式服务，满足了不同用户的多样化需求等。

## 模块练习

### 一、单项选择题

1. 以重量作为计量单位的货物有（　　）。
   A. 车辆　　　B. 煤炭　　　C. 木材　　　D. 地砖
2. 下列属于物理变化的有（　　）。
   A. 燃烧　　　B. 腐蚀　　　C. 热变　　　D. 破碎
3. 下列属于机械变化的有（　　）。
   A. 变形　　　B. 虫害　　　C. 发芽　　　D. 氧化
4. 下列（　　）方式适用于流体或半流体商品的计量。
   A. 容积计量　B. 重量计量　C. 件数计量　D. 长度计量

### 二、多项选择题

1. 货物的质量变化是由货物性质决定的，货物基本性质归纳起来包括（　　）。
   A. 物理性质　　　　　　　B. 机械性质
   C. 化学性质　　　　　　　D. 生物性质
2. 货物的性质对其运输方式的选择有重要影响，（　　）会被考虑在内。
   A. 货物的体积和重量　　　B. 货物的保质期
   C. 货物的易燃易爆性　　　D. 货物的市场价值
3. 按容积计算的计量单位包括（　　）。
   A. 升　　　　B. 毫升　　　C. 加仑　　　D. 蒲式耳

### 三、判断题

1. 害虫对有机体货物的危害性极大，害虫会破坏货物组织结构，引起货物发热、霉变结露。（　　）
2. 粮谷的呼吸、后熟、发芽、发酵、陈化等都是酶作用的结果。（　　）
3. 所有货物都具有相同的可储存性，只是储存条件可能有所不同。（　　）
4. 件数计量是指对货物进行逐一计数，不考虑每个单件的具体重量或体积。（　　）
5. 在海运中，货物的体积（容积）对计算运费有重要影响，尤其是当货物采用集装箱运输时。（　　）

## 四、简答题

1. 货物的吸湿性受到哪些因素的影响?
2. 货物发生化学变化会对货物产生哪些危害?应如何防范?

## 五、实践题

根据货物的变化性质,结合日常生活中的情况,填写常见货物的性质变化现象(填写至表1-6)。

表1-6 货物的性质变化

| 货物的性质变化分类 | 日常生活中观察到的现象 |
| --- | --- |
| 吸湿 | |
| 破碎 | |
| 渗漏 | |
| 结块 | |
| 腐蚀 | |
| 燃烧 | |
| 挥发 | |
| 酶的作用 | |
| 热变 | |
| 变形 | |
| 氧化 | |
| 虫害 | |
| 呼吸作用 | |
| 微生物作用 | |

# 模块二
# 货物分类与编码

**知识目标**：掌握货物分类的基本含义和基本要求；掌握货物分类的方法；了解国家和国际商品分类体系；掌握货物编码的概念和种类；掌握条码的基本类型和编制方法。

**能力目标**：能根据不同货物按不同标准进行分类；能读懂货物编码的含义。

**素质目标**：通过对货物分类、编码的学习，培养系统化、逻辑化的思维方式，能够全面考虑货物特性、管理需求及信息系统兼容性，设计出科学合理的分类体系与编码规则。

**学习重点**：货物的分类方法；条形码的基本类型和编制方法。

**学习难点**：货物的分类方法。

## 案例导入

2023年5月11日，某企业以一般贸易方式向海关申报进口了一批货物，共计175台触摸屏，并在报关单上将其归类为商品编号8471609000（对应关税税率为0%）。申报价格为FOB 90125美元。

然而，在海关的后续查验过程中，发现这批货物并非单纯的触摸屏，而是触摸屏控制装置。根据海关的商品归类规则，这些货物应被归入商品编号8537109090，该编号对应的关税税率为8%，与企业申报的商品编码及税率不符。

由于归类错误，企业未能按照实际应缴税率（8%）缴纳关税，造成漏缴关税人民币49725.22元，同时漏缴增值税人民币6464.28元，总计漏缴税款人民币56189.5元。

**思考**：货物分类方法有哪些？货物分类的重要性体现在哪些方面？

**分析**：货物可以按物理属性（体积/重量）、运输要求（易碎/危险品）、用途（工业/消费品）等分类。货物分类可以提升分拣效率（如使用自动分拣设备）、降低违规率、优化资源配置（如机器人按类别搬运），保障运输安全与服务质量。

# 项目一 货物分类及其分类管理

## 一、货物分类

货物是运输生产的主要对象。在物流过程中，运输的货物品种繁多、自然属性各异且批量不一，因此，基于货物运输生产过程的复杂性和重要性，我们非常有必要对货物进行科学的分类。

### 1. 货物分类的重要意义

货物科学分类，不仅有助于合理组织货物流通和有效改善企业管理，还有利于会计核算和计划、统计工作的进行。

货物科学分类是编制货物目录的基础。按货物科学分类编制的货物目录主次分明，名目清楚，便于货物管理工作的进行。

### 2. 货物分类的基本原则

1）必须满足分类的目的和要求。
2）各类货物应有显著的本质区别。
3）能概括规定范围内的所有货物，并有不断补充新货物的余地。
4）每个货物只能限定在一个类别之内。
5）货物分类采用独有的特征，不能同时采用相互矛盾的两种或多种特征进行分类。
6）必须有能说明货物特征的基础标志，并能从本质上划分各类货物。
7）在同一类货物中，不得同时使用两种或多种标志，也不能随便更换标志。

## 二、货物分类管理

### （一）按货物的包装形态分类

按照货物的包装形态进行划分，货物可分为件装货物、散装货物以及成组装货物三种类型。

#### 1. 件装货物

件装货物又称件杂货或杂货，它以件数和重量承运，其标志、包装形式不一，性质各异，一般批量较小且票数较多。件装货物按其包装特点可分为包装货物和裸装货物。

（1）包装货物。包装货物是指装入各种材料制成的容器内的货物或捆扎的货物，如袋装货物、桶装货物、捆装货物等。

（2）裸装货物。裸装货物是指不加以包装或仅需简单捆扎即可成件运输的货物。它们通常具有稳定的品质，且能够抵抗运输和储存过程中的外界影响，如潮湿、腐蚀、碰撞等。裸装货物的特点在于其简便性和经济性。由于无须复杂的包装过程，因此可以节省包装材料和人工成本，同时提高装卸效率。

裸装货物主要包括以下几类：

1）机械设备：如卡车、挖土机、搅拌机等大型机械设备，这些设备通常体积庞大、重量较重，且内部结构复杂，但由于材质坚固、设计合理，因此可以直接裸装运输。

2）金属制品：如钢轨、钢管、金属铸锭等金属制品，这些货物通常具有较高的硬度和耐腐蚀性，不易受到外界环境的影响，因此也适合裸装运输。

3）木材：原木、板材等木材类货物也是常见的裸装货物之一。由于木材本身具有一定的韧性和抗压性，因此可以直接成捆或成堆进行运输。

#### 2．散装货物

散装货物简称散货，是以散装方式进行运输，以重量承运、无标志、无包装、不易计算件数的货物，一般批量较大且种类较少。散货按其形态可分为干制散装货物和液体散装货物。

（1）干制散装货物。如粮食、矿石、水泥、化肥、饲料等，这些货物由粉状、球状、晶粒状、颗粒状或任何大块状物质等构成，其构成成分基本均匀，不需要任何包装且不能按件计数。

（2）液体散装货物。如原油、成品油等，这些货物通常以液态形式存在，通过专门的运输工具进行运输。

散装货物的运输方式多样，主要包括水路运输、铁路运输、公路运输和航空运输等。其中，水路运输是散装货物的主要运输方式之一，特别是对于大宗的固体和液体散装货物而言。铁路运输和公路运输也扮演着重要角色，特别是在短途运输和内陆运输方面。航空运输则主要用于一些特殊或紧急情况下的散装货物运输。

#### 3．成组装货物

成组装货物是指用托盘、网络、集装袋和集装箱等，将件装货物或散货组成一个大单元进行运输的货物。成组装货物又可分为托盘货物、网络货物、集装袋货物和集装箱货物。托盘货物是指将若干包或件货物集合放在一个托盘上，用塑料薄膜等材料连同托盘一起形成一个装运单元进行运输的货物，比如大部分件装日用品都是托盘货物；网络货物是指使用棕绳、尼龙绳或钢丝绳等编制的网络所承装的货物，它以一个网络为一个运输单元；集装袋货物是指装入由可折叠的涂胶布、树脂加工布等软材料制成的大型袋子中进行运输的货物；集装箱货物是指装入集装箱内进行运输的货物，按照货物性质和形态，可采用通用集装箱或特种集装箱装运，按照装运方式，可采用整箱货和拼箱货装运。集装箱运输具有很多优势，是未来运输发展的主要方向。

### （二）按货物的装运要求分类

根据货物装运要求的不同，货物可分为普通货物和特殊货物两大类。

#### 1．普通货物

普通货物是指因货物本身不具有特殊性质而在运输过程中没有规定特别条件的各类货物。普通货物又可分为如下几类：

（1）液体货物（liquid cargo）。液体货物是指盛装于桶、瓶、罐、坛内的，在运输过程中容易破损、滴漏的各种流质或半流质货物。如酒类、药品、各种油类及其制品、普通饮料等。

（2）清洁货物（clean cargo）。清洁货物是指洁净的、干燥的货物，也可称为精细货物（fine cargo）。如供人们食用的糖果、糕点、茶叶；在运输保管中不能混入杂质或被污染的各种针织品；不能受重压、被磕碰、受摔打的易碎品，如陶瓷器皿、玻璃制品；肥皂、洗衣粉、洗面奶等各种洗涤用品和化妆品；盆、杯子等各种塑料制品。

（3）粗劣货物（rough cargo）。粗劣货物是指具有散发异味、易水湿、易扬尘和易渗油等特性的货物。如能散发气味的货物中的生皮、鱼粉、烟叶、大蒜、氨水、油漆等；易扬尘并使其他货物受污染的扬尘污染性货物中的水泥、炭黑、矿粉、颜料等；煤油、豆饼等易渗油货物。

#### 2. 特殊货物

特殊货物是指货物本身的性质、体积、重量和价值等方面具有特别之处，在积载、装卸和保管中需要采取特殊设备和措施的各类货物。特殊货物包括如下几类：

（1）危险货物（dangerous cargo）。危险货物是指具有燃烧、爆炸、毒害、污染、腐蚀和放射射线等性质，在运输过程中会引起人身伤亡、财产毁损，在积载、装卸和保管中需要采用特殊设备、采取特别措施，且需要按照有关危险货物运输规则的规定进行运输的货物。

（2）笨重长大货物（bulky and lengthy cargo）。笨重长大货物是指重量超过一定界限或者单件体积过大（过长）的货物，如钢轨、机车头、各种成套的设备等。

根据我国港航计费规定，每件重量为 3～5t 的货物为重件，超过 5t 的为超重件，长度超过 9m 的货物为长大件；国际标准规定，每件重量超过 40t 的货物为超重件，长度超过 12m 的货物为超长件，高度或宽度超过 3m 的货物为超高或超宽件。在国际贸易货物运输中，有时也以船舶、码头的起吊能力作为划分笨重长大货物的标准，例如，卸货港码头上无起吊设备，而船舶吊杆的安全负荷为 8t，这时，重量超过 8t 的货物就是重件货物，承运人或其在装货港的代理人应该将重量在 8t 以上的货物的情况及时通知在卸货港的代理人，以便卸货港代理人联系、安排设备进行卸货作业。

（3）有生动植物货物（live stock and plants）。有生动植物货物又称活货，是指具有正常生命活动，在运输过程中仍然需要特别照顾，需维持其生命和生长机能，以避免其枯萎、患病或死亡的动植物货物。如牛、马、猪、羊等家畜，鸡、鸭、鹅等家禽，以及其他兽类、鸟类、鱼类等活的动物货物；花卉、树苗、盆景等植物货物。

（4）冷藏货物（reefer cargo）。冷藏货物是指在常温条件下容易腐烂变质或需要使用冷藏箱、冷藏船、冷藏舱在某种指定的低温条件下运输的货物。这类货物又称鲜货，如新鲜的或处于冷冻状态的牛肉、鱼肉、鸡肉、蛋及其制品，处于低温状态的水果、蔬菜等。

（5）贵重货物（valuable cargo）。贵重货物是指本身价值昂贵的货物。如金、银等贵重金属，玉器首饰，货币，高档电器，精密仪器，名贵药材，历史文物，以及其他高价商品。

（6）邮件货物（mail freight）。邮件货物是指出入境的邮件、包裹等货物，它要求交货迅速，以便能及早送达收件人。

（7）拖带运输货物（towing carriage cargo）。拖带运输货物是指较适宜于经编扎在水上拖带运输，而不便于装载在船舶上运输的货物，如竹子、木排、浮物、船坞等。

（8）涉外货物（foreign-related cargo）。"涉外货物"是指国际贸易和物流领域中的专业术语，通常指涉及跨国交易、运输或法律关系的进出口货物。其核心特征在于"涉外性"，即货物在所有权、运输、监管或法律适用上与境外主体或国际规则相关联。

### （三）按货物的清洁程度分类

（1）清洁货物。清洁货物是指在运输中本身不易变质，外观清洁干燥，对其他货物不会造成污染，且本身不能被沾污的货物，如棉毛织品、纸浆、茶叶等。

（2）污秽货物（又称污染货、脏货）。污秽货物是指在装卸运输中因本身无包装或包装不良，受损时容易污染损坏其他货物的货物，可以按照货物污染影响表（见表 2-1）分类。

表 2-1　货物污染影响表

| 序号 | 污秽货物类型 | 举例 |
|---|---|---|
| 1 | 易扬尘货物 | 水泥、炭黑、矿粉等 |
| 2 | 易潮解货物 | 糖、盐、化肥等 |
| 3 | 易融化货物 | 松香、石蜡、肥皂等 |
| 4 | 易渗油货物 | 油浸木材、豆饼、含油的机械零件等 |
| 5 | 易渗漏货物 | 煤油、酒、蜂蜜、盐渍肠衣等 |
| 6 | 散发强烈异味货物 | 鱼粉、氨水、油漆等 |
| 7 | 带虫害病毒货物 | 未经消毒的生牛羊皮、破布、废纸等 |

### （四）按货物进出境的报关程序分类

报关程序是指进出境运输工具负责人、进出口货物的收发货人和进出境物品的所有人或者其代理人按照《中华人民共和国海关法》（以下简称《海关法》，全书涉及相关法律的，均采用简称）的规定，办理运输工具、货物、物品进出境及相关海关事务的手续和步骤。根据货物进出境时报关程序的不同，可以将货物分成以下几类。

货物分类——按货物报关程序划分

#### 1. 特定减免税货物

特定减免税货物是指海关根据国家政策规定准予减免税进境，用于特定地区、特定企业，具有特定用途的货物。其中，特定用途的减免税货物包括国内投资项目、利用外资项目、科教用品、残疾人专用品等；特定企业的减免税货物主要是指外商投资企业的减免税货物；特定地区的减免税货物包括保税区和出口加工区的减免税货物。

#### 2. 一般进出口货物

一般进出口货物是指在进出境环节缴纳了应纳的进出口税费并办结了所有必要的海关手续，海关放行后不再进行监管的进出口货物。如转为实际进口的原保税货物、原暂准进出境货物，易货贸易、补偿贸易进出口货物，边境小额贸易进出口货物，实际进出口货样广告品及其他不享受特定减免税和不准予保税的一般贸易进口货物。

#### 3. 暂准进出境货物

暂准进出境货物是指为了特定目的，经海关批准暂时进境或暂时出境，并在规定的期限内复运出境或复运进境的货物，包括使用 ATA 单证册报关的暂准进出境货物、展览品、集装箱箱体等。

#### 4. 保税货物

保税货物是指经海关批准未办理纳税手续进境，在境内储存、加工、装配后复运出境的货物。保税货物可以分为加工贸易保税货物、仓储保税货物和区域保税货物。

#### 5. 其他进出境货物

（1）过境货物。过境货物是指从境外启运，在我国境内无论是否换装运输工具，通过陆路运输，继续运往境外的货物。

（2）转运货物。转运货物是指由境外启运，通过我国境内设立海关的地点换装运输工具，而不通过我国境内的陆路运输，继续运往境外的货物。

（3）通运货物。通运货物是指由境外启运，由船舶、航空器载运进境并由原运输工具继续载运出境的货物。

（4）出料加工货物。出料加工货物是指我国境内企业运到境外进行技术加工后复运进境的货物。

（5）无代价抵偿货物。无代价抵偿货物是指进出口货物在海关放行后，出于残损、短少、品质不良或者规格不符等原因，由进出口货物的发货人、承运人或者保险公司免费补偿或者更换的与原货物相同或者与合同规定相符的货物。

另外，还有进出境修理货物、进出境快件、溢卸进境货物、误卸进境货物、放弃进口货物、超期未报关货物、一般退运货物、退关货物等。

### （五）按货物的自然特性分类

货物自然特性见表2-2。

表2-2 货物自然特性

| 序号 | 类型 | 特点 | 举例 |
| --- | --- | --- | --- |
| 1 | 吸湿性货物 | 能吸收空气中的水蒸气或水分 | 茶叶、香烟、食糖等 |
| 2 | 热变性货物 | 当环境温度超过一定值时，形态会发生变化 | 石蜡、松香、橡胶等 |
| 3 | 自热性货物 | 在不受外来热源影响下会自行发热 | 油纸、棉花、煤炭等 |
| 4 | 锈蚀性货物 | 在环境中易生锈和毁损 | 金属罐头食品、铁桶货、钢材等 |
| 5 | 染尘性货物 | 容易吸收周围环境中的灰尘或受灰尘污染 | 纤维货物、液体货物、食品等 |
| 6 | 扬尘性货物 | 极易飞扬尘埃 | 矿粉、炭黑、染料等 |
| 7 | 易碎性货物 | 机械强度低，质脆易破 | 玻璃及其制品、陶瓷器、精密仪器等 |
| 8 | 吸味性货物 | 容易吸附外界异味（有些吸味性货物本身还具有散味性） | 茶叶、香烟、大米等 |
| 9 | 冻结性货物 | 含有水分，在低温条件下，容易冻结成块或产生沉淀 | 墨汁、液体西药受冻后会沉淀影响质量，煤炭、散盐、矿石低温时易冻结成大块，造成装卸困难 |
| 10 | 危险性货物 | 具有自燃、易燃、爆炸、腐蚀、毒害、放射等性质 | 冰醋酸、聚酯树脂漆等 |

# 项目二　货物的编码

### 一、货物编码的概念

货物编码是指用一组有序的代表符号来标识分类体系中不同类目货物的过程。编码中所使用的标志性的代表符号即称为货物代码。

货物编码有助于简化繁杂多样的商品名称，便于记忆，促进了商品分类体系的普及化与标准化。它为构建统一的商品生产、供应、销售以及储存运输的信息系统奠定了基础，并为利用计算机网络实现商业和物流的现代化科学管理提供了便利。

对货物管理现代化、信息化来说，所有货物将分别用指定的编码或译码来表示，货物编码所用的类型可分为按数字顺序的数字型编码、按字母顺序的字母型编码、按字母和数字顺序的数字与字母混合型编码、货物条编码。

### 1. 数字型编码

数字型编码是用一个或若干个阿拉伯数字来表示分类对象的编码。其特点是结构简单、使用方便、易于推广，而且便于计算机输入和处理，是国际上普遍采用的一种编码。

### 2. 字母型编码

字母型编码是用一个或若干个字母来表示分类对象的编码。在实际应用中，一般会用大写字母表示大类商品，用小写字母表示其他类目。这种编码方式虽然直观性较强，但在计算机输入和处理上可能不如数字型编码方便。

### 3. 数字与字母混合型编码

数字与字母混合型编码是由数字和字母混合组成的编码。它结合了数字型编码和字母型编码的优点，结构严谨，具有良好的直观性和表现方式，符合人们的使用习惯。然而，由于其构成形式相对复杂，给计算机输入和处理带来了一定的不便，因此在商品分类编码中的使用相对较少。但在某些特定领域，如国际贸易和物流管理中，这种混合型编码仍有一定的应用价值。

### 4. 货物条编码

（1）货物条码概述。货物条码是由一组规则排列的条、空及其对应字符组成的标记，用来表达一定的信息。货物条码包含货物的生产国别、制造厂商、产地、名称、规格、特性、生产日期、数量、价格等一系列货物信息，是货物的身份证。

货物条码是快速、准确地进行货物流向控制的现代化手段。它作为一种可印刷的计算机语言，以其特有的快速、信息量大、成本低、可靠性高等优点，被广泛地应用于商业、仓储、邮电、交通运输、图书管理、生产过程的自动控制等领域，是迄今为止在自动识别技术中应用得最普遍、最经济的一种信息标识技术。

采用货物条码，有助于提高货物信誉，可以使出口货物在国际市场上正常流通，进入市场，为国家创汇。

在零售商业企业采用货物条码，可以改善零售作业，减少人为错误，提高结算效率；可以立即提供财务报告，加快簿记工作速度，随时了解存货量，避免货物脱销或积压；可以帮助消费者了解货物的生产国别和质量水平。

（2）货物条码的种类和组成。常用条码在货物流通领域分为储运单元条码和消费单元条码，其中储运单元是指由若干消费单元组成的稳定和标准的货物集体，是装卸、仓储、收发货、运输等项业务所必需的一种货物单元。储运单元条码有 DUN-14 条码、DUN-16 条码、ITF-14 条码、ITF-16 条码、EAN/UPC-128 条码等。消费单元是指通过超级市场、百货商店、专业商店等零售渠道直接销售给消费者的货物单元。

国际通用的货物条码分为国际物品条码（EAN 条码）和通用产品条码（UPC 条码）。

我国称 EAN 条码标准版（EAN-13）为标准码，由条、空及其下方对应的 13 位阿拉伯数字组成，如图 2-1 所示。这 13 位数字可分为 4 个码段，第一码段是前缀码（又称国别代码），为前两位或前三位数字；第二码段是厂商代码，为五位或四位数字；第三码段是货物标识代码，为五位数字；第四码段是校验码，为最后一位数字。

图 2-1 EAN-13 的符号结构

目前，国际物品编码组织（GS1）已将 690 至 699 之间的前缀码分配给中国物品编码中心使用，通常以这些前缀码开始的厂商识别编码都是由中国物品编码中心负责分配和管理的；以其他前缀码开始的则由境外 GS1 成员组织负责，一般称为"境外条码"。

## 二、货物编码的原则

### 1. 唯一性原则

编码结构必须保证每一个编码对象仅有一个唯一的编码，也就是说，一个编码应与指定的类目一一对应。

### 2. 简明性原则

编码尽可能简单，即尽可能使编码的长度最短，以便于手工处理，减少差错，减少计算机的输入、处理时间和存储时间。

### 3. 层次性原则

编码要层次清楚，能清晰地反映货物分类关系和分类体系、目录内部固有的逻辑关系。

### 4. 稳定性原则

编码确定后要在一定时期内保持稳定，不能频繁变更，以保证分类编码系统的稳定性，避免造成人力、物力、财力的浪费。

### 5. 可扩充性原则

编码时必须留有适当的后备容量，即足够的备用编码，以便适应因新产品的出现而对编码不断扩充的需要。

## 三、货物编码的方法

货物编码常用的方法有顺序编码法、层次编码法、平行编码法、混合编码法。

### 1. 顺序编码法

顺序编码法是按照货物类目在分类体系中出现的先后次序，依次给予顺序数字编码的编码方法。其优点是使用方便，易于管理，但编码本身不给出任何有关编码对象的其他信息。

系列顺序编码法是顺序编码法中的一种，它是将顺序数字编码分为若干段（系列），使其与分类编码对象的分段一一对应，并赋予每段分类编码以一定的顺序编码的编码方法。其优点是可以赋予编码对象一定的属性或特征，提供有关编码对象的某些附加信息，附加信息的确定要借助于编码表。它的缺点是当系列顺序编码过多时，会影响计算机的处理速度。

### 2. 层次编码法

层次编码法是按货物目录在分类体系中的层级顺序，依次赋予对应的数字编码的编码方法，它主要用于线分类体系。编码时将编码分成若干层次，并与分类对象的分类层次相对应。编码从左到右表示层级由高至低，各层次的编码常采用顺序码或系列顺序码。层次编码法的优点是逻辑性较强，能明确地反映出分类编码对象的属性或特征及其相互关系，便于机器汇总数据；缺点是结构弹性较差，为延长其使用寿命，往往要用延长编码长度的办法，预先留出相当数量的备用编码，从而出现编码的冗余。

### 3. 平行编码法

平行编码法多用于面分类体系，每一个分类面确定一定数量的码位。平行编码法的优点是编码结构有较好的弹性，可以比较简单地增加分类面的数目，必要时还可更换个别的面，可用全部编码，也可用部分编码；缺点是编码过长，冗余度大，不便于利用计算机处理。

### 4. 混合编码法

混合编码法是层次编码法和平行编码法的组合，编码的层次与类目的等级不完全相适应。当把分类对象的各种属性或特征分列出来后，其某些属性或特征用层次编码法表示，其余的属性或特征则用平行编码法表示。混合编码法吸取了层次编码法和平行编码法的优点，效果往往比较理想。

> **职业素养**
>
> 透过"货物分类"洞察"垃圾分类"
>
> 货物分类，大大提高了货物的生产和流通效率；物种分类，让人们对生物的多样和生命的起源有更多的认识；资料、信息分类，能提高我们的学习能力。分类，正以一种体现秩序的方式，改变着人们的生活。
>
> 习近平总书记在党的二十大报告中明确指出："我们坚持绿水青山就是金山银山的理念，坚持山水林田湖草沙一体化保护和系统治理，全方位、全地域、全过程加强生态环境保护，生态文明制度体系更加健全，污染防治攻坚向纵深推进，绿色、循环、低碳发展迈出坚实步伐，生态环境保护发生历史性、转折性、全局性变化，我们的祖国天更蓝、山更绿、水更清。"生态文明建设已经纳入中国国家发展总体布局，建设美丽中国已经成为中国人民心向往之的奋斗目标。而垃圾分类作为生态文明建设的一项重要举措，不但可以大幅度减少垃圾带来的污染，节约垃圾无害化处理的费用，而且有利于资源的回收再利用，有利于促进社会的可持续发展。

## 模块练习

### 一、单项选择题

1. 下列属于特殊货物的是（　　　）。
   A. 瓷砖　　　　　B. 烟叶　　　　　C. 橡胶　　　　　D. 世界名画
2. 下列哪项 EAN 的前缀码不是国际物品编码组织分给我国的代码（　　　）。

A. 690　　　　　B. 691　　　　　C. 692　　　　　D. 688
3. EAN-13 标准码中，4～7 位码段是指（　　）。
   A. 国家代码　　B. 厂商代码　　C. 商品标识代码　　D. 校验码

## 二、多项选择题

1. 以下属于自热性货物的有（　　）。
   A. 石蜡　　　　B. 油纸　　　　C. 棉花　　　　D. 煤炭
2. 根据货物装运要求的不同，货物可分为（　　）。
   A. 普通货物　　B. 件装货物　　C. 散装货物　　D. 特殊货物
3. 货物编码常用的方法有（　　）。
   A. 顺序编码法　B. 层次编码法　C. 平行编码法　D. 混合编码法
4. 货物编码的原则包括（　　）。
   A. 唯一性原则　B. 简明性原则　C. 层次性原则　D. 稳定性原则
   E. 可扩充性原则

## 三、判断题

1. 蛋类不能与肉类、鱼类、果菜类食品同舱，以免串味。（　　）
2. 一般进出口货物是指在进出境环节缴纳了应纳的进出口税费并办结了所有必要的海关手续，海关放行后不再进行监管的进出口货物。（　　）
3. 层次编码法是将顺序数字编码分为若干段（系列），使其与分类编码对象的分段一一对应，并赋予每段分类编码以一定的顺序编码的编码方法。（　　）
4. 清洁货物是指在运输中本身不易变质，外观清洁干燥，对其他货物不会造成污染，且本身不能被沾污的货物。（　　）
5. 货物条码是货物的身份证。（　　）

## 四、简答题

1. 请简述货物分类的基本原则。
2. 请简述 EAN 标准码的组成。

## 五、案例分析题

2024 年 8 月 9 日，靠泊宁波舟山港北二集司 2# 泊位的集装箱船"动明"轮上装载的过境危险品集装箱发生燃爆事故，初步调查显示，事故系船上搭载的一只危险品货柜发生爆炸。据货主申报，该货柜原为冷藏柜，但实际被用作普通干货柜，且无须插电。

中华人民共和国海事局第一时间给各航运相关企业发布了一份《中华人民共和国海事局关于"YM MOBILITY（动明）"轮爆炸事故的警报通报》，通报中要求各单位：充分认识高温季节船载危险货物运输安全面临的严峻复杂形势；要加强对船载危险货物的安全管理；要求各危险货物托运人要严格落实危险货物安全管理责任；各危险货物托运人要严格落实危险货物安全管理责任，按要求采取妥善包装、温度控制等安全措施，及时将正确运输名称、数量、危险特性、控制和应急温度（需要的）与应急处置措施等信息通报承运人。

问题：

在货物分类与编码体系中，如何有效区分并标识危险品与非危险品，以避免类似"动明"轮燃爆事故的再次发生？

# 模块三
# 货物质量与标准

**知识目标**：掌握货物质量的概念及内涵；掌握货物质量管理的基本方法；掌握影响货物质量的各种主要因素；掌握货物质量管理和防范的措施；了解货物标准的概念、作用与分类；熟悉货物标准的分级；掌握货物标准的内容；掌握货物标准化及其经济效果。

**能力目标**：能够根据影响货物质量的因素，提出管控货物质量的措施；能够运用货物标准衡量货物质量；能够评价标准化经济效果。

**素质目标**：增强质量观念，严把流通中货物的质量关；增强社会责任感；增强标准意识，养成以标准做事的良好习惯。

**学习重点**：影响货物质量的各种主要因素；质量管理和防范的措施；货物标准的内容。

**学习难点**：货物质量管理和防范的措施。

## 案例导入

### 茶叶质量案例

浙江省某进出口公司委托上海某运输公司（以下简称上海运输公司）将750箱红茶从上海出口运往德国汉堡港。上海运输公司将红茶在上海装入3个标准为20英尺的集装箱中，委托广州某运输公司所属的船舶运往德国汉堡港。货物到目的地后，发现其中一个20英尺集装箱内的250箱红茶串味变质，经保险公司检验，确定这250箱红茶受精萘气味污染。为此，浙江某进出口公司要求货物承运方赔偿损失。最终经认定，是因为承运人所提供的集装箱之前曾装过有精萘气味的货物，由此导致茶叶串味。

**思考**：案例中是什么原因导致茶叶变质？在储存和运输中，我们应该如何进行货物质量控制？

**分析**：集装箱未彻底清洁，残留精萘污染导致茶叶串味。进行货物质量控制的措施有：装货前严格检查容器清洁度及历史装载物；分类存放，避免异味货物混装；采用专用密封容器，增设气味检测流程，杜绝货物交叉污染风险。

# 项目一 货物质量概述

## 一、货物质量的概念

货物质量是指货物满足规定功能或潜在要求（或需要）的特征与特性的总和。

在国际标准化组织（International Organization for Standardization，ISO）发布的《质量管理体系基础和术语》（ISO 9000:2015）标准中，货物质量被定义为一组固有特性满足要求的程度。

货物质量概述

特性就是可辨别的特征，可以是定性的，也可以是定量的。货物的特性包括其嗅觉、触觉、味觉、视觉、听觉、人体工程学特性（例如生理特性或有关人身安全的特性）以及其他各类特性。

固有特性就是货物本身具有的特性（如产品的质量特性），而不是人为赋予的特性（如产品的价格、产品的所有人）。

要求则是指明示的、通常隐含的或必须履行的需求或期望。其中，明示的和必须履行的需求或期望是指在文件中明确规定的相关法律法规或合同条款；而通常隐含的需求或期望则是指组织、顾客或其他相关方所默认的惯例或习惯做法。

在此，"组织"指公有或私有的公司、集团、商行、代理商、事业单位、研究机构和社团等的部分或整体组合；"顾客"指接受产品的组织或个人，包括消费者、最终用户、零售商、采购方和委托人等；"相关方"指与组织绩效或成就有利益关系的个人或团体，例如顾客、公司员工、股东、供应商、银行和合作伙伴等。

货物质量不仅是国家、企业和消费者关注的重要问题，也是一切经营管理工作的永恒主题，货物学研究的中心内容就是货物的质量。因此，我们需要全面、正确地认识货物质量，了解现代货物质量观。

## 二、货物质量的内涵

"质量"这一术语，既用于表达在比较意义上的优良程度，也用于定量意义上的技术评价，例如"质量水平"和"质量度量"即是对质量的定量评价。

在贸易合同中，货物质量是对货物品质特性的具体规定；而在购物环境中，它则隐含着消费者对产品各种表现形式的期望。

产品或服务质量受到其生产过程中各阶段相互作用的影响，因此，需要明确界定具体产品的质量范围。质量是根据需求规定的特征和特性，即符合既定的质量标准。由于条件的变化，质量要求也需要定期更新和规范。

### 1. 从货物质量的属性理解货物质量

从货物质量的属性来看，货物质量具有使用的针对性、比较的相对性和标志的可变性。使用的针对性，是指在一定使用条件下给定货物的用途；比较的相对性，是指对使用目的相同的同类货物的使用价值相对于不同货物个体的比较；标志的可变性，是指货物受各种因素影响，其质量在变化之中。

### 2. 从消费者需求理解货物质量

从消费者需求来看，货物质量包含内在质量、外在质量、包装质量和市场质量。

货物的内在质量，是指货物的品质特性，诸如原材料质量、理化性质、使用性能、使用效果、使用寿命等。

货物的外在质量又称外观质量，是指货物的款式、形状、结构、色泽等，即货物的外观形态，它是由货物的自然属性决定的，但受各方面因素诸如个人兴趣、爱好以及各方面的社会因素等的影响。

货物的包装质量，是指货物的内外包装质量。评价货物包装质量的依据包括以下几点：一是维护货物的性能作用如何；二是表现和展示货物的价值效果如何；三是是否达到诱导消费的目的。因此，包装质量也是货物质量的一种外部形态表现。

货物的市场质量，是指社会公众对货物的认可程度，它是反映货物社会效应的重要标志。

## 三、影响货物质量的主要因素

决定货物质量的是设计部门、生产部门，影响货物质量的是流通部门。货物进入到流通领域之后，要经过运输、储存、销售等环节，货物质量会在外界因素（如阳光、空气、温湿度、外力等）的作用下发生各种各样的变化，如果在某个环节上不能采取积极的防范措施，就会导致货物质量的下降。因此，为了尽量减少货物质量的下降程度，相关人员必须熟悉并掌握物流各个环节中影响货物质量下降的因素，以便采取有效措施，加强货物质量的科学管理。

### （一）货损和货差的概念

货损是指货物在运输、装卸和储存过程中质量上的损坏与数量上的损失。质量损坏包括货物受潮、污染、破损、串味、变质等。数量的损失包括海难、火灾、落水无法捞取、被盗、遗失等原因所导致货物的灭失，以及货物的挥发、撒漏、流失等情况所造成的超过货物自然损耗的货物减量。

货差是指货物在运输过程中发生的溢短和货运工作中的差错。其中差错包括错转、错交、错装、错卸、漏装、漏卸，以及货运手续办理错误等原因造成的有单无货、有货无单或点数不准，出现单货不符、件数或重量溢短的情况。

### （二）货物运输环节

#### 1. 运输环节质量下降的原因

货物运输是货物从生产领域进入流通领域的必要条件。在运输过程中，货物质量会受到路程的远近、时间的长短、运输的气候条件、运输线路、运输方式、运输工具及装卸工具等因素的影响。运输工具的种类有很多，包括火车、轮船、汽车、飞机和管道等。选择运输工具时，必须充分考虑货物的性质，避免或减少外界因素对货物的影响，确保货物质量。例如，货物运输时的温湿度若不符合要求，必然引起货物质量的变化。因此，在货物运输时要保持安全的温湿度，同时避免货物受到风吹、日晒和雨淋等因素的不良影响。

#### 2. 运输环节产生货损与货差的原因

（1）货舱设备不完善。货舱在装货前的准备工作没有满足货物的要求，如仓促、勉强装货造成货损;货舱外板、甲板、舱口盖漏水或货舱开口造成货舱进水造成货损;货舱舱壁护板不全、通风设备失灵、舱内管道漏损等原因造成货损。

(2)运输中保管不当。如运输需进行呼吸的货物,因货舱长期封闭而造成货物发酵、霉烂、自热等,因通风不当造成货物霉腐、汗湿、燃爆等。

(3)运输中不可抗力因素。例如,船舶在航行过程中遭遇海损事故、自然灾害、航道堵塞等情况,由此造成货损。

(4)在运输过程中不可预见因素。如由于被盗、交通事故损失等因素而造成货差。

(5)货物搭配不当。如性质相互抵触的货物在同一运输工具中混装,致使货物发生串味、污染、溶化、腐蚀、发热和自燃等货损。

### (三)货物储存环节

#### 1.货物储存环节质量下降的原因

货物储存是解决货物生产和消费的时间矛盾,促进货物流通正常进行的必要保证。货物在储存期间的质量变化与货物的耐储性、仓库内外环境条件、储存场所的适宜性、养护技术与措施、储存期的长短等因素有关。货物本身的性质是引起其自身质量变化的内因,而仓储环境是引起货物质量发生变化的外因。通过一系列维护仓储货物质量的技术和措施,可以有效地控制货物储存的环境因素,以减少或减缓外界因素对货物质量的破坏。比如,根据货物的性质来确定是储存在普通仓库、专业仓库还是特种仓库,对货物进行堆码和苫垫,对仓库的温湿度进行控制,根据货物的保存期和保质期保存,贯彻先进先出原则,确保货物的安全。

#### 2.货物储存环节产生货损与货差的原因

(1)仓库设备不全。仓库内漏水漏电、处在露天场地、苫垫设备不良等,均会致使货物浸湿、污损、燃烧等造成货损。

(2)仓库清洁卫生差。仓库的清洗、干燥、除味、驱鼠、熏蒸、消毒等清扫工作不及时或没有满足货物性质的要求,致使货物受污染,遭受虫蛀、鼠害等造成货损。

(3)货物保管不当。把性质相互抵触的货物同库堆存,造成串味、污染、腐蚀等;库内通风不当,造成货物汗湿;货物堆码过高,造成下层货物压坏;货物苫盖不当或者没有苫盖等,都会造成货损。

(4)货物交付不及时。如易腐货物、有生动植物货物到港未及时交付,致使货物腐蚀死亡、枯萎等。

(5)收发时计数不清。货物出入库时,库管人员在收发、点踩、计数过程中统计的数据不准确,计数不清,由此造成货差。

### (四)货物装卸搬运环节

#### 1.货物装卸搬运环节质量下降的原因

装卸是指物品在指定地点以人力或机械装入运输工具设备或卸下,搬运是指在同一场所内,对物品进行水平移动为主的物流作业。货物装卸搬运活动主要包括将货物装上运输工具、将货物从运输工具上卸下来、堆垛、入库、出库以及连接上述各项活动的短途输送等活动,是随着运输与仓储而产生的连带性活动。货物装卸搬运过程中会造成货破损、散失、损耗、混合等损失。例如在装卸搬运过程中，袋装水泥易出现纸袋破损和水泥散失，玻璃、机械、器皿、煤炭等货物容易出现破损或散失。此外，由于装卸人员失职而错装、错卸、漏装、漏卸和混装货物，也会造成货差。

### 2. 货物装卸搬运环节产生货损与货差的原因

（1）装卸操作不当或违章操作。有些操作人员操作不熟练或者马虎，未按照储运指示性标志进行作业。比如，装卸易碎货物时没有做到轻拿轻放，造成货物的破损；装卸长大件时起吊绑扎的位置不对，造成货物损失；在装车卸车过程中野蛮装卸、违规操作，造成货物损失等。

（2）装卸设备或工具使用不当。在装卸货物中对装卸设备和工具的使用不当，或者使用了失修的装卸设备和工具，造成货物损失。例如，在袋装货物装卸过程中，滥用吊钩起吊或者因使用吊钩不当，造成货物外包装破损，或吊钩伤及货物；吊杆各部件过分磨损，吊货索、吊杆、滑车索具不良，操作人员使用前未能检修设备，故在使用中发生折断、松弛等情况，造成货物损坏等。

（3）装卸过程中气候变化的影响。在装卸过程中遇到恶劣的气候，如在大风、大雨、下雪等天气状况下进行装卸，会导致货物水湿、溶化、燃烧等，造成货损。

除了以上情况外，还会有货物在配积载过程中，由于货物搭配不当、装载货位不当、垫衬隔离不当，会造成货物挤压、污染、损坏、变质等损失；在理货过程中，因理货人员的失职、渎职造成计数不准确、少收多报、多收少报，产生货差；在包装过程中，因货物包装不牢固、包装质量不符合要求，产生货损。

## （五）货物的自然损耗

货物的自然损耗又称自然减量，是指货物在运输过程中，由于本身的性质以及有关运输条件的影响而产生的货物质量不可避免的减少。这种由于非人为因素而减少的货物质量占运输货物原来总质量的百分比，称为货物的自然损耗率。自然损耗率如下：

$$货物自然损耗率 = \frac{货物自然损耗质量}{接收时的货物质量} \times 100\%$$

货物自然损耗率的大小与货物的种类、包装以及装卸方式、次数，运输时的气候条件和时间长短等因素有关。运输双方可以在有关合同中事先规定损耗限度。比如，国际惯例公认的部分货物海运的自然损耗率见表3-1。

表3-1　国际惯例公认的部分货物海运的自然损耗率

| 货物类别 | 自然损耗率 |
| --- | --- |
| 谷物（散装及包装） | 运程在540海里以内时：0.1%<br>运程在540～1080海里时：0.15%<br>运程在1080海里以上时：0.20% |
| 各种煤炭 | 0.11%～0.15% |
| 各种矿石 | 0.12%～0.13% |
| 盐 | 散装：0.85%～3.0%<br>袋装：0.3% |

（续）

| 货物类别 | 自然损耗率 |
| --- | --- |
| 水泥（袋装） | 0.7% |
| 蔬菜类 | 0.34%～3.40% |
| 水果类 | 0.213%～2.55% |
| 肉类 | 0.34%～2.55% |
| 鱼类 | 0.213%～2.55% |
| 蛋类 | 0.51% |
| 酒类 | 0.085%～0.34% |
| 糖 | 0.06%～0.85% |

在货物运输过程中，货物的非事故性减量在自然损耗率或规定的损耗限度以内的，承运人不负任何赔偿责任。

造成货物自然损耗的主要原因可以归纳如下：

（1）货物中水分的挥发和干耗。含水分多的货物及轻质馏分的油品，因为气温的变化和长时间暴露在空气中，必然会因水分的自然蒸发或轻质馏分的挥发而造成重量减少。

（2）液体货物因为包装（例如木桶）可能会非人为地发生沾染或渗漏，进而导致货物重量的减少。

（3）粉粒固体货物的飞扬和散失。粉状、颗粒状货物因物质的飞扬及通过包装空隙的散失而引起货物重量的损耗，如矿粉、面粉、谷类等的损耗。

### 四、货物质量控制

货物在运输、储存、装卸过程中产生的货损、货差和自然损耗，都会降低货物质量。因此，在货物运输、储存、装卸等物流环节中，货物质量控制的任务是要尽可能地防止或降低货损与货差。

#### （一）运输过程中货物质量的控制

为了防止或降低货损与货差，在运输过程中可以采取以下质量控制措施。

（1）采取"直运直达"的运输方式，缩短货物在途时间。货物运输中常常存在着迂回、重复和对流等不合理的运输现象，结果使货物在途时间过长，经过的环节过多，由此增加了发生货损与货差的机会。因此，为了减少货物流通的周转环节，可采用"直运直达"的运输方式，即走最便捷的运输线路，缩短运输时间，减少环境对货物质量造成的不利影响，保证货物质量。

（2）采用集装箱运输等先进运输方式。集装箱运输是一种现代化运输方式，用集装箱运输有利于实现装卸机械化，简化运输手续，缩短货物在途时间，保证货物运输安全，隔绝外界不良因素对货物的影响，进而很好地保护货物，使货物免受外界伤害。

（3）加强对运输中的货物保管。在运输过程中根据运输货物的性质，采用适合的保管措施，做到运输工具内卫生清洁、通风透气。而且，运输人员要及时检查货物状况，发现问题后要及时处理。

（4）使用恰当的运输工具，备齐各种运输设备。根据货主需求和货物特性，选择合适的运输工具，尤其是对冷藏货物、危险货物、超限货物，要选用特殊的运输工具，同时备齐与运输工具配套的设备设施，以保证货物的运输质量。

### （二）储存过程中货物质量的控制

为了防止或降低货损与货差，在储存过程中可以采取以下货物质量控制措施。

（1）根据货物的性质，安排储存场所。为了确保货物质量不变，应根据货物的性能，选择适当的储存地点，同时要注意避免忌混装货物同室同仓。

（2）加强货物的入库验收。货物在入库之前，进行运输、搬运、装卸、堆垛等作业的过程中，可能会受到雨淋、水湿、沾污或操作不慎以及运输中振动、撞击，致使货物或包装受到损坏。对此，通过入库验收即能及时发现问题，以分清责任界限。对入库货物除了核对数量规格外，还应该按比例检查其外观有无变形、变色、沾污、生霉、虫蛀、鼠咬、生锈、老化、沉淀聚合、分解、潮解、溶化、风化、挥发、含水量过高等异状，有条件的还应进行必要的质量检验。

（3）合理堆垛和苫垫。入库后的货物应根据其性质、包装条件、安全要求，采用适当的堆垛方式，达到安全牢固、便于堆垛且节约仓库的目的。为了防止货物受潮和满足防汛需要，货垛垛底应适当垫高，对怕潮货物还需要在垛底加垫隔潮层。露天货垛必须苫盖严密，达到风吹不开、雨淋不湿的要求。垛底地面应稍高，货垛四周应无杂草，并有排水沟以防积水。

（4）加强仓库温湿度控制。货物在储存过程中发生的质量变化，多数是由于受到空气温湿度的影响。因此，不同的货物在储存过程中都要求有一个适宜的温湿度范围。这就需要相关人员掌握自然气候变化规律，并通过各种措施，使库房内的温湿度得到控制与调节，创造适宜货物储存的温湿度条件，以保证货物的质量不变。

（5）保持仓库良好的卫生环境。为了使货物安全储存，必须保持仓库的环境卫生。库区要铲除杂草，及时清理垃圾；库房的各个角落均应清扫干净，做好货物入库前的清仓消毒工作，将库房的清洁卫生工作持久化、制度化，杜绝一切虫鼠生存的空间，做好防治工作。

### （三）装卸搬运过程中货物质量的控制

为了防止或降低货损与货差，在货物的装卸搬运过程中可以采取以下质量控制措施。

（1）合规操作。装卸搬运人员要严格按照操作规程进行操作，严禁野蛮装卸，操作时注意轻拿轻放，防止货物损坏。

（2）正确使用和选择装卸工具和设备。工前、工间均应加强对装卸机械设备、吊货工具的安全检查，注意根据气候变化情况，做好充分准备，以防止发生意外的货损货差事故。

（3）精准装卸，合理积载，做到"重货不压轻货，木箱不压纸箱，忌装货物分开装货"。

### （四）货物自然损耗的预防措施

为了预防货物的自然损耗，可以采取以下质量控制措施。

（1）控制仓库温湿度，防止货物干耗和挥发。比如，通过降低货物温度，减少货物表面空气流动等措施，降低干耗和挥发。

（2）合理装卸和包装，防止货物飞扬和散失。货物的飞扬和散失造成的自然损耗是与装卸方式、包装方式和气象条件有关的。采用合理的装卸方式和包装方式，可以减少货物的散落。例如，用皮带运输机，尤其是有遮盖的皮带运输机装卸，要比抓斗装卸更能减少货物的散落；使用质地紧密的包装袋，能很好地减少货物的散落；用桶装容器装运粉末状货物，要比袋装容器更有效地减少货物散落。此外，避开大风天气进行装卸作业，可以避免粉尘货物飞扬。

（3）合规装卸货物，减少货物流失和沾污。比如，通过加温装卸和清扫货仓，可以减少流失和沾染，减少货物的自然损耗。

（4）缩短储存和运输的时间。货物在储运过程中，容易受到外界因素的影响，如气候变化的影响、仓库和运输工具舱内温湿度的影响等发生自然损耗。因此，加快货物的储运过程，减少运输和储存环节的滞留时间，可以有效地防止货物自然损耗。

### 案例分析

#### 储运公司储存不当导致货物变质

某储运公司与某食品加工厂签订了食品仓储合同，约定由储运公司储存食品加工厂的生产原料。在合同履行期间，食品加工厂发现从仓库提取的原材料有变质现象，致使食品厂生产原料供应不足，影响了生产进度。经查，因仓库的通风设备发生故障，不能按时通风，故导致食品原料变质。

[案例点拨] 货物质量事关企业生产能否正常开展，一旦发生原材料质量问题，将会导致企业生产中断，给企业以及企业的客户带来重大损失。案例中，储运公司因不重视仓库设备的管理，没有及时发现设备问题并采取有效措施，导致储存的原材料出现质量问题，最终导致货物质量事故的发生。

## 项目二　货物质量管理

### 一、质量管理的概念及意义

所谓质量管理，是指为了保证和提高企业的作业质量、工作质量和产品质量所采取的各种科学技术、组织措施等一系列的管理活动。

质量管理的内容包括搜集质量情报、制定质量计划、确定质量水平、建立质量管理体系、制定质量管理标准、进行质量控制、组织质量检验等环节。

产品质量是企业的生命线，加强产品质量管理，不仅能保证企业产品满足消费者需求，还是企业在市场经济中竞生存、求发展的根本途径。

### 案例分析

#### 中国首届"质量认证促进国际贸易论坛"在北京举行

为推动国内国际业界加强交流合作，促进国际贸易可持续、高质量发展，2021年9月6日，中国国际服务贸易交易会"质量认证促进国际贸易论坛"在北京成功举行。本次论坛由中国国际贸易促进委员会和国家认证认可监督管理委员会共同举办。

在论坛举行期间，国家市场监督管理总局发布了"质量认证服务国际贸易便利化优良实践"成果。中国认证认可协会发起了《合格评定促进国际贸易北京倡议》。此外，该论坛还就"合格评定服务企业走出去""合格评定促进可持续发展"等议题进行了深入探讨。

截至 2023 年底，中国共有认证机构 1242 家，累计颁发有效认证证书 280 余万张，获证书组织突破 80 万家，连续多年位居全球第一。同时，中国已加入 21 个合格评定国际组织，对外签署了 15 份多边互认协议和 124 份双边合作安排，与东盟、欧盟、美国、俄罗斯、德国、日本、韩国、瑞士、沙特等组织和国家建立了固定合作机制，为国内外企业提供国际化的合格评定服务，使国际贸易交往的便利化程度显著提升。

[案例点拨] 质量认证作为在国际通行的质量管理手段和贸易便利化工具，在全球贸易体系中发挥着协调国际市场准入、促进贸易便利等重要功能。中国凭借开放的胸怀和互利共赢的心态举办了此次论坛，对加强货物质量管理、促进贸易便利和可持续发展等具有重大意义。

## 二、全面质量管理

### 1. 全面质量管理的概念

全面质量管理（Total Quality Management，TQM）是一种综合的、全方位的经营管理方法和理念。它以提升产品质量为核心，以全员参与为基础，其根本目的是通过不断满足顾客需求来推动组织的持续成功，增进组织全体成员及全社会的利益。其代表了质量管理发展的最新阶段。

### 2. 全面质量管理的内容和特点

全面质量管理的内容和特点，可以概括为"三全""四一切"。"三全"指的是对全面质量的管理、对全部过程的管理和由全体人员参加的管理。"四一切"指的是一切为用户着想、一切以预防为主、一切用数据说话、一切工作按 PDCA 循环进行。

（1）"三全"。

① 对全面质量的管理。过去我们一说到质量，往往是指产品质量，它包括产品的性能、寿命、可靠性和安全性，即所谓狭义质量概念。当然，产品质量是非常重要的。但是，产品质量再好，如果制造成本高，销售价格贵，用户是不欢迎的。即使产品质量很好，成本也低，还必须交货及时和服务周到，才能真正受到用户欢迎。因此一家企业必须在抓好产品质量的同时，抓成本质量、交货期质量和服务质量。这些质量的全部内容就是所谓广义的质量概念，即全面质量。可见，质量管理必须对这种广义质量的全部内容进行管理，即

$$产品质量 + 成本 + 交货期 + 服务 = 全面质量$$

② 对全部过程的管理。产品是怎样形成的呢？它包括了企业一系列活动的过程，包括市场调查、研究、设计、试制、工艺与工装的设计制造、原材料供应、生产制造、检验出厂和销售服务。产品到达用户处之后，用户提出意见再反馈到企业，企业对产品加以改进，整个过程可看作是一个循环过程。可见，产品质量的提高依赖于整个过程中每个环节的工作质量的提高，因此，质量管理必须对全部过程的每个环节都进行管理。

③ 由全体人员参加的管理。产品质量的好坏，是企业许多环节和工作的综合反映。每个环节的每项工作都要涉及人。企业的人员，无论是前方的还是后方的，是车间的还是科室的，每一个人都与产品质量有着直接或间接的关系。每个人都重视产品质量，都从自己的工作中去发现与产品质量有关的因素，并加以改进，产品质量就会不断提高。因此，质量管理，人人有责。只有人人都关心质量，都对质量高度负责，产品质量才能有真正的提高和保证。所以，质量管理必须由全体人员进行管理。

（2）"四一切"。

① 一切为用户着想——树立质量第一的思想。产品的生产就是为了满足用户的需要。因此，企业应当把用户看作是自己服务的对象，也是为人民服务的具体内容。为了保持产品的信誉，必须树立质量第一的思想，在为用户提供物美价廉的产品的同时，还要及时地为用户提供技术服务。

"下道工序是用户"，这个口号在企业里应大力提倡和推行。我们知道，企业的每个部门、每位员工在工作中都有前后或上下的相对关系，都有工作服务对象，工作服务对象就可以看作是"下道工序"。在企业里，树立质量第一的思想就是体现在更好地为"下道工序"服务的行动。

② 一切以预防为主——好的产品是设计和生产出来的。用户对企业最重要的要求是保证质量，怎样理解保证质量呢？当前有两种片面的看法：一是认为坚决实行"三包"制度就可以保证质量；二是认为只要检查从严就能保证质量。这些看法是对保证质量的误解。因为这种把保证质量的重点放在事后检查是不能从根本上保证质量的。不解决产生不良品的问题，就无法保证质量，就会使产品成本增高。质量不是一步形成的，也不是在最后一道工序突然形成的，而是在生产过程中逐步形成的。因此，就应该在工序中对质量加以控制，把影响生产过程的因素控制起来，也就是将单纯以产品检验"事后检查"的消极"把关"，改变为以"预防为主"，防检结合，采用"事前控制"的积极"预防"。显然，这样生产出来的产品质量是有保证的。所以，好的产品是设计和生产出来的，不是检验出来的。

③ 一切用数据说话——用统计的方法来处理数据。"一切用数据说话"就是用数据和事实来判断事物，而不是凭印象来判断事物。

收集数据要有明确的目的性。为了正确地说明问题，必须积累数据，建立数据档案。收集数据以后，必须进行加工，才能在庞杂的原始数据中，把包含规律性的东西提取出来。加工整理数据的第一步就是分层。分层在全面质量管理中具有特殊的重要意义，必须引起我们的重视。对数据进行分析的基本方法是画出各种统计图表，例如排列图、因果图、直方图、管理图、散布图及统计分析表等。

④ 一切工作按 PDCA 循环进行。大家知道，人们为了使思维活动条理化、形象化、科学化，往往用各种图表辅助语言进行思维，同时也需要先进的、合乎科学的思考方法。PDCA 循环就是全面质量管理的思想方法和工作步骤，是由美国的"统计质量控制之父"沃特·阿曼德·休哈特所提出的，但是由于美国人戴明博士将之采纳、宣传，使得这个循环得以普及，所以也被称为"戴明环"，P（Plan）是计划，D（Do）是实施，C（Check）是检查，A（Act）是处理，如图 3-1 所示。任何一个有目的有过程的活动

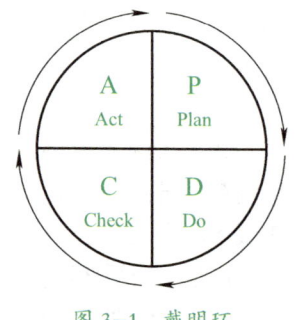

图 3-1　戴明环

都可按照这四个阶段进行。

第一阶段是计划，包括方针、目标、活动计划、管理项目等。

第二阶段是实施，即按照计划的要求去干。

第三阶段是检查，检查是否按规定的要求去干，哪些做对了，哪些没有做对，哪些有效果，哪些没有效果，找出出现异常情况的原因。

第四阶段是处理。就是说，要把成功的经验保留下来，变成标准，以后就按照这个标准去做。失败的教训也要加以总结，使它成为错误案例，防止以后再发生同样的问题。没有解决的遗留问题反映到下一个循环中去。

计划、实施、检查、处理这个过程，不断反复进行，一个循环接着另一个循环，每一次循环都赋予新的内容，好像车轮一样，转动一次工作就前进一步。

整个企业的工作要按PDCA循环进行，企业各部门、车间、班组直到个人的工作，也要根据企业的总目标、总要求，具体制定出单位和个人的PDCA循环，形成大环套小环，一环扣一环；小环保大环，推动大循环。PDCA循环作为质量管理的一种科学方法，适用于企业各个环节、各方面的质量工作。

## 三、货物质量管理和防范的措施

为了保证货物质量，在货物运输、装卸及保管等各个环节上必须加强科学管理。货物质量管理和防范的具体措施如下：

1）对货物实行全面质量管理，普遍建立质量管理小组，积极开展活动，将货运质量建立在严格的科学管理基础上。

2）掌握各类货物的特性、包装，熟悉装货运输工具的性能、具体位置，做好配积载工作，避免性质互抵的货物混装在一起。

3）做好安全操作规章的宣传教育工作，严格遵守操作规章制度，督促装卸工人爱护货物，操作时要对货物轻拿轻放，防止货物损坏。

4）工前和工间应加强对装卸机械设备、吊货工具的安全检查，注意气候变化，做好充分准备，以防发生意外的货损货差事故。

5）对所有货物应把好货物验收质量关。理货、库场人员要认真检查货物包装、标志、品质、流向等状况，点清数量，剔除残损，认真办理货物交接工作，把好货物的出舱和进栈验收关，并依据货物堆存要求进行堆垛和存放。

6）根据货物性质与流向情况及时做好库场和货舱的清扫工作，以及货物衬垫和隔票工作，避免造成湿货、污损、混票、错漏装卸，影响货物质量。

7）根据检疫法规的规定，对仓库要经常进行消灭有害生物的工作，包括消灭真菌、昆虫、老鼠等工作。大潮汛、台风期间必须做好货物的防潮、防台风工作。

8）对理货、库场和其他管理人员进行爱护国家财产的思想教育，严格执行岗位责任制，鼓励他们钻研业务，经常进行调查研究，认真总结和改进工作，不断提高货物管理水平。

9）加强对货主的货运规则宣传工作，取得货主的支持和配合，使其能按货运规则做好货物运输包装、标志工作，交付质量合格的货物，避免货运中发生数量或质量的变化事故。

10）构建稽核体系，预防与管控相结合，及时发现问题、分析问题和解决问题，防微杜渐。

> **案例分析**
>
> **三星 Galaxy Note 7"爆炸门"事件**
>
> Galaxy Note 7 是三星公司（以下简称"三星"）于 2016 年 8 月 2 日发布的旗舰大屏幕手机。2016 年 8 月 24 日，韩国发生首起 Galaxy Note 7 爆炸事件，其后世界各地陆续发生多起 Galaxy Note 7 爆炸及起火事件。2016 年 9 月 2 日，三星宣布在全球范围内召回大约 250 万部 Galaxy Note 7 手机。国家质量监督检验检疫总局（以下简称"总局"）执法司先后 3 次约谈三星负责人后，2016 年 10 月 11 日，三星在总局备案了召回计划，将此前召回 1858 部 Galaxy Note 7 手机的方案更改为召回在中国大陆地区销售的全部三星 Galaxy Note 7 手机，共计 19.1 万部。2017 年 1 月 23 日，三星召开新闻发布会，公布 Galaxy Note 7 爆炸原因是：电池在设计与制造过程中均存在问题。
>
> 三星 Galaxy Note 7 "爆炸门"事件最终以"三星宣布停产并全球召回三星 Galaxy Note 7"画上了句号。三星 Galaxy Note 7 也成了智能手机史上最短命的"机皇"。"爆炸门"事件让三星在 2016 年第四季度的损失高达 21 亿美元。
>
> [案例点拨] 案例说明再强大的企业，如果忽视了质量管理，就会埋下事故隐患，给企业带来巨大的损失。企业只有注重质量管理，重视货物质量，积极采取科学合理的质量管理手段，防患于未然，其产品的质量才能得到保障，也才能被广大消费者认可。

## 项目三　货物标准

### 一、标准的概念

标准是用来衡量事物的典范和准则，或者说，标准是对需要统一协调的事物所做的统一规定。国家标准《标准化工作指南 第 1 部分：标准化和相关活动的通用术语》（GB/T 20000.1—2014）对标准的定义是："标准是对重复性事物和概念所做的统一规定。通过标准化活动，按照规定的程序经协商一致制定，为各种活动或其结果提供规则、指南或特性，供共同使用和重复使用的文件。"

标准宜以科学、技术和经验的综合成果为基础。规定的程序指制定标准的机构颁布的标准制定程序。诸如国际标准、区域标准、国家标准等，由于它们可以公开获得以及必要时通过修正或修订保持与最新技术水平同步，因此它们被公认为构成了技术规则。其他层次上通过的标准，诸如专业协（学）会标准、企业标准等，在地域上可影响几个国家或地区。

### 二、货物标准的概念

货物标准是指为保证货物的适用性，对货物必须达到的部分或全部要求制定的标准，包括品种、技术要求、试验方法、检验规则、包装、标识、运输和储存等。货物标准是评定、监督和维护货物质量的准则和依据。

货物标准是技术标准，所有正式生产的各类货物都应符合相关货物商品标准。货物标准由主管部门批准，公布后便成为一种技术法规，具有法律效力。货物标准是货物生产、质量验收、监督检验、贸易洽谈、储存运输等的依据和准则，也是对货物质量争议做出仲裁的依据，对保证和提高商品质量，提高货物生产、流通和使用的经济效益，维护消费者和用户的合法权益等都具有重要作用。

### 三、货物标准的作用

货物标准是科学技术和生产力发展水平的标志，是推动生产力发展的手段之一。每种货物标准都积累了人们在该货物的流通过程中所获得的经验，对于促进生产、发展流通和指导消费起着非常重要的作用。其具体表现如下：

1）货物标准是社会生产力发展的产物，是科学技术和生产发展水平的重要标志，具有推动社会生产力发展的重要作用。

2）货物标准有利于促进技术进步，保证货物质量，维护国家和人民利益，促进社会主义市场经济发展。

3）货物标准是货物生产、质量检验、选购验收、贸易洽谈、储存运输、使用维护等的技术依据和准则。

4）货物标准是对货物质量争议做出仲裁的依据，对保证和提高货物质量、提高生产流通和使用的经济效益，维护消费者和用户的合法权益具有重要作用。

5）货物标准有利于提高我国企业和产品的国际竞争力。

### 四、货物标准的分类

#### （一）按照存在形式划分

按照存在形式的不同，货物标准可以分为文件标准和实物标准。

（1）文件标准。文件标准是指用特定的规范文件，通过文字、表格、图样等形式，表述货物的规格、质量、检验等有关技术内容的统一规定。绝大多数货物标准都是文件标准。文件标准在其开本、封面、格式、字体、字号等方面都有明确的规定，应符合《标准化工作导则 第1部分：标准化文件的结构和起草规则》（GB/T 1.1—2020）的有关规定。

（2）实物标准。实物标准也称为标准样品或标准物质，它是指对某些难以用文字准确表达的质量要求（如色、香、味、形、手感等），由标准化主管机构或指定部门（行业或订货方）用实物制成与文件标准规定的质量要求完全或部分相同的标准样品，按一定程序颁布，用以鉴别货物质量和评定货物等级。实物标准是文件标准的补充，实物标准要经常更新。作为文件标准的补充，实物标准同样是生产、检验等有关方面共同遵守的技术依据。例如，粮食、茶叶、羊毛蚕茧等农副产品，都有分等级的实物标准。

#### （二）按照实施方式划分

按照实施方式的不同，货物标准分为强制性标准和推荐性标准。

（1）强制性标准。强制性标准又称法规性标准，是指由法律、行政法规规定，是强制实行的标准，即一经批准发布，在其规定的范围内，有关方面都必须严格贯彻执行。国家对强制性标准的实施依法进行有效监督。

（2）推荐性标准。推荐性标准又称自愿性标准，即国家制定的标准由各企业自愿采用、自愿认证，国家采取优惠措施鼓励企业采用。实行市场经济的国家大多数实行推荐性标准。例如，国际标准及美国、日本等国的大多数标准。

《中华人民共和国标准化法》规定：凡涉及保障人体健康、人身财产安全的标准，法律、行政法规规定强制执行的标准，为强制性标准，其余为推荐性标准。国家采取优惠措施，鼓励企业自愿采用推荐性标准。我国从1985年开始实行强制性标准和推荐性标准相结合的标准体制。

根据中国国家标准化管理委员会办公室于2002年2月24日发布并施行的《关于加强强制性标准管理的若干规定》，强制性标准或强制条文的内容包含以下几点：

1）有关国家安全的技术要求。
2）保护人体健康和人身、财产安全的要求。
3）产品及产品生产、储运和使用中的安全、卫生、环境保护等技术要求。
4）工程建设的质量、安全、卫生、环境保护要求及国家需要控制的工程建设的其他要求。
5）污染物排放限值和环境质量要求。
6）保护动植物生命安全和健康的要求。
7）防止欺骗，保护消费者利益的要求。
8）维护国家经济秩序的重要产品的技术要求。

### （三）按照成熟程度划分

按照成熟程度的不同，货物标准可以分为正式标准和试行标准。

1）由国家正式颁布的货物标准称为正式标准。
2）试行标准与正式标准具有同等效用，同样具有法律约束力。

试行标准一般在试行两三年后，经过讨论修订，再作为正式标准发布。现行标准绝大多数为正式标准。

### （四）按照保密程度划分

按照保密程度的不同，货物标准分为公开标准和内控标准。

1）公开标准是由国家正式颁布的标准，我国绝大多数标准都是公开标准。
2）内控标准是指企业内部为在生产过程中控制产品质量而自行制定的标准。内控标准中涉及的产品技术参数、性能指标，通常高于当时的国家标准和行业标准，目的是使企业的产品质量始终保持在超前或一定的水平上，以更好地满足市场和用户的需要。少数涉及军事技术或尖端技术机密的标准是内控标准，这些标准只允许在国内或有关单位内部发行。

### （五）按照标准化的性质划分

按照标准化的性质不同，货物标准分为技术标准、管理标准、工作标准。

1）技术标准包括基础、产品、方法、安全、卫生、环境保护等标准。
2）管理标准是指对标准化领域中需要协调统一的管理事项所制定的标准。管理标准按其对象可分为技术管理标准、生产组织标准、经济管理标准、行政管理标准、业务管理标准和工作标准等。制定管理标准的目的是为了合理地组织、利用和发展生产力，正确处理生产、交换、分配和消费中的相互关系，科学地行使计划、监督、指挥、调整、控制等行政与管理机构的职能。

3）工作标准是指一个训练有素的人员完成一定工作所需的时间，他完成这样的工作应该用预先设定好的方法，用其正常的努力程度和正常的技能（非超常发挥），所以工作标准也称为时间标准。它是对企业标准化领域中需要协调统一的工作事项所制定的标准，包括基础工作、工作质量、工作程序和工作方法等方面的标准。

## 五、货物标准的级别

### （一）我国货物标准的级别

根据《中华人民共和国标准化法》，按制定部门、适用范围等的不同，将货物标准划分为国家标准、行业标准、地方标准、企业标准四级。

#### 1. 国家标准

国家标准指由国家标准化主管机构批准发布，对全国经济、技术发展有重大意义，且在全国范围内统一使用的标准。

（1）国家标准的分类、代号与编号。我国的国家标准分为强制性国家标准和推荐性国家标准，国家标准的代号由大写汉语拼音字母构成。强制性国家标准代号为 GB，推荐性国家标准代号为 GBT 或 GB/T。

我国的国家标准编号方式为：（国家标准代号）（标准发布顺序号）—发布年号。关于发布年号，1996 年以后发布的标准用四位数字表示，1996 年之前发布的标准用两位数字表示。例如，GB 18168—2000 表示 2000 年发布的第 18168 号强制性国家标准。又如，GB/T 12113—1996 表示 1996 年发布的第 12113 号推荐性国家标准。

（2）强制性国家标准的范围。强制性国家标准涉及以下方面：药品国家标准、食品卫生国家标准、兽药国家标准、农药国家标准；产品及产品生产、储运和使用中的安全、卫生国家标准；劳动安全、卫生国家标准；运输安全国家标准；工程建设的质量、安全、卫生国家标准及国家需要控制的其他工程建设国家标准；环境保护的污染物排放国家标准和环境质量国家标准；重要的涉及技术衔接的通用技术术语、符号、代号（含代码）、文件格式和制图方法的国家标准；国家需要控制的通用的试验、检验方法国家标准；互换配合国家标准；国家需要控制的其他重要产品国家标准。

#### 2. 行业标准

根据《中华人民共和国标准化法》的规定，行业标准是由我国各主管部、委（局）批准发布，在该部门范围内统一使用的标准。例如邮政、机械、建筑、化工、冶金、纺织、交通、能源、农业、林业、水利等行业的相关部门，都制定有行业标准。

行业标准是对没有国家标准而又需要在全国某个行业范围内统一技术要求而制定的标准。行业标准不得与有关国家标准相抵触，在相应的国家标准实施后，应立刻废止。有关行业标准之间应保持协调、统一，不得重复。行业标准由行业标准归口部门统一管理。行业标准的归口部门及其所管理的行业标准范围，由国务院有关行政主管部门提出申请报告，经国务院标准化行政主管部门审查确定，并公布该行业的行业标准代号。

行业标准包括：技术术语、符号、代号（含代码）、文件格式、制图方法等通用技术语言要求；工农业产品的品种、规格、性能参数、质量指标、试验方法以及安全卫生要求；工农业产品的设计、生产、检验、包装、储存、运输、使用、维修方法以及生产、储存、运输过程中的安全、卫生要求；通用零部件的技术要求；产品结构要素和互换配合要求；工程建设的勘察、规划、设计、施工及验收的技术要求和方法；信息、能源、资源、交通运输的技术要求及其管理技术等要求。

行业标准分为强制性行业标准和推荐性行业标准。属于强制性行业标准的有：药品行业标准、兽药行业标准、农药行业标准、食品卫生行业标准；工农业产品及产品生产、储运和使用中的安全、卫生行业标准；工程建设的质量、安全、卫生行业标准；重要的涉及技术衔接的技术术语、符号、代号（含代码）、文件格式和制图方法行业标准；互换配合行业标准；行业范围内需要控制的产品通用试验方法、检验方法和重要的工农业产品行业标准。其他行业标准是推荐性行业标准。

行业标准代号由大写汉语拼音字母组成。行业标准的编号由行业标准的代号、标准发布顺序号及标准发布年代号组成。与国家标准一样，有些同一行业的标准不能同时制定、审批、发布时，为保持标准号的连续，对这类标准也采用总号和分号相结合的方法。例如，《牙科学活动义齿软衬材料 第2部分：长期使用材料》（YY0714.2—2016），是指0714号标准是关于"牙科学活动义齿软衬材料"的，其中第二分号".2"是指"长期使用材料"。行业标准的发布年份用四位阿拉伯数字表示，与标准顺序号用一短横线连接。如YZ113—1996，是指1996年批准发布的第113号强制性邮政行业标准；QB/T 1862—2011，是指2011年批准发布的第1862号推荐性轻工行业标准。

有些国家的专业团体（学会、协会或其他民间团体）也发布了一些行业性标准，其中有些标准是国际公认的权威标准，它们为行业提供了很好的技术规范而被各国广泛采用，通常也可视为行业标准。例如，美国材料与试验协会（American Societyfor Testing and Materials，ASTM）、英国劳氏船级社（Lloyd's Register of Shipping）等颁布的技术标准。

### 3．地方标准

地方标准是指没有国家标准或行业标准而又需要在省、自治区和直辖市范围内统一制定和使用的标准，如为本地区特色产品、特需产品所制定的标准。

地方标准由省、自治区、直辖市质量技术监督部门制定、审批和发布，并报国家市场监督管理总局和国务院有关行政主管部门备案。

地方标准不得与上一级标准相抵触，在发布实施相应的国家标准和行业标准后，该项标准即行废止。

地方标准也分为强制性和推荐性标准。其编号方式为：（地方标准代号，即DB+地区代码）（标准顺序号）—（发布年号）。即：

DB××/ 或 DB××/T　　××××××　　—××××
地方标准代号　　　　标准顺序号　　发布年号

例如，DB 11/068—1996表示1996年发布的第068号强制性北京地方标准；天津市推荐性标准的代号是"DB 12/T"，其推荐标准《无公害叶菜蔬菜生产技术规程》编号为"DB 12/T 114—1999"。

其中，地区代码为各省、自治区、直辖市行政区划代码的前两位为数字。省、自治区、直辖市代码，例如：北京 11000、湖南 43000、天津 12000、广西 45000、河北 13000、广东 44000。

### 4. 企业标准

企业标准是指由企业制定发布、在该企业范围内统一使用的标准。企业生产的产品没有国家标准、行业标准和地方标准的，应当制定相应的企业标准，作为企业生产的依据。对已有国家标准、行业标准或者地方标准的，鼓励企业制定严于国家标准、行业标准或者地方标准要求的企业标准，并在企业内部使用。

企业标准一经制定颁布，即对整个企业具有约束性，是企业法规性文件。在企业标准体系中不存在强制性与推荐性之分，所有标准均需遵循。

企业标准的代号由汉字"企"的大写拼音首字母"Q"加斜线再加企业代号组成，企业代号可用大写汉语拼音字母或阿拉伯数字或两者兼用组成。企业代号按中央所属企业和地方企业分别由国务院有关行政主管部门或省、自治区、直辖市政府标准化行政主管部门会同同级有关行政主管部门加以规定。如"粤 Q""京 Q"。企业标准的编号由企业标准的代号、标准发布顺序号和标准发布年代号（四位数）组成。例如，海尔公司 2009 年发布了《塑料成型件通用要求》的企业标准，标准号为 Q/HR 0501028—2009。

### （二）国际货物标准的级别

为了提高我国产品质量和生产技术水平，适应发展社会主义市场经济和国际贸易的需要，国家鼓励企业采用国际标准和国外先进标准，这有利于吸收国外先进的科学技术，有利于消除国际贸易上的技术壁垒，开拓国际市场，扩大货物的出口，是提高进出口货物质量、技术水平和经济效益的重要手段。

采用国际标准和国外先进标准，是指将国际标准或国外先进标准的内容，经过分析研究，不同程度地转化为我国各级标准，并贯彻实施。

按我国标准采用国际标准或国外先进标准的程度，分为等同采用、等效采用和非等效采用。等同采用，是指采用时技术内容相同，没有或仅有编辑性修改，编写方法完全相对应；等效采用，是指采用时主要技术内容相同，技术上只有很小差异，编写方法不完全相对应；非等效采用，是指采用时技术内容有重大差异。对国际标准（不包括即将制定完成的国际标准）的采用程度，在我国标准的封面和首页上的表示方法如下：

1）GB××××-××（idt ISO××××-××××）等同。

2）GB××××-××（eqv ISO××××-××××）等效。

3）GB××××-××（neq ISO××××-××××）非等效。

从世界范围来说，标准通常被分为国际标准、区域标准、国家标准、行业或专业团体标准以及公司（企业）标准五级。国家标准、行业标准以及企业标准前面已经介绍过了，这里主要介绍国际标准和区域标准。

### 1. 国际标准

国际标准是指由国际标准化组织、国际电工委员会（International Electrotechnical Commission，IEC）、国际电信联盟（International Telecommunication Union，ITU）制定的标准，以及经国际标准化组织认可并收录到《国际标准题录索引》中的其他国际组织所制定的标准。

国际标准化组织是目前世界上最大、最具权威性的国际标准化专门机构。1946年10月14日至26日，英、美、法等25个国家的64名代表在英国伦敦正式表决通过建立国际标准化组织。1947年2月23日，ISO章程得到15个国家标准化机构的认可，ISO正式宣告成立。ISO的成立目的和宗旨是："在全世界范围内促进标准化工作的开展，以便于国际物资交流和服务，并扩大在知识、科学、技术和经济方面的合作。"其主要职责是制定国际标准，协调世界范围内的标准化工作，组织各成员和技术委员会进行情报交流，以及与其他国际组织进行合作，共同研究有关标准化问题。

国际电工委员会成立于1906年，是世界上最早的非政府间国际标准化组织，总部设在瑞士日内瓦。其宗旨是促进电工、电子领域产品国际标准、认证标准和指南文件的制定及相关的国际与区域性标准化方面的合作。国际电工委员会下设中央秘书处、理事会、执委会、ISO/IEC联合技术委员会、未来高新技术顾问委员会、合格评定局、无线电干扰委员会及技术委员会和分技术委员会。

国际电信联盟是联合国的一个专门机构，是国际电信界最权威的标准制定和修订组织，总部设在瑞士日内瓦。1932年，来自70个国家和地区的代表聚首西班牙马德里，通过了将1865年5月17日成立的"国际电报联盟"改为"国际电信联盟"的决议。1947年10月15日，经联合国同意，国际电信联盟成为联合国的一个专门机构。

其他与国际标准化有关的国际组织有国际人造纤维标准化局（BISFA）、食品法典委员会（CAC）、关税合作理事会（CCC）、国际照明委员会（CIE）、国际无线电干扰特别委员会（CISPR）、国际原子能机构（IAEA）、国际航空运输协会（IATA）、国际民用航空组织（ICAO）、国际辐射单位和测量委员会（ICRU）、国际乳品联合会（IDF）、国际图书馆协会联合会（IFLA）、国际制冷学会（IIR）、国际劳工组织（ILO）、国际海事组织（IMO）、国际橄榄油理事会（IOOC）、国际放射防护委员会（ICRP）、国际兽疫局（OIE）、国际法制计量组织（OIML）、国际葡萄与葡萄酒局（OIV）、国际铁路联盟（UIC）、联合国教科文组织（UNESCO）、世界卫生组织（WHO）、世界知识产权组织（WIPO）。

### 2．区域标准

区域标准是由特定区域内的标准化组织制定的标准。世界较著名的区域性标准化组织有欧洲标准化委员会（CEN）、欧洲电工标准化委员会（CENELEC）、泛美标准化委员会（COPANT）、欧洲电信标准化协会（ETSI）、欧洲海事数据模型产品交换标准协会（EMSA）、阿拉伯工业发展和矿业组织（AIDMO）。制定区域标准的目的在于促进区域性标准化组织成员开展贸易，便于该地区的技术合作和技术交流，协调该地区与国际标准化组织的关系。

此外，企业还可以采用国外先进标准。国外先进标准是指国际上权威性的区域标准和世界主要经济发达国家的国家标准，包括英国国家标准（BS）、美国国家标准（ANSI）、法国国家标准（NF）、日本工业标准（JIS），以及其他国家的某些世界先进标准（国外知名产品或知名公司标准）、国际通行的团体标准。

## 六、货物标准的内容

根据《标准化工作导则》编写标准的一般规定，货物标准一般由概述部分、正文部分和补充部分三个主要部分组成，如图3-2所示。

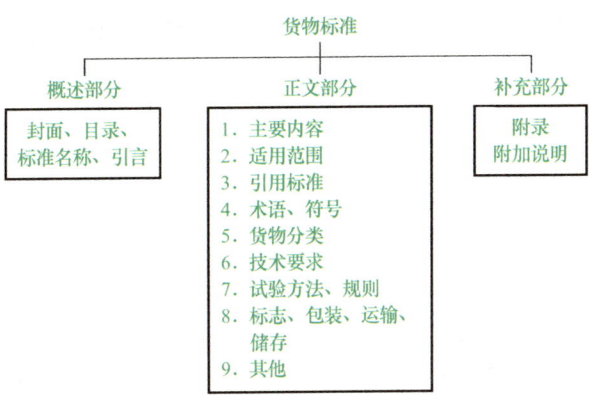

图 3-2 货物标准的构成

我国货物标准正文部分一般包括以下六个方面的基本内容：

### （一）标准的主要内容、适用范围和引用标准

在标准中，首先需要简要说明该项规定的主要内容、适用范围和应用领域以及不适用的范围，其次应列出和注明该标准所引用的所有其他标准的代号、编号和名称。在货物标准中，应说明该项标准适用于哪种货物，加工制造该货物的原料、方法，以及该货物的用途。

### （二）货物分类

货物类别是货物技术标准内容的重要组成部分，一般是指货物（产品）分类原则与分类表示方法。分类原则是货物（产品）分类的依据，通常按其成分、性状、结构或其他特性进行分类。如电子类货物按结构、使用特性分类，化工类货物按化学分子式或结构分类。同一类货物再按尺寸、溶剂或其他成分分成不同规格。分类的目的在于合理地规定货物的品种、型号和规格，以便用户选择和组织生产与经营。

例如，国家标准《苹果冷藏技术》（GB/T 8559—2008）中对苹果的分类做出了规定：中熟品种为元帅、红星、红冠、红玉和金冠；晚熟品种为鸡冠、秦冠、倭锦、甜香蕉、青香蕉、大国光、国光、富士。

### （三）货物质量指标和对各类各级货物的技术要求

货物质量指标和对各类各级货物的具体要求是货物标准的中心内容，具体包括货物的技术要求、感官特性、物理特性、化学特性、稳定性、可靠性、能耗指标、材料要求、工艺要求、环境条件、有关质量保证、卫生、安全和环境保护方面的要求以及质量等级规定等。此外，还有各级各类货物应达到的质量水平及某些指标规定的等级范围。

质量指标一般都是与货物的使用价值密切相关的，这些指标直接关系到工业品货物的适用性、使用寿命、安全卫生性及外观，关系到食品货物的色香味、外形、营养价值及卫生性。质量指标既是生产部门、商业部门全面准确评价货物质量的技术依据，也是商业部门做好采购，满足用户或消费者需要的根本保障。

### （四）规定试验方法

试验方法是为考核与判定货物质量是否符合标准要求，而对试验方法、程序手段以及试验

结果分析处理等所作出的具体规定。包括：试验项目，试验原理和方法，试验用仪器设备及其种类、规格，试验用试剂种类、规格及其配制方法，试验的环境条件，准备工作和试验程序，试验结果的计算、分析，试验记录和试验报告等。

### （五）规定检验规则

检验规则包括检验项目，抽样方法和用具、数量，样品检验前的处理和封存方法，检验方法，检验结果的评定，检验不合格时的处理方法，复验方法。

例如，国家标准《食品中农药最大残留限量》（GB 2763—2021）中规定：小麦中2,4-滴钠盐（2,4-DNa，俗称为2,4-二氯苯氧乙酸钠盐）最大残留限量为2mg/kg，谷物（高粱除外）、蔬菜、水果、糖料、食用菌按照GB/T 5009.175规定的方法测定。柑、橘、橙中二钾四氯（钠）（MCPA）的最大残留限量为0.1mg/kg，水果、糖料参照SN/T 2228规定的方法测定。标准中残留物是指由于使用农药而在食品、农产品和动物饲料中出现的任何特定物质，包括被认为具有毒理学意义的农药衍生物，如农药转化物、代谢物、反应产物及杂质等。最大残留限量（MRL）是指在食品或农产品内部或表面法定允许的农药最大浓度，以每千克食品或农产品中农药残留的毫克数表示（mg/kg）。

### （六）货物的标志、包装、运输和储存

货物标准中明确规定了货物的包装、标志、运输和储存要求，以保证流通中的货物质量。货物标准对货物包装、标志进行了统一的规定，规定内容包括：制造商或销售商的商标、牌号或型号；搬运说明、危险警告、制造日期等；包装材料和包装方法；每件包装中商品的数量、质量和体积。

货物标准对运输和储存条件也进行了规定，包括：储存场所、条件、搬运和堆垛方法、储存期限和抽检时间等；运输方式、运输条件以及装卸应注意事项等。

> **案例分析**
>
> **相关标准的发布实施助推行业的发展**
>
> 国家市场监督管理总局、国家标准化管理委员会2018年发布《关于批准发布〈工业硼酸〉等393项国家标准和7项国家标准外文版的公告》，涉及13项玻璃行业相关标准，分别是《触摸屏盖板用高铝硅玻璃》（GB/T 36259—2018）、《电子显示用防眩减反射玻璃》（GB/T 36260—2018）、《建筑用节能玻璃光学及热工参数现场测量技术条件与计算方法》（GB/T 36261—2018）、《红外光学玻璃》（GB/T 36265—2018）、《淋浴房玻璃》（GB/T 36266—2018）、《钢化玻璃单位产品能耗测试方法》（GB/T 36267—2018）、《夹层玻璃单位产品能耗测试方法》（GB/T 36268—2018）、《建筑用装饰玻璃术语》（GB/T 36400—2018）、《平板玻璃中微量镍的测定方法》（GB/T 36269—2018）、《红外光学玻璃红外透过率测试方法傅里叶变换法》（GB/T36403—2018）、《平板玻璃点状缺陷在线检测》（GB/T 36404—2018）、《平板玻璃应力检测方法》（GB/T 36405—2018）、《平板玻璃表面渗锡量的测试方法》（GB/T 36406—2018）。

值得一提的是，《建筑用节能玻璃光学及热工参数现场测量技术条件与计算方法》（GB/T 36261—2018）的发布，意味着节能玻璃现场测量有了明确的标准。标准中规定了建筑用节能玻璃光学及热工参数现场测试中涉及的测试及计算用参数、测试分类、测试原理、光热计算用基础参数测量要求、参数计算和测试报告，适用于已安装和待安装的建筑用节能玻璃光学及热工参数的现场测试。

[案例点拨] GB/T 36261—2018 标准的内容突破了玻璃的光热性能只能在实验室内进行测试的瓶颈，能够直接对已安装在建筑上的各类节能玻璃进行检测，解决了困扰玻璃行业的已安装玻璃与送检的样品不一致的问题。该标准的实施对于规范行业行为、推广优质产品、引导行业健康发展具有重要意义。

# 项目四 货物标准化

## 一、标准化的概念

我国 GB/T 20000.1—2014 标准对"标准化"的定义是："为了在既定范围内获得最佳秩序，促进共同效益，对现实问题或潜在问题确立共同使用和重复使用的条款以及编制、发布和应用文件的活动。"

标准化的 3 个要义如下。

1）标准化是一项活动，是一个过程，其对象不是孤立的一件事或一个事物，而是共同的可重复的事物。这项活动包括从标准的编制、发布到实施的全过程。

2）标准化所涉及的现实问题或潜在问题范围非常宽广，除了生产、流通、消费等经济活动以外，还包括科学、技术、管理等活动。

3）标准化活动是有目的的，即在一定范围内获得最佳秩序。

标准化的实质是一种制定、发布、实施和修改标准的活动过程。标准是标准化活动的中心。

标准化的目的是通过活动使其研究对象达到统一，并最终获得最佳秩序。

## 二、货物标准化的概念

所谓货物标准化，是指在货物流通的各个环节推行货物标准的活动。它是货物标准制定、发布、贯彻实施和修订的整个动态实践的过程。货物标准化包括名词术语统一化、货物质量统一化、货物零部件统一化、货物检验方法标准化、货物包装、储存、运输、养护标准化和规范化等内容。

货物标准化是发展经济必不可少的一项基础工作，是发展社会生产力、提高货物质量和全社会效益的重要工作。由于货物标准化活动涉及面广，专业技术要求很高，政策性很强，因此必须遵循统一管理与分工管理相结合的标准化体制。

### 三、货物标准化的形式

货物标准化的形式是由标准化内容决定的，并随着标准化内容的发展而变化，它是货物标准化过程的表现形态，也是货物标准化的方法。货物标准化有多种形式，每种形式都表现为不同的内容，针对不同的标准化任务，达到不同的目的。标准化的形式又有其相对的独立性和自身的继承性，并反作用于内容。

货物标准化的形式主要有简化、统一化、系列化、通用化、组合化五种。

#### （一）简化

简化是指在一定范围内缩减货物的类型数目，使之在一定时间内满足一般需要的形式。简化是货物标准化的初级形式，也是实践中应用比较广泛的一种形式。它是控制货物复杂性、防止多样性自由泛滥的一种手段。通过简化确立的货物品种构成，不仅对当前的生产有指导意义，而且在一定时期、一定范围内能预防和控制产生的不必要复杂性。

简化一般是在事后进行的，也就是在货物的多样化已经发展到一定规模后，才对货物的类型数目加以缩减。在科学的基础上，通过合理的简化，可以去掉不必要的货物类型及同类货物中多余的、重复的和低功能的货物品种，使货物构成更加合理，为新的货物类型、品种、规格的出现以及多样化的合理发展扫清障碍。因此，简化是货物系统发展的外在动力，是对货物类型、品种进行有意识控制的一种有效形式。

#### （二）统一化

统一化是指把同类货物两种以上的表现形式归并为一种或限定在一定范围内的货物标准化形式。它是货物标准化活动中内容最广泛、应用最普遍的一种形式。

统一化的实质是使货物的形式、功能或其他技术特征具有一致性，并把这种一致性通过货物标准以定量化的方式确定下来。因此，统一化与简化的概念是有区别的，前者着眼于取得一致性，即从个性中提炼共性；后者着眼于精练，即合理地保留若干品种。

在统一化活动中，要运用预测技术和经济效果分析等方法，准确地确定统一的时机。通过调查研究，合理规定货物的哪些指标应该统一，哪些不需要统一；哪些指标要严格统一，哪些指标要灵活统一；准确规定指标的水平和灵活的尺度。

统一化分为两类：一类是绝对的统一，不允许有任何灵活性，如各种编码、代号、标志、名称、计量单位、运动方向（开关的转换方向、电机轴的旋转方向、交通规则）等；另一类是相对的统一，统一中还讲究灵活，如货物的质量标准是对该类货物的质量进行的统一，但质量指标却允许有灵活性（如分等规定、指标上下限、公差范围等）。

#### （三）系列化

系列化是对同一类货物中的一组货物进行标准化的一种形式，它是标准化的高级形式。它通过对同一类货物发展规律的分析研究和对国内外货物发展趋势的预测，结合我国的生产技术条件，经过全面的技术经济比较，对货物的主要参数、型号、尺寸、基本结构等做出合理的规划安排，以协调同类货物和配套货物之间的关系。可见，系列化是使某一类货物系统的结构优化、功能最佳的标准化形式。

货物系列化一般包括制定货物基本参数系列、编制货物系列型谱和进行货物系列设计三个方面。货物基本参数系列是将货物的基本参数按一定的规律排列形成的数列，是指导货物生产厂家发展货物品种、指导用户选用货物的最基本数据，它关系到这种货物是否能够与相关货物配套协调及能否取得较好的经济效益。货物系列型谱是行业部门根据国民经济发展和市场的需要，对国内外同类货物的生产发展和需求状况进行分析后，对基本参数系列所限定的货物进行形式规划，把基型货物和变形货物的关系及品种发展的总趋势用图表反映出来所形成的一个简明的品种系列表。它是该货物品种发展规划的一种表现形式，既有助于选择货物发展方向、制定货物技术发展规划，也为合理安排货物生产及整顿现有货物、发展变形货物提供依据，还可以防止企业盲目设计没有发展前景的品种。货物系列设计是以基型为基础，对整个系列货物进行的技术设计或施工设计，它是有效的统一化，能有效地防止全国范围内同类货物形式规格的杂乱，能集中研究和设计优势，做到最大限度地节约设计力量。同时，系列设计的货物基础件通用性好，易于根据市场动向和消费者的特殊要求机动灵活地发展新品种，也便于组织专业化协作生产和配套维修。

### （四）通用化

通用化是指在相互独立的系统中选择和确定具有功能互换性或尺寸互换性的子系统单元的标准化形式。通用化要以互换性为前提。所谓互换性，是指不同时间、不同地点制造出来的货物或零件，在装配、维修时不必经过修整就能任意替换使用的性质。

通用化要求在货物系列设计时全面地分析货物的基型系列和变形系列中零部件的共性和个性，从中选择具有共性的零部件，将其确定为通用件或标准件。在单独设计某一货物时，尽量采用已有的通用件；新设计零部件时，要充分考虑到能为日后的新货物所采用，使其逐步发展为通用件或标准件。

### （五）组合化

组合化是指按照标准化的原则，设计并制造一系列通用性较强的单元，根据需要拼合成不同用途的货物的一种标准化形式。组合化是受积木玩具的启发而发展起来的，所以也有人称之为"积木化"。

组合化的特殊之处是将统一化的单元组合为具有某种功能的货物体，这个货物体又能重新拆装，组成新的结构。这些统一化单元可以多次重复利用。

在货物设计、生产过程以及使用过程中都可以运用组合化的方法。如生产厂家首先选择或设计标准单元和通用单元（组合单元），同时预先制造和储存一定数量的标准组合单元，根据需要组装成不同用途的货物。

组合化的原则和方法已经广泛应用于机械产品、仪表产品、工艺产品、家具产品等的设计和制造中。目前，建筑行业也广泛采用组合式建筑结构，计算机软件的开发也运用了这一方法，并显示出明显的优越性。

## 四、标准化的经济效果

标准化的经济效果是指制定和贯彻标准所取得的有用效果与所付出的劳动耗费的比较。

计算标准化的经济效果与标准化的经济效益的公式如下：

标准化的经济效果＝制定和贯彻标准所获得的有用效果÷制定和贯彻标准所付出的劳动耗费；

标准化的经济效益＝制定和贯彻标准所获得的有用效果－制定和贯彻标准所付出的劳动耗费。

上述公式表明，标准化的经济效果是相对值，表示劳动的有效性，揭示了比率、效率的关系。标准化的经济效益是绝对值，表明收益的大小。

评价标准化的经济效果常采用直接比较法和动态分析法。直接比较法是按国家规定的16项主要指标进行评价，其中最主要的指标有：总产量和增长率、产品质量稳定提高率、原材料和燃料动力消耗降低率、产品优质品率、每万元产值消耗的能源和降低率、定额流动资金周转天数和加速率、可比产品成本降低额和降低率等。动态分析法主要是通过对效益和费用动态变化的分析以及对时间因素的分析，来确定最佳经济效益。

为了评价标准化的经济效果，我国制定和颁布了相关的国家标准《标准化效益评价 第1部分：经济效益评价通则》（GB/T 3533.1—2017）、《评价和计算标准化经济效果 数据资料的收集和处理方法》（GB 3533.3—1984）。

### 案例分析

#### 货物标准化给生活带来的便利

**1. 简化电池规格**

过去，不同品牌的电池有不同的规格，比如AA电池的长度、宽度等可能略有差异，导致不同品牌的电池不能互相替换。现在，通过简化电池的规格，使不同品牌的电池可以通用，这让消费者在购买电池时更加方便。

**2. 简化手机充电接口**

过去，不同品牌的手机充电接口不同，比如Micro USB接口、USB-C接口等，导致消费者需要购买不同类型的充电器。现在，通过推行一种通用的充电接口，比如USB-C接口，使消费者可以用同一种充电器给不同品牌的手机充电，简化了购买和使用的过程。

**3. 简化服装尺码**

过去，不同品牌的服装尺码标准不同，同一个尺码在不同品牌的服装上可能会有差异，导致消费者难以准确选择适合自己的尺码。现在，通过简化服装尺码标准，如使用国际统一的尺码体系，使消费者可以更容易地找到适合自己的尺码，避免了因尺码问题造成的退换货等问题。

**4. 简化常用家电插头标准**

过去，不同家电品牌的插头标准不同，导致用户无法轻松更换不同品牌的家电。现在，通过推行统一的插头标准，例如国标的三插头和国际标准的两插头，使消费者可以方便地使用不同品牌的家电，减少了购买和使用上的麻烦。

[案例点拨] 货物标准化在许多领域都起到了重要的作用，使消费者可以更方便地选择和购买商品，促进市场的竞争和发展。通过不断推行货物标准化，我们可以进一步提升消费者的满意度和市场的流通效率。

> **职业素养**

### 华为质量熔铸工匠精神

2016年3月,华为公司(以下简称"华为")凭借"以客户为中心"的质量管理模式获得"中国质量奖"制造领域第一名,这一殊荣是对华为长期坚持以"质量为生命"的肯定和褒奖。"以客户为中心"是华为的核心价值观,是华为质量文化的核心,也是华为一切工作的驱动力。"质量好、服务好、运作成本低、优先满足客户"是华为自1987年成立以来一直坚持的精神。为解决一个在跌落环境下致损概率为1/3000的手机摄像头质量缺陷问题,华为不断测试,最终找出问题并解决;为弥补某款热销手机生产中的一个小缺陷,华为曾经不惜以影响了数十万台手机的发货为代价,关停生产线重新整改。正是靠着对产品瑕疵零容忍的质量原则和对不断提升产品品质的追求,华为走出国门,用优质的产品、服务和领先的技术服务全球。质量目标、方针、战略落地到流程中,构筑到文化中,使华为的质量战略真正成为每个华为人追求的目标。华为"以客户为中心"不断提升质量的工匠精神值得更多的企业学习。

工匠精神是一种在设计上追求独具匠心、质量上追求精益求精、技艺上追求尽善尽美的精神,蕴含着严谨、耐心、踏实、专注、敬业、创新、拼搏等宝贵品质。工匠精神体现在各行各业的企业家和劳动者的价值追求和综合素质上,落实在产品的各个生产环节及质量要求中。

## 模块练习

### 一、选择题

1. 在运输过程中,造成货损和货差的原因有（　　）。
   A. 货舱设备不完善  B. 保管不当
   C. 货物发酵、霉烂、自热  D. 不可抗力
2. 在储存过程中造成货损和货差的原因有（　　）。
   A. 库场设备不全  B. 库场清洁卫生差
   C. 货物保管不当  D. 货物交付不及时
3. 按照实施方式划分,货物标准分为（　　）。
   A. 强制性标准  B. 推荐性标准  C. 文件标准  D. 实物标准
4. 根据《中华人民共和国标准化法》,按制定部门、适用范围等的不同,将货物标准划分为（　　）。
   A. 国家标准  B. 行业标准  C. 地方标准  D. 企业标准
5. 货物标准概述部分包括（　　）。
   A. 封面  B. 目录  C. 标准名称  D. 引言
6. 货物标准化的形式主要有（　　）。
   A. 简化、统一化  B. 系列化、通用化
   C. 通用化、组合化  D. 信息化、统一化

## 二、判断题

1. 所有出口产品都必须符合进口国的技术法规和标准。（    ）
2. ISO 9001 是一种针对环境管理体系的国际标准。（    ）
3. 企业内部制定的质量标准通常低于国家标准。（    ）
4. 产品召回是一种有效的质量控制措施。（    ）
5. 只有经过认证的产品才能在市场上销售。（    ）
6. 国际标准化组织（ISO）发布的标准在全球范围内都是强制性的。（    ）
7. 所有电子产品的安全测试标准都是相同的。（    ）
8. 通过了 ISO 9001 认证的企业，其生产的所有产品都符合国际最高质量标准。（    ）
9. 在国际贸易中，如果买方没有明确指定质量标准，则卖方可以自行决定产品的质量标准。（    ）

## 三、简答题

1. 什么是货损和货差？
2. 什么是货物的自然损耗？其产生的原因是什么？
3. 什么是货物标准？简述货物标准的主要作用。
4. 简述货物标准化的形式。

## 四、案例分析题

某电器公司与某仓储公司签订了电器仓储合同，约定由仓储公司储存电器公司的一批新型电子产品。在合同履行期间，电器公司发现从仓库提取的电子产品有部分出现生锈和短路现象，致使电器公司无法按时向客户交付产品，影响了公司的声誉和经济效益。经查，因仓库的防潮措施不到位，仓库屋顶漏水，且仓库温湿度控制设备老化失修，不能有效调节温湿度，导致电子产品受潮，出现生锈、短路的现象。

**问题：**

在货物仓储过程中，应该注意哪些问题以避免损失？

# 模块四

# 货物检验

**知识目标**：了解货物检验概念和种类；掌握货物检验的项目和要求；掌握货物检验的步骤和方法；熟悉进出口货物检验的方法。

**能力目标**：能够描述货物检验的概念；能够根据不同的货物特性选择适合的检验方法，能够掌握进出口货物检验检疫的基本流程。

**素质目标**：增强具体问题具体分析的工作能力和遵纪守法、照章办事的职业道德。

**学习重点**：货物检验的种类；货物检验的方法；进出口货物检验的程序和主要内容。

**学习难点**：抽样检验法、感官检验法、理化检验法、生物学检验法。

## 案例导入

### 智能温控保鲜技术在冷链物流中的应用

在当今社会，随着生活水平的提高和健康意识的增强，人们对食品质量的要求也越来越高。这就对食品品质保障提出了要求，尤其是对于易腐烂变质的新鲜果蔬、海产品等食品，其运输过程中的品质保证至关重要。

某国内知名物流公司——"绿途冷链"便是在这样的背景下，将智能温控保鲜技术应用于冷链物流中，该技术不仅有效解决了传统物流过程中货物品质难以把控的问题，更是在货物检验环节发挥了重要作用。

"绿途冷链"采用先进的物联网技术和大数据分析手段，为每一批次的冷链物流货物配备专属的温度监控设备。该设备可以实时监测货物所处环境的温度变化，并通过无线网络将数据传输至云端服务器。公司后台管理系统能够根据收集到的数据自动分析货物在运输过程中是否出现异常情况，如温度波动超过预设范围，则立即启动预警机制，通知相关工作人员及时采取措施进行调整，确保货物始终处于最佳保存状态。

此外，"绿途冷链"还引入了AI图像识别技术，用于货物入库前后的质量检测。通过高清摄像头拍摄货物外观图片，再利用深度学习算法对图像进行分析处理，系统可以快速准确地识别出货物表面是否存在破损、变色等问题，并与历史数据进行对比分析，判断货物新鲜度及保质期情况。这一举措不仅大大提高了检验效率，减少了人工操作可能带来的误差，同时也使得客户能够更加直观地了解到自己所购买商品的真实状况，增强了消费者的信任感。

当货物到达目的地后,"绿途冷链"还会邀请第三方专业检测机构对部分批次进行抽样检查,以进一步验证智能温控保鲜技术的实际效果。结果显示,经过该技术处理的货物,在外观色泽、口感风味等方面均优于使用普通运输方式的货物,且微生物指标均符合国家食品安全标准。

**思考**:请说出此案例中货物检验的重要性。

**分析**:此案例说明,现代科技手段的应用不仅提升了货物运输过程中的安全性和可控性,也为货物检验提供了更加科学、高效的方法,有助于保障消费者权益,推动行业健康发展。通过本案例的学习,同学们应更好地理解货物检验工作的重要性及其在现代物流体系中的具体应用。

## 项目一　货物检验概述

### 一、货物检验的概念

货物检验是指货物的供货方、购货方或第三方在一定条件下,借助某种手段和方法,按照合同、标准或国际、国家有关法律法规、惯例,对货物的质量、规格、数量以及包装等方面进行检查,并做出合格与否或通过验收与否的判定;为维护买卖双方合法权益,避免或解决各种风险损失和责任划分的争议,便于货物交接结算而出具各种证书的业务活动。其中,货物的质量检验是货物检验的中心内容,狭义的货物检验就是指货物的质量检验。

### 二、货物检验的种类

#### (一)按检验主体,可分为生产检验、验收检验和公正检验

**1. 生产检验**

生产检验又称第一方检验、卖方检验,是由生产企业或其主管部门自行设立的检验机构,对所属企业进行原材料、半成品和成品产品的自检活动。这类检验的目的是及时发现不合格产品,保证质量,维护企业信誉。经检验合格的产品应有"检验合格证"标志。

**2. 验收检验**

验收检验又称第二方检验、买方检验,是由商品的买方为了维护自身及其顾客利益,保证所购商品符合标准或合同要求所进行的检验活动。这类检验的目的是及时发现问题,反馈质量信息,促使卖方纠正或改进商品质量。在实践中,一些外贸企业还常派"驻厂员",对商品质量形成的全过程进行监控,一旦发现问题,及时要求卖方解决。

**3. 公正检验**

公正检验又称第三方检验、法定检验,是由处于买卖利益之外的第三方(如专职监督检验机构),以公正、权威的非当事人身份,根据有关法律、标准或合同进行商品检验活动,如公证鉴定、仲裁检验、国家质量监督检验等。第三方检验的目的是维护各方合法权益和国家权益,协调矛盾,促使商品交换活动的正常进行。

### （二）按接受检验的货物数量，可分为全数检验和抽样检验

#### 1. 全数检验

全数检验又称全额检验、百分之百检验，是对整批货物逐个（件）地进行的检验活动。其特点是能提供较多的质量信息，给人一种心理上的安全感。缺点是检验量大、费用高，易因检验人员疲劳而导致漏检或错检。

#### 2. 抽样检验

抽样检验是按照已确定的抽样方案，从整批货物中随机抽取少量具有代表性的货物用作逐一测试的样品，并依据测试结果去推断整批货物质量合格与否的检验活动。它具有占用人力、物力和时间少的优点，具有一定的科学性和准确性，是比较经济的检验方式。但检验结果相对于整批货物实际质量水平，会存在一定误差。

抽样检验的对象是一批货物，根据抽样结果应用统计原理去推断整批货物的接收与否。由于抽样检验是用样本的质量特征去推断整体的质量特征，所以可能存在误判，即可能把实际的不合格评判为合格，也可能把实际的合格评判为不合格。

抽样检验适用于批量较大、价值较低、质量特性多且质量较稳定或具有破坏性的货物检验。

### （三）按检验有无破坏性，可以分为破坏性检验和非破坏性检验

#### 1. 破坏性检验

破坏性检验是指为了对货物进行各项技术指标的测定、试验，经试验后的商品会遭受破损，甚至再无法使用的检验，如对加工食品罐头、饮料以及茶类等的检验。

#### 2. 非破坏性检验

非破坏性检验又称为无损检验，是指经过检验的商品仍能发挥其正常使用性能的检验，如对电器类、纺织品类等的检验。

## 三、货物检验的项目和要求

### （一）货物质量检验

货物质量检验是指根据合同和有关检验标准的规定或申请人的要求，对成分、规格、等级、性能和外观质量等货物的使用价值所表现出来的各种特性，运用人的感官或化学、物理方法等各种手段进行测试、鉴别。货物质量检验的目的是判别、确定该货物的质量是否符合合同中规定的货物质量条件和标准。

货物质量检验包括外观质量的检验和内在质量的检验。

### （二）货物数量和重量检验

货物数量和重量是买卖双方成交货物的基本计量和计价单位，直接关系着双方的经济利益，也是对外贸易中最敏感而且容易引起争议的因素之一，因此有必要要求检验机构对此做出检验和鉴定。

数量检验是按照发票、装箱单或尺码明细单等的规定,对整批货物进行逐一清点,检验其实际装货数量,包括商品个数、件数、双数、打数、令数、长度、面积、体积等。

货物重量检验就是根据合同规定,采用不同的计量方式,对不同的货物计量出它们准确的重量。

### (三)货物包装检验

货物的包装检验是根据公司的要求或合同规定,对货物的包装标志、包装材料、包装种类、包装方法等方面进行检验,同时查看货物包装是否完好、牢固等。货物包装检验即检验货物包装本身的质量和完好程度,是分清责任归属、确定索赔对象的重要依据之一。

对于进出口货物的包装检验,首先要核对外包装上的货物包装标志(标记、号码等)是否与有关标准的规定或贸易合同相符,然后对货物的内外包装进行检验。对进口货物主要检验外包装是否完好无损,包装材料、包装方式和衬垫物等是否符合合同规定,对外包装破损的货物要另外进行验残,查明货损责任方以及货损程度。对发生残损的货物要检查是否因包装不良所引起。对出口货物的包装检验,除检验包装材料和包装方法必须符合外贸合同、标准规定外,还要检验货物内外包装是否牢固、完整、干燥、清洁,是否适于长途运输和是否符合保护货物质量、数量的要求。

### (四)货物安全卫生检验

货物安全检验主要是指对电子电器类货物的漏电检验、绝缘性能检验和 X 光线辐射检验等。

货物卫生检验是指对货物如食品添加剂中砷、铅、镉等有毒有害物质及微生物的检验。

对于进出口商品的检验内容除上述内容外,还包括海损鉴定、集装箱检验、进出口商品的残损检验、出口商品的装运技术条件检验、货载衡量、产地证明、价值证明及其他业务的检验。

## 项目二 货物检验的步骤和方法

### 一、货物检验的步骤

货物检验工作流程通常包括 5 个环节,依次为定标→抽样→检验→判定→处理,其具体步骤如下。

货物检验的步骤

(1)定标。定标是指检验前根据合同或标准规定,明确技术要求,掌握检验手段、方法以及货物合格判定原则,拟订货物检验计划。

(2)抽样。抽样是指按合同或标准规定的抽样方案,随机抽取样品,使样品对货物批次总体具有充分的代表性,同时要对样品进行合理保护。

(3)检验。检验是指在规定的环境条件下,用规定的试验设备和试验方法检测样品的质量特性。

(4)判定。判定是指通过将检测的结果与合同及标准所规定的技术指标进行比照,根据合格判定原则对被检货物合格与否做出判定。

（5）处理。处理是指对检验结果出示检验报告，反馈质量信息，对不合格的货物做出处理。

## 二、货物检验的方法

### （一）抽样检验法

#### 1．抽样的概念

抽样也称取样、采样、拣样，是指为了检验某批货物质量，从同批同类货物中用科学的方法抽取一定数量的、具有代表性的样品，作为评定该批货物质量的依据。

货物抽样检验是在对工农业产品和进出口货物进行质量检验时，被广泛运用并被人们普遍认可的一种货物检验形式。

#### 2．抽样的原则

（1）代表性原则。被抽取的一部分货物必须具备整批货物的共同特征，以使鉴定结果能成为判定整批货物质量的主要依据。

（2）典型性原则。被抽取的样品应当能反映整批货物的某个（些）方面的重要特征，能发现某种情况对货物质量造成的重大影响。如食品的变质、被污染、掺入杂质以及对假冒劣质货物的鉴别。

（3）适时性原则。针对成分、含量、性能、质量等会随时间或容易随时间的推移而发生变化的货物，要求及时、适时抽样并进行鉴定。如对新鲜果蔬中各类维生素含量的鉴定及对各类农副产品中农药或杀虫剂残留量的鉴定等。

#### 3．抽样的要求

1）抽样应当依据抽样对象的形态、性状，合理选用抽样工具与样品容器。抽样工具与样品容器必须清洁，不含被鉴定成分，供微生物鉴定的样品应无菌操作。

2）外地调入的货物，抽样前应检查有关证件，如商标、运货单、质量鉴定证明等，然后检查外表，包括检查包装以及起运日期、整批数量、产地、厂家等情况。

3）按各类货物的抽样要求抽样，注意抽样部位应分布均匀，每个抽样部位的抽样数量保持一致。

4）抽样的同时应做好记录，内容包括抽样单位、地址、仓位、车间号、日期、样品名称、样品批号、样品数量、抽样者姓名等。

5）应妥善保存抽取的样品，保持样品原有的品质特点。抽样后应及时鉴定。

#### 4．抽样的方法

抽样的方法有简单随机抽样法、分组随机抽样法、等距随机抽样法和阶段随机抽样法4种。

（1）简单随机抽样法。简单随机抽样法是指对整批同类货物不经过任何分组、划类、排序，直接从中按照随机原则抽取检验样品。从理论上讲，简单随机抽样法最符合随机的原则，可避免检验员的主观意志影响，是最基本的随机抽样方法，也是其他复杂随机抽样方法的基础。简单随机抽样法通常用于批量不大的货物的抽样。

（2）分组随机抽样法。分组随机抽样法是指先将整批同类货物按主要标志分成若干个组，分组时应注意每个组内部货物数量是均匀的，然后从每组中随机抽取若干样品，最后将各组抽取的样品放在一起作为整批货物的检验样品。它是目前使用最多的一种抽样方法。用这种方法获得的样品在整批货物中分布比较均匀，有很好的代表性。由于生产过程中的质量事故常常是间隔出现的，采用分组随机抽样法能克服简单随机抽样法可能漏掉集中性缺陷的不足。分组随机抽样法适用于对较大批量货物的抽样。

（3）等距随机抽样法。等距随机抽样法又称系统随机抽样法。它是先将整批同类货物按顺序编号，并随机决定某一个个位数号码为抽样的基准号码，然后按已确定的"距离"机械地抽取样品，其中"距离"的大小由同批同类货物总数和计划样品总数决定。用等距随机抽样法获得的样品在整批货物中分布比较均匀，具有较好的代表性，适用于较小批量货物的抽样，不宜用于产品质量缺陷规律性出现的货物的抽样。

（4）阶段随机抽样法。阶段随机抽样法是指先从整批同类货物中随机抽取若干个小部分，然后从每个小部分中进一步随机抽取若干个货物为样品，最后将各小部分的样品放在一起作为整批货物的检验样品。阶段随机抽样法适用于一个大包装内有若干个独立小包装的货物（如牙膏、塑料袋装食品等）的抽样。

## （二）感官检验法

感官检验法是借助人的感觉器官的功能和实践经验来检测评价货物质量的一种方法。它是将人的眼、鼻、舌、耳、手等作为检验器具，结合平时积累的实践经验，对货物外形结构、外观疵点、色泽、声音、气味、滋味、弹性、硬度、光滑度、包装和装潢等的质量情况，以及货物的种类品种、规格、性能等进行识别。部分货物的感官检验应用项目见表4-1。

表4-1　部分货物的感官检验应用项目

| 货物种类 | 应用项目 |
| --- | --- |
| 家用电器 | 彩色电视机的色调；照明灯光的颜色；音响设备的音质；电冰箱、吸尘器、洗衣机的噪声等 |
| 纺织纤维 | 织物的手感；印染的色调；纱的手感；织物疵点；脏污斑点；花色图案等 |
| 纸张印刷品 | 彩色照片的色调；纸的颜色、光泽、皱纹、透明度；涂剂的气味等 |
| 化学商品 | 塑料的触感、外观造型；合成物的颜色、硬度等 |
| 油脂、涂料、医药品 | 涂面的光泽、色调；化妆品的颜色、香味、气味；药品的气味等 |
| 食品 | 气味、香味、舌感、着色、干燥度、新鲜度；酒和烟的味道等 |
| 其他 | 家具的使用性能；色调协调等 |

感官检验可分为视觉检验、听觉检验、嗅觉检验、味觉检验和触觉检验等。

### 1. 视觉检验

视觉检验是用视觉来检查货物的外形、结构、颜色、光泽，以及表面状态、疵点等质量特性，是一种应用极为广泛的货物检验方法。由于外界条件如光线的强弱、照射方向、背景对比，以及检验人员的生理、心理和专业能力，都会影响视觉检验效果，所以视觉检验必须在标准照明条件下和适宜的环境中进行，并且应对检验人员进行必要的挑选和专门的训练。

### 2. 听觉检验

听觉检验是利用听觉器官对货物发出的声音是否优美或正常来评判货物质量的检验方法。

听觉检验一般用来检验玻璃制品、瓷器，如敲击瓷器或陶器，可根据声音判断货物品质是否正常，声音清脆悦耳，表明品质正常，声音嘶哑则表示有裂纹；金属制品有无裂纹或其内在的缺陷；评价以声音作为质量指标的乐器、家用电器等货物是否正常；评定食品成熟度、新鲜度（如根据鸡蛋是否有水声，判断鸡蛋的新陈）、冷冻程度等。此外，听觉检验还被广泛应用于对塑料制品的鉴别、对纸张的硬挺性与柔韧性、颗粒状粮食和油料的含水量及罐头食品是否变质的检验。

### 3. 嗅觉检验

嗅觉检验是凭借嗅觉器官（鼻）来鉴定货物气味、评定货物品质的检验方法，被广泛用于食品、药品、化妆品、日用化学制品等货物的质量检验，并且对于鉴别纺织纤维、塑料等燃烧后的气味差异也有重要意义。在检验中应避免检验人员的嗅觉器官长时间与强烈的挥发物质接触，检验也应从气味淡向气味浓的方向进行，并注意采取措施防止串味等现象的出现。

### 4. 味觉检验

味觉检验是利用人的味觉来检查有一定滋味要求的货物（如食品、药品等），通过品尝食品的滋味和风味来检验食品质量的好坏。为了顺利进行味觉检验，一方面要求检验人员必须具备辨别基本味觉特征的能力，并且被检样品的温度要与对照样品温度一致；另一方面要求检验人员采取正确的检验方法，遵循一定的规程，如检验时不能吞咽样品，应使其在口中慢慢移动，每次检验前后必须用水漱口等。

### 5. 触觉检验

触觉检验是利用物质刺激皮肤表面的感应点和神经末梢所引起的感觉对样品进行鉴别的检验方法。

触觉检验的内容体现在货物的手感、弹性、硬度、光滑度、柔韧性、干湿性、冷热等有关质量的指标上。如检验纸张时，可根据手感判断纸制品的粗糙或平滑、柔韧或挺括、厚薄等。触觉检验主要用于检查纸张、塑料、纺织品、食品和其他日用工业品的表面光滑细致程度、强度、厚度、弹性、紧密程度、软硬等质量特性。

## （三）理化检验法

理化检验法是一定环境条件下，在实验室利用各种仪器、器具和试剂等手段，运用物理、化学方法来测试货物质量的方法。

理化检验主要用于检验货物成分、结构、物理性质、化学性质、安全性、卫生性以及对环境的污染和破坏性等。其特点是可用数据定量表示测定的结果，与感官检验相比更加客观和精确。但同时它对检验设备、仪器和检验人员素质有较高的要求。

### 1. 物理检验法

物理检验法是运用各种仪器、量具对货物的各种物理性能和指标进行测试检验，以确定货物质量的方法。根据测试检验所用仪器的不同，物理检验法可分为以下几种。

（1）度量衡检验法。度量衡检验法主要是通过各种量具、量仪或专业仪器来测定货物的一些基本物理量，如长度、细度、面积、体积、厚度、重量（质量）、密度、容重、粒度、表面光洁度等，这些基本的物理量指标往往是货物在贸易中的重要交易条件。

（2）力学检验法。力学检验法是通过各种力学仪器测定货物的力学（机械）性能的检验方法，这些性能包括抗拉强度、抗压强度、抗冲击强度、抗剪切或弯曲强度、抗疲劳强度、耐磨强度、硬度、弹（塑）性等。例如纤维、纱、纺织品、纸张、橡胶、金属的抗拉强度检验，钢材、水泥、橡胶、矿物的硬度检验，橡胶、皮革的耐磨性检验，热水瓶胆的耐压性检验等都是力学性能检验。

（3）热学检验法。热学检验法是使用热学仪器测定货物热学特性的方法。货物的热学特性包括熔点、沸点、凝固点、燃点、闪点、耐热性、耐寒性、抗冻性、导热性和保温性等。

金属制品、化工制品、皮革制品、橡胶、塑料制品、搪瓷制品、建筑材料、石油产品、部分食品等，其热学性质都与货物的质量和种类有关。如搪瓷制品的耐热性测定，是将搪瓷制品加热到规定温度后迅速投入冷水中，以珐琅层在突然受冷时不炸裂和脱落的温度为其品质指标，耐受温度差越大，说明耐热性越好。

（4）光学检验法。光学检验法是利用光学仪器（如光学显微镜、X射线机、折光仪、旋光仪等）来检验货物的光学特性的方法。检验的主要内容包括货物的微观结构、物理性质以及品质缺陷等。

例如光学显微镜主要是用来观察、测量货物的细微结构，并根据这些形态结构特性进一步鉴定货物的种类和使用性能，如观察纺织品中各种纤维的纵向及横截面形状，从而判断其性质。X射线机不用破坏货物就能鉴定货物的内部结构，如可观察金属制品内部是否有裂痕等。

（5）电学检验法。电学检验法是利用电学仪器和适当的测量方法来测定货物的电学性质的检验方法。电学性质包括电流、电压、电阻、电功率、电导率、介电常数、磁性、电击穿性能、损耗角正切值等。可通过对电阻、电容的测定来间接测定货物的其他质量特性，如货物的吸湿性、材质的不匀率等。

### 2. 化学检验法

化学检验法是运用各种化学试剂和仪器，通过观察、分析化学反应现象来测定货物的化学成分及其含量，进而判定货物品质是否合格的检验方法。根据操作方法的不同，化学检验法可分为化学分析法和仪器分析法。

（1）化学分析。化学分析法是根据检验过程中货物再加入某种化学试样和试剂后所发生的化学反应来测定货物的化学组成成分及含量的一种检验方法，其适用于食品检验，包括营养素、食品添加剂、有毒有害物质，以及发酵、酸败、腐败等食品变质的成分变化指标测定；而对于纺织品等的检验则主要包括有效成分、杂质成分、有害成分的含量，以及耐水、耐酸碱、耐腐蚀等化学稳定性方面的测定。

（2）仪器分析法。仪器分析法是采用光学、电学方面比较特殊或复杂的仪器，通过测量货物的物理性质或化学性质来确定货物的化学成分的种类、含量和化学结构以判断货物质量的检验方法。

### 3. 生物学检验法

生物学检验法是食品类、药类和日用工业品类货物质量检验常用的检验方法之一，一般用于测定食品的可消化率、发热量和维生素的含量、细胞的结构与形状、细胞的特性、有毒物品的毒性等，包括微生物学检验法和生理学检验法两种。

（1）微生物学检验法。微生物学检验法是采用微生物技术手段，检测货物中的有害微生物存在与否以及数量多少的检验方法。在各类食品的卫生指标中，含有微生物指标，如真菌、菌落总数、大肠菌群、致病菌等细菌指标，有时还含有霉菌指标。通过检验，可以判断食品被细菌、真菌污染的程度，并预测食品的保质期。

需要进行微生物检验的货物一般有食品及其包装物、化妆品、卫生用品等。

（2）生理学检验法。生理学检验法可用于检验食品的可消化率、发热量、维生素和矿物质对机体的作用以及食品和其他货物中某些成分的毒性等。该检验法一般用活体动物进行试验。

### 4．实际试用观察法

实际试用观察法是观察货物在实际使用条件下的性状及使用功能的变化，从中取得数据来判定货物质量的方法，一般用于对耐用消费品的检验。实际试用观察法通常有质量跟踪、销售部门调查、用户访问等方式。

由于实际试用观察法检验周期长、费时久，而且要经过反复比较才能取得正确的结果，因此在货物的检验中，为了缩短检验时间，尽快取得结果，在摸清环境对货物影响的基础上，对某些货物往往采用强化或加速的人工模拟试验方法。对货物在自然环境或模拟的工作条件下进行的试验称为环境试验法。常用的环境试验法有高低温试验、耐潮及防腐试验、防霉试验、防尘试验、密封试验、振动试验、冲击试验和碰撞试验、恒加速试验、寿命试验等。

## 项目三　进出口货物检验

### 一、进出口货物检验的概念

进出口货物检验是指在国际货物买卖过程中，对卖方交付或者拟交付的合同货物进行质量、数量和包装方面的检验和鉴定，以确定其是否符合合同规定，有时还应对装载技术条件、运输途中发生的残损、缺损以及安全等方面进行检验和鉴定，对于某些货物，还包括进行卫生检验和动植物病虫害检疫。

### 二、进出口货物检验的程序

进出口货物的检验工作，由于专业化分工不同、检验货物种类不同及环境条件不同，因而实际检验的程序也不同。通常可简化为报验与受理、实施检验和签证放行三个环节。

#### （一）报验与受理

报验是指对外贸易关系人将进出口货物向检验检疫机构提报的申请检验。报验时需填写"报验申请单"，同时提交对外贸易合同及其他所需资料。

1）进口货物的报验。进口货物的收货人，应当在检验检疫机构规定的地点和期限内，向检验检疫机构报验。检验检疫机构应当在对外贸易合同约定的索赔期限内检验完毕，并出具证明。必须经商检机构检验的进口商品以外的进口货物，收货人发现进口货物质量不合格或者残损短缺，需要由商检机构出证索赔的，应当向商检机构申请检验出证。

2）出口货物的报验。凡出口货物列入《种类表》之内的货物、买卖合同（包括信用证）规定由检验检疫机构检验出证的、对外贸易关系人要求由检验检疫机构检验的、输入国政府规定需要我国检验检疫机构检验的货物，对外贸易关系人需向检验检疫机构申报检验。出口货物的发货人，应当在检验检疫机构规定的地点和期限内，向检验检疫机构报验。检验检疫机构应当在不延误装运的期限内检验完毕，并出具证明。经过检验检疫机构检验合格的出口货物，应当在检验检疫机构规定的期限内报运出口，超过期限的，应当重新报验。

### （二）实施检验

实施检验是指商检机构采取随机抽样的方法，在整批货物中抽取一定数量的有代表性的样品，按国家规定或合同规定的技术标准，对样品的有关特性进行检查、试验、测量或计量的过程。进出口货物的检验包括商检自检与共同检验两种方式。商检自检是指商检机构在受理了进出口货物的检验申请后，自行派出检验技术人员对货物进行抽样、检验，出具商检证书。共同检验是指商检机构在受理了进出口货物的检验申请后，与有关单位商定，由双方各派人员共同检验，并出具商检证书，或商检机构与有关单位就检验内容进行分工，各承担某一部分的检查项目，最后共同出具商检证书。

### （三）签证放行

1）进口货物贸易。进口货物经检验后，分别签发"检验情况通知单"或"检验证书"，供对外结算或索赔用。凡由收、用货单位自行验收的进口货物，如发现质量问题，应及时向检验检疫机构申请复检。复验不合格者，签发商检证书，供对外索赔用。

2）出口货物贸易。凡列入《种类表》的出口商品，经检验检疫机构检验合格后签发放行单。凡合同、信用证规定由商检机构检验出证的，或外国要求签发商检证书的，按规定签发证书。《种类表》以外的出口货物，应由检验检疫机构检验的，经检验合格发给证书或放行单，方可出运。

## 三、进出口货物检验的主要内容

### （一）检验的时间和地点

检验时间和地点是指在何时、何地行使对货物的检验权。所谓检验权，是指买方或卖方有权对所交易的货物进行检验，其检验结果即作为交付与接收货物的依据。确定检验的时间和地点，实际上就是确定买卖双方中的哪一方行使对货物的检验权，也就是确定检验结果以哪一方提供的检验证书为准。谁享有对货物的检验权，谁就享有了对货物的品质、数量、包装等项内容进行最后评定的权利。由此可见，如何规定检验时间和地点是直接关系到买卖双方切身利益的重要问题，因而是交易双方商定检验条款时的核心所在。

在国际货物买卖合同中，根据国际贸易习惯做法和我国的业务实践，有关检验时间和地点的规定办法可归纳为以下几种。

#### 1. 在出口国检验

在出口国检验包括产地（工厂）检验和装运港（地）检验两种。

（1）产地（工厂）检验。产地（工厂）检验是指货物在产地出运或工厂出厂前，由产地或工厂的检验部门或买方的验收人员进行检验和验收，并由买卖合同中规定的检验机构出具检验证书，作为卖方所交货物的品质、数量等项内容的最后依据。卖方只承担货物离开产地或工厂前的责任，对于货物在运输途中所发生的一切变化，卖方概不负责。

（2）装运港（地）检验。装运港（地）检验是指货物在装运港或装运地交货前，由买卖合同中规定的检验机构对货物的品质、重量（数量）等项内容进行检验鉴定，并以该机构出具的检验证书作为最后依据。卖方对交货后货物所发生的变化不承担责任。

### 2．在进口国检验

在进口国检验包括目的港（地）检验和买方营业处所（最终用户所在地）检验。

（1）目的港（地）检验。目的港（地）检验是指货物运达目的港或目的地时，由合同规定的检验机构在规定的时间内，就地对货物进行检验，并以该机构出具的检验证书作为卖方所交货物品质、重量（数量）的最后依据。采用这种方法时，买方有权根据货物运抵目的港（地）时的检验结果，对属于卖方责任的货物品质、重量（数量）不符等问题向卖方索赔。

（2）买方营业处所（最终用户所在地）检验。对于一些因使用前不便拆开包装，或因不具备检验条件而不能在目的港（地）检验的货物，如密封包装货物、精密仪器等，通常都是在买方营业处所（最终用户所在地），由合同规定的检验机构在规定的时间内进行检验。货物的品质、重量（数量）等项内容以该检验机构出具的检验证书为准。

### 3．出口国检验、进口国复验

出口国检验、进口国复验是指卖方在出口国装运货物时，以合同规定的装运港（地）检验机构出具的检验证书，作为卖方向银行收取货款的凭证之一，货物运抵目的港（地）后，由双方约定的检验机构在规定的地点和期限内对货物进行复验。复验后，如果货物与合同规定不符，而且确定属于卖方责任所致，此时，买方有权凭该检验机构出具的检验证书，在合同规定的期限内向卖方索赔。由于这种做法兼顾了买卖双方的利益，较为公平合理，因而它是国际货物买卖中最常见的一种规定检验时间和地点的方法，也是我国开展进出口业务时最常用的一种方法。

### 4．装运港（地）检验重量、目的港（地）检验品质

在大宗货物交易的检验中，为了调和买卖双方在货物检验问题上存在的矛盾，常将货物的重量检验和品质检验分别进行，即以装运港（地）验货后检验机构出具的重量检验证书作为卖方所交货物重量的最后依据，以目的港（地）检验机构出具的品质检验证书作为货物品质的最后依据。货物到达目的港（地）后，如果货物在品质方面与合同规定不符，而且该问题是卖方责任所致，则买方可凭品质检验证书，就货物的品质向卖方提出索赔，但买方无权对货物的重量提出异议。

需要指出的是，由于实际业务中检验时间和地点的规定常常与合同中所采用的贸易术语、货物特性、检测手段、行业惯例以及进出口国的法律、法规密切相关，因此，在规定货物的检验时间和地点时，应综合考虑上述因素，尤其要考虑合同中所使用的贸易术语。通常情况下，货物的检验工作应在货物交接时进行，即卖方向买方交付货物时，买方随即对货物进行检验。货物经检验合格后，买方即受领货物，卖方在货物风险转移之后，不再承担货物发生品质、数量等变化的责任。

## （二）检验机构

在国际货物买卖中，交易双方除了自行对货物进行必要的检验外，通常还要委托独立于买卖双方之外的第三方对货物进行检验。有时，虽然买卖双方未要求对所交易的货物进行检验，但根据有关法律或法规的规定，必须由某机构进行检验，经检验合格后方可出境或入境。这种根据客户的委托或有关法律、法规的规定对出入境货物进行检验、鉴定和管理的机构就是货物检验机构，简称检验机构或商检机构。

## （三）检验证书

检验证书（Inspection Certificate）是检验机构对进出口货物进行检验、鉴定后签发的书面证明文件。

国际货物买卖中的检验证书，其种类繁多，卖方究竟需要提供哪种证书，要根据货物的特性、种类、贸易习惯以及政府的有关法令而定。在实际业务中，常见的检验证书主要包括：品质检验证书、数量检验证书、重量检验证书、价值检验证书、产地检验证书、卫生检验证书、兽医检验证书、消毒检验证书、残损检验证书、货载衡量检验证书等。

货物的检验证书主要有以下作用：

（1）检验证书是证明卖方所交货物符合合同规定的依据。在国际货物买卖中，交付与合同规定相符的货物是卖方的基本义务之一。因此，合同或信用证中通常都规定，卖方交货时必须提交规定的检验证书，以证明所交货物是否与合同规定一致。如检验证书中所列结果与合同或信用证规定不符，银行有权拒绝议付货款。

（2）检验证书是报关验放的有效证件。许多国家都对某些进出口货物的品质、数量、包装、卫生、安全、检疫制定了严格的法律法规，凡属法定检验范围的货物，在办理进出口清关手续时，必须向海关提供商检机构签发的检验证书，否则，海关不予放行。

（3）检验证书是买卖双方办理货款结算的依据。当合同或信用证中规定货物在出口国检验，或规定在出口国检验、进口国复验时，一般合同中都规定，卖方须提交规定的检验证书。在此种情况下，卖方在向银行办理货款结算时，在所提交的单据中，必须包括检验证书。此外，在某些特定货物的交易中，为充分体现公正合理的原则，买卖双方往往以检验证书中所确定的货物等级、规格、重量、数量等来计算货款。此时，检验证书是卖方向银行办理货款结算时必须提交的文件。

（4）检验证书是明确责任归属、办理索赔和理赔的依据。当报验货物与合同规定不符时，买方必须在合同规定的索赔有效期内，凭指定的商检机构签发的检验证书向有关责任方提出索赔或要求解除合同，有关责任方也需根据商检机构出具的检验证书办理理赔。

（5）检验证书是解决争议的依据。国际货物买卖中，当交易双方发生争议未能协商解决而提交仲裁或进行司法诉讼时，检验证书是当事人向仲裁机构或法院举证的重要凭证，也是仲裁机构或法院进行裁决的重要依据。

（6）检验证书是计算关税的依据。出入境检验检疫机构出具的重量、数量证书是海关核查征收进出口货物关税时的重要依据，例如残损证书所标明的残损、缺少货物可以作为向海关申请退税的有效凭证。

> **职业素养**
>
> 党的十八大以来，习近平总书记对建设贸易强国做出一系列重要指示。党的二十大报告提出，依托我国超大规模市场优势，以国内大循环吸引全球资源要素，增强国内国际两个市场两种资源联动效应，提升贸易投资合作质量和水平。稳步扩大规则、规制、管理、标准等制度型开放。推动货物贸易优化升级，创新服务贸易发展机制，发展数字贸易，加快建设贸易强国。
>
> 货物检验是国际贸易中不可或缺的一环，对于提升我国商品在国际市场中的竞争力、建设贸易强国具有重要意义。本章节介绍了货物检验的相关知识、方法以及注意事项等，旨在提升学生的货物检验能力，培养学生在工作中依法依规办事的职业素养。

## 模块练习

### 一、选择题

1. 货物检验的目的不包括（　　）。
   A. 确保货物符合合同规定的质量要求
   B. 验证货物是否满足相关法律法规的要求
   C. 降低运输成本
   D. 保障消费者权益

2. 以下哪种检验方式适用于批量较大的货物？（　　）
   A. 全数检验　　B. 抽样检验　　C. 随机检验　　D. 以上都不是

3. 以下哪个不是货物检验报告中通常包含的内容？（　　）
   A. 检验日期　　　　　　　　　B. 检验方法
   C. 检验人员的私人信息　　　　D. 检验结果

4. 在国际贸易中，哪一方通常负责进行货物的最终检验？（　　）
   A. 卖方　　　B. 买方　　　C. 运输公司　　　D. 第三方检验机构

5. 以下哪种情况不需要重新进行货物检验？（　　）
   A. 货物包装破损　　　　　　　B. 收到的货物数量与合同规定不符
   C. 货物外观明显损坏　　　　　D. 货物已通过初步检验且无任何异常

6. 货物检验中常见的抽样方法不包括（　　）。
   A. 系统随机抽样　　　　　　　B. 分层随机抽样
   C. 简单随机抽样　　　　　　　D. 非概率抽样

7. 以下哪项不属于货物检验的重点内容？（　　）
   A. 包装完整性　　B. 产品质量　　C. 供应商信誉　　D. 安全性能

8. 在货物检验过程中，发现质量问题后，正确的处理方式是（　　）。
   A. 直接退货
   B. 要求供应商提供补偿方案

C. 无视问题继续销售

D. 将问题记录并反馈给供应商协商解决方案

9. 以下哪种文件不是进行货物检验时常用的参考材料？（　　）

  A. 合同条款   B. 采购订单   C. 货物发票   D. 个人简历

10. 货物检验中，对于易腐品的检验重点在于（　　）。

  A. 包装标识清晰      B. 保持适宜的温度条件

  C. 产品的品牌知名度    D. 产品的颜色鲜艳度

## 二、判断题

1. 所有进出口货物都必须经过官方检验机构的检验。（　　）
2. 货物检验只在货物到达目的地后进行。（　　）
3. 在国际贸易中，买方通常会指定第三方检验机构来进行货物检验。（　　）
4. 货物检验报告不需要附带样品照片。（　　）
5. 货物检验过程中发现的小瑕疵无须记录。（　　）
6. 货物检验只需要关注货物本身的质量，无须考虑包装情况。（　　）
7. 货物检验完成后，检验机构会出具正式的检验报告。（　　）
8. 货物检验过程中，检验人员可以根据个人经验调整检验标准。（　　）
9. 对于易碎品，货物检验的重点在于检查包装是否完整。（　　）
10. 货物检验的结果可以直接影响货物是否被接收。（　　）

## 三、简答题

1. 简述货物检验的基本步骤。
2. 货物检验中，在哪些情况下需要进行复检？
3. 货物检验中，抽样检验的优点是什么？
4. 如何保证货物检验的公正性？
5. 货物检验报告应包含哪些主要内容？
6. 货物检验中常见的问题有哪些？

## 四、案例分析题

  某电子产品制造商向国外客户出口一批智能手机。在货物发运前，客户委托一家第三方检验机构进行质量检验。检验结果显示，部分手机存在电池续航能力不足的问题。制造商表示，这个问题仅出现在这批货物中的小部分手机上，并提出愿意免费更换问题手机。

**问题：**

1. 你认为应该如何处理这种情况？
2. 从此次事件中，制造商应该吸取什么教训？

# 模块五
## 货物包装

**知识目标**：熟悉各种包装的分类方法；掌握包装的基本定义及各项功能；掌握常用包装材料及包装容器的种类；熟悉各类包装材料的性能；熟悉各类货物包装方法及应用范围；掌握运输标志、指示性标志、警示性标志的区别；掌握货物积载因数、亏舱率的计算方法。

**能力目标**：能够判别常见包装形式的类别；能够识别各类常见包装的材料种类及容器类型，并根据货物特性及包装要求选择适当的包装材料及包装容器；能够根据货物特性选用恰当的包装方法；能够识别运输标志、指示性标志、警示性标志。

**素质目标**：把包装行业与国家社会、经济发展联系起来，树立绿色环保的意识，培养全社会生态文明思想；增强锐意进取、不断改革创新、奋发有为的精神，弘扬终身学习的精神。

**学习重点**：货物包装概念、包装材料、包装方法、包装标志和货物积载因数。

**学习难点**：包装方法、货物积载因数。

### 案例导入

#### 良品铺子的"鸡肉肠"事件

2021年3月，有消费者在社交平台爆料称，良品铺子的一袋低脂鸡胸肉肠（以下简称"鸡肉肠"）的包装袋内有蛆虫。据了解，该消费者收到货时鸡肉肠的外包装完整，但在食用过程中，发现其中一袋鸡肉肠包装破损，肉质发黑，包装袋内有大量类似蛆虫的白色粒状物。商品外包装显示，鸡肉肠的生产日期为2021年1月30日，保质期为180天，故该鸡肉肠处于保质期内。涉事良品铺子客服将退款金额从43元提升至1000元，但被该消费者拒绝，她希望良品铺子公开道歉。

4月30日晚，良品铺子就此鸡肉肠事件公开道歉，并公布了调查结果。调查结果显示，事情发生后，武汉市和东西湖区市场监督管理局介入调查，抽取4个批次样品，对亚硝酸盐、胭脂红、菌落总数、大肠杆菌等12项理化指标进行了检测。调查过程如下：3月27日，检测结果显示，4个批次商品所检项目均符合相关标准。3月28日，监管部门联系消费者，告知其调查和抽检结果因为没有拿到被诉商品的实物，良品铺子同步设立调查组展开了问题调查。调查组6次前往工厂，通过多次模拟生产、测试，逐一排查供应链的每一个生产环节、每一道生产工艺，并进行了商品理化指标检测、包材性能测试试验。调查结果判定，鸡肉肠下线出厂时存在质量问题的概率极低，消费者反映的问题为偶发的包装破损导致。

良品铺子表示已全渠道下架该款商品，并聘请质量管理专家进入工厂优化质量管控。另外，良品铺子表示已制定出详细的整改方案，并已开始实施。

虽然这一事件是偶然发生的，但引起了人们对食品安全的热烈讨论，值得各大食品生产企业重视。

**思考：** 商品包装在保证商品质量方面起着重要作用。那么，商品包装应该采用什么样的包装材料和包装方法呢？

**分析：** 企业可考虑采用高阻隔、抗菌材质（如多层复合膜）确保密封性与防潮性；应用真空或充氮技术抑制微生物滋生；强化包材耐压性测试及密封工艺质检，避免运输破损引发污染风险。

## 项目一　认知货物包装

### 一、包装的概念

根据国家标准《物流术语》（GB18354—2021）的定义，包装是指为在流通过程中保护产品、方便储运、促进销售，按一定技术方法而采用的容器、材料及辅助物等的总体名称。这个定义包含两层含义：一是指盛装产品（商品）的容器或其他包装物料，通常称为包装物；二是指盛装或包扎产品（商品）的技术操作活动。图5-1所示为货物包装。

图5-1　货物包装

### 二、包装的作用

#### 1. 保护商品

运输和储存是商品在流通中受到外力破坏作用最多的两个环节。因此，包装应是一个坚固的防护体，能在运输、装卸中有效地防止外力对商品的破坏，也能在堆码上承受上层商品的压力。

#### 2. 实行单元化

将商品以某种单位集中起来，组成一个大的包装集体，包装单元化一方面方便了物流，另一方面也方便了商流。

#### 3. 便于识别

包装采用图形、文字、数字、指定记号等视觉标识并包括说明事项，以方便运输、装卸搬运、仓储、检验和交接等工作，保证商品能够安全、迅速地交到收货人手中。

> **案例分析**
>
> **八宝粥易拉罐包装**
>
> 八宝粥作为一种传统食品，因其营养丰富、食用方便而深受消费者喜爱。然而，早期的八宝粥包装多为玻璃瓶或塑料碗，存在携带不便、易碎、开启困难等问题。为了解

决这些问题，提升产品竞争力，某八宝粥品牌推出了易拉罐包装。

八宝粥采用易拉罐包装，无须额外工具即可轻松开启，方便消费者随时随地享用八宝粥，易拉罐采用马口铁材质，具有良好的阻隔性，可有效防止光线、氧气和微生物进入，延长八宝粥的保质期。同时，采用鲜艳的色彩和精美的图案，突出八宝粥的营养和美味，吸引消费者注意力。

[案例点拨] 八宝粥易拉罐包装的成功，是包装创新提升产品价值的典型案例。它启示我们，在产品设计和营销过程中，要始终关注消费者需求，通过包装创新提升产品便利性、保障产品质量、提升品牌形象，从而赢得市场认可。

### 三、包装的分类

在生产、流通和消费过程中，由于包装所起的作用不同，包装的类别也不相同。对包装的科学分类，有利于充分发挥包装在流通和消费领域的作用，有利于商品的物流和商流发展，有利于包装的标准化、规格化和系列化，有利于物流作业的机械化、自动化，有利于科学管理水平和科学技术水平的提高。

我国对包装的分类有下列几种方法。

#### （一）按包装在流通领域的作用分类

按包装在流通领域的作用，可以分为运输包装和销售包装两大类。

#### 1. 运输包装

运输包装是指以满足运输储存要求为主要目的的包装。它具有保障货物的安全、方便储存装卸、加速交接和检验的作用。运输包装包括托盘包装和集合包装。

（1）托盘包装。托盘包装（见图5-2）是以托盘为承载物，将货物堆码在托盘上，通过捆扎、裹包或胶粘等方法加以固定，形成一个搬运单位，以便使用机械设备搬运。托盘包装整体性能好、堆码稳定性高，适合机械化作业，可将物流效率提高3~8倍。同时，托盘包装也减少了物流活动中货物的碰撞、跌落、倾倒，提高货物在物流过程中的安全性。

（2）集合包装。集合包装是指将一定数量的货物装入具有一定规格、强度且适宜长期周转使用的大型包装容器内，形成一个便于装卸和搬运的单位。常见的集合包装形式包括集装箱、集装托盘、集装袋（见图5-3）等。

图5-2 托盘包装

图5-3 集装袋

#### 2．销售包装

销售包装是直接接触商品，并随商品进入零售网点，与消费者或客户直接见面的包装（见图5-4）。

销售包装在设计时重点考虑的是包装造型、结构和装潢。因为销售包装会与消费者直接接触，因此在包装材料的性质、形态、样式等因素上，要考虑保护商品、利于流通；图案、文字色调和装潢要能吸引消费者，能刺激消费者的购买欲，为商品流通创造良好条件。另外，包装单位要适应消费者的购买需求量和零售网点的设施条件，适于陈列，方便消费者选购。

图 5-4 销售包装

### （二）按包装形态层次分类

按包装形态层次，包装可以分为逐个包装、内部包装、外部包装三大类。

#### 1．逐个包装

逐个包装是指直接盛装和保护商品的最基本包装形式。逐个包装上的标识和图案、文字起到指导消费、便于流通的作用。

#### 2．内部包装

内部包装是指逐个包装的组合形式，在流通过程中起到保护商品、简化计量和利于销售的作用。

#### 3．外部包装

外部包装是货物的外层包装，在运输过程中起到保护商品、简化物流环节等作用。

### （三）按包装的使用范围分类

按包装的使用范围，包装可以分为专业包装和通用包装两大类。

#### 1．专业包装

专业包装是针对被包装物品的特点而专门设计、专门制造、只适用于某一专门物品的包装。

#### 2．通用包装

通用包装是根据包装标准系列规定的尺寸而制造的包装容器，用于无特殊要求的或符合标准尺寸的物品包装。

### （四）按包装容器分类

1）按照包装容器的变形能力，包装可以分为软包装和硬包装。
2）按照包装容器的形状，包装可以分为包装袋、包装箱、包装盒、包装瓶、包装罐等。
3）按照包装容器的结构形式，包装可以分为固定式包装、折叠式包装、拆解式包装。
4）按照包装容器使用的次数，包装可以分为一次性使用包装、多次性使用包装、固定周转使用包装。

### 四、货物包装的要求

根据货物包装的"科学、经济、牢固、美观、适销"的原则，在进行货物包装时应满足以下要求。

#### （一）包装应符合货物性能的要求

各类货物由于外形、内在性质不同，要求采用不同的包装材料、包装技术和包装方式。例如对于腐蚀性强的货物，应采用抗腐蚀能力强的包装材料；对于怕振动、易碎的货物，应采用富有弹性的、内加松软衬垫的包装材料；对于液体货物，应采用密闭、牢固的包装材料。

#### （二）包装应满足物流各个环节的要求

货物在流通过程中往往要经过多次搬运、堆码和装卸，因此货物的包装应适应这些环节的操作。例如货物的包装要使装卸、搬运设备的效能得到充分的发挥，使仓库场地和运输工具的容量得到充分的利用；能满足装卸、搬运对货物包装强度的要求。

#### （三）包装应满足国际市场的销售和消费习惯

随着我国经济的高速发展和国际地位的不断提升，我国的国际贸易趋于频繁，国际交易额不断增长，货物的出口量进一步增加。在这种情况下，货物的包装应符合国外经销商和消费者的习惯，如货物包装上的说明应采用进口国的文字，图案能吸引当地的消费者。

#### （四）包装应符合物美价廉的要求

作为商品的货物包装，其成本不能过高，人们追求的是既要包装美观，又要商品的价格便宜。因此，包装设计（包括包装材料的选用、图案设计等）已经成为一门重要的学科。

#### （五）包装应符合科技发展的要求

随着科技的发展，包装的材料、设计理念以及对货物包装加工的方法与技术也在不断改进，谁率先采用新的包装技术，谁就将在货物包装上处于领先地位，从而在商品促销上占据优势。

## 项目二　货物包装材料

### 一、纸质包装材料

#### （一）纸与纸板

纸张的主要成分是植物纤维，植物纤维经过压榨、烘干等一系列工序后，就可制成薄膜物质——纸。大部分纸张在制作过程中要加入一定的填料、胶料和色料等，以改善纸张的物理或化学特性。

纸板是具有较高挺度的某些纸基材料的通称。纸与纸板的区分主要依据定量（即单位面积的质量，单位为 $g/m^2$）或厚度，但定量是首要标准。根据国际标准 ISO 536:2012 和我国国家标准 GB/T 4687—2007，通常将定量小于 225g/m² 的称为纸；将定量大于或等于 225g/m² 的称为纸板或卡纸。厚度分界常作为一个参考，经验值约为 0.3mm。

区分纸与纸板时，虽然定量标准是基础，但也需考虑挺度、厚度、结构（如多层）等物理特性以及最终用途。例如：

（1）定量大于或等于 225g/m² 的白卡纸，因其高挺度和包装用途，明确属于纸板（卡纸）。

（2）定量通常小于 225g/m² 的绘图纸，属于纸张（特种纸）。

（3）定量可能略低于 225g/m²（如 180～220g/m²）的折叠纸板，因其多层结构、高挺度和专用于制作折叠纸盒的特性，仍归类为纸板。

在包装上，纸主要用于包装商品、制作纸带和印刷装潢商标等，纸板则主要用于生产纸箱、纸盒、纸桶等包装容器。

### 1. 主要包装用纸

主要包装用纸有纸袋纸、牛皮纸、中性包装纸、普通食品包装纸、鸡皮纸、羊皮纸、半透明玻璃纸和玻璃纸、有光纸与胶版纸、防潮纸、防锈纸、瓦楞原纸共 11 种。

（1）纸袋纸。纸袋纸一般用本色硫酸盐针叶木浆为原料，常称为水泥袋纸，供水泥、化肥、农药等包装用。

（2）牛皮纸。牛皮纸由硫酸盐针叶木浆纤维或掺入一定比例其他纸浆制成，多用于包裹纺织品、用具及各种小商品。牛皮纸可以分为单面牛皮纸、双面牛皮纸及条纹牛皮纸三种，双面牛皮纸又分为压光和不压光两种。牛皮纸表面涂有树脂，强度（耐硬度、撕裂度等）特别高，具有打光的表面，纸面可以透明花纹、条纹或磨光，表面适用于印刷，未漂浆牛皮纸为浅棕色即纸浆本色。牛皮纸袋如图 5-5 所示。

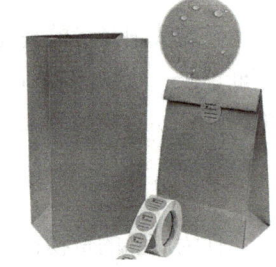

图 5-5　牛皮纸袋

（3）中性包装纸。中性包装纸必须采用未漂 100% 硫酸盐木浆或未漂 100% 硫酸盐竹浆制造。这种纸张不腐蚀金属，主要用于军工产品和其他专用产品的包装。中性包装纸分为包装纸与纸板两种。

（4）普通食品包装纸。普通食品包装纸是一种不经涂蜡加工可以直接用于入口食品的包装纸。它是以漂白化学木浆和漂白化学草浆为主要原料，加入适量填料，采用圆网单（多）缸造纸机制造而成的。

（5）鸡皮纸（见图 5-6）。鸡皮纸又称白牛皮纸，是一种单面光泽度很高和强度较好的包装用纸，主要供工业品和食品包装用。鸡皮纸以漂白硫酸盐木浆为主要原料，掺入部分漂白草浆或白边纸，其施胶度和耐折度较好，纸面光泽良好并有油腻感。

（6）羊皮纸（见图 5-7）。羊皮纸又称植物羊皮纸或硫酸纸，是一种半透明的高级包装纸，其工艺较为复杂，价格也稍微偏高。羊皮纸具有高度的抗水性和不透水、不透气、不透油等特性，而且经过硫酸处理后无细菌，适用于作为长期保存油脂、茶叶及药品的包装。且羊皮纸防潮性能好，适用于包装精密仪器和机器零件。

图 5-6　鸡皮纸

（7）半透明玻璃纸和玻璃纸。半透明玻璃纸质薄而柔软，双面光亮呈半透明状，具有防油、抗水性和较高的施胶度，但其在水湿后会失去强度，主要用于包装不需久藏的油脂、乳类食品和糖果、卷烟、药品等。玻璃纸又称透明纸，是一种透明度最高的高级包装用纸。用它包装商品，包装物清晰可见，常用于包装化妆品、药品、糖果、糕点以及针棉织品或需要开窗包装的物品等。玻璃纸的质地柔软，厚薄均匀，不仅具有伸缩性、阻隔性（不透气、不透油等），还具有耐热、不易带静电等优良性能。但是吸湿性大，防潮性差，遇潮后易起皱和粘连。撕裂强度也较小，干燥后易脆，无热封性。

（8）有光纸（见图5-8）与胶版纸。有光纸用漂白的苇浆、草浆、蔗渣浆、竹浆和废纸等原料制成，主要用于商品里层包装或衬垫，也可以作糊裱纸盒之用。胶版纸是专供印刷包装装潢、商标、标签和糊裱盒面的双面印刷纸。胶版纸纤维紧密、均匀、洁白、施胶度高、不脱粉、伸缩率小、抗张力好、耐折度好，适用于多色套印。

（9）防潮纸。防潮纸主要用于食品内包装材料、武器弹药包装，卷烟包装、水果包装等。

（10）防锈纸。为了使包装金属制品不生锈，可以利用各种防锈剂对包装纸进行处理。一般是将防锈剂溶液涂布或浸涂在包装纸上，干燥后即成为防锈纸。防锈剂一般有挥发性，为延长其防锈时间，包装时将涂有防锈剂的一面直接对包装物，而反面涂石蜡和硬脂酸铝。

（11）瓦楞原纸（见图5-9）。瓦楞原纸是一种低重量的薄纸板。瓦楞原纸与箱纸板贴合可制造出瓦楞纸板，然后再制成各类纸箱。瓦楞原纸可制作瓦楞纸箱、盒、衬垫和格架。

图5-7 羊皮纸　　　　图5-8 有光纸　　　　图5-9 瓦楞原纸

### 2. 主要包装用纸板

包装用纸板主要有箱纸板、牛皮箱纸板、灰纸板、瓦楞纸板、蜂窝纸板等。

（1）箱纸板。箱纸板专门用于和瓦楞原纸裱合后制成瓦楞纸盒或瓦楞纸箱，供日用百货等商品外包装和个别配套的小包装使用。箱纸板的颜色为原料本色，表面平整，适于印刷上油。

（2）牛皮箱纸板。牛皮箱纸板适用于制造外贸包装纸箱、内销高档商品包装纸箱以及军需物品包装纸箱。在国外，牛皮纸箱几乎全部用100%的硫酸盐木浆制造，国内使用40%～50%的硫酸盐木浆和50%～60%的废纸浆、废麻浆、半化学木浆炒制。

（3）灰纸板。灰纸板又称青灰纸板。灰纸板的质量低于白纸板，主要用于各种商品的中小包装，即用于制纸板盒。

（4）瓦楞纸板。瓦楞纸板能够承受一定的平面压力，而且富有弹性、缓冲性能好，能起到防振和保护商品的作用。

按结构分，常用的瓦楞纸板分为以下5种类型。

① 二层瓦楞纸板。由一层箱纸板与瓦楞芯纸黏合而成，做包装衬垫用，又称单面瓦楞纸板。

② 三层瓦楞纸板。由两层箱纸板与一层瓦楞芯纸黏合而成，用于中包装或外包装小型纸箱，又称双面瓦楞纸板或单瓦楞纸板。

③ 五层瓦楞纸板。由面、里及芯三张纸板和两层瓦楞芯纸黏合而成，用于一般纸箱，又称为复双面瓦楞纸板或双瓦楞纸板。

④ 七层瓦楞纸板。由面、里及芯、芯四张纸板和三层瓦楞芯纸黏合而成，用于大型或负载特重的纸箱，又称为双面三瓦楞纸板。

⑤ X-PLY 型瓦楞纸板。其瓦楞方向交错排列，又称为高强瓦楞纸板。

（5）蜂窝纸板。蜂窝材料是人类效仿自然界蜜蜂筑建六角形蜂巢的原理研发出来的，最早应用于军事和航空业的铝蜂窝板材，第二次世界大战以后转向民用领域，进而开发出纸蜂窝结构复合材料。普通蜂窝纸板是一种由上下两层面纸、中间夹六边形的纸蜂窝芯粘接而成的轻质复合纸板。

### （二）纸质包装制品

纸质包装制品又称包装制品，包括纸盒、纸箱、纸罐（桶）、纸杯、纸袋等。

#### 1. 纸盒

（1）折叠纸盒。按折叠方式不同，折叠纸盒又可分为管式、盘式、管盘式、非管盘式几种，灯泡、牙膏等包装属于管式折叠纸盒。各类食品、日用品、小型家电产品经常使用盘式包装纸盒。

折叠纸盒生产成本低、流通费用低、生产效率高、结构变化多，适用于中、大批量及机械化生产，在生产中应用广泛。但其强度较低，一般只适于包装重量在 1～2.5kg 或 1kg 以下的商品，此外，其外观及质地不够高雅，这在一定程度上限制了其在高端市场的应用。目前，折叠纸盒领域的研究热点集中于纸盒结构创新和强度分析等方面，以期突破现有局限，拓展其应用范围。

（2）粘贴纸盒。粘贴纸盒又称为固定纸盒、手工纸盒，是用贴面材料将基材纸板粘贴裱合而成的纸盒。

粘贴纸盒可以选择多种贴面材料，其优点是：用途广泛；刚性较好，抗冲击能力强；堆码强度高；小批量生产时，设备投资少，经济性好；具有良好的展示、促销功能。它的缺点是：不适宜机械化生产和大批量生产；不能折叠堆码，因而物流成本高（运输空间大）。

#### 2. 纸箱

（1）瓦楞纸箱。瓦楞纸箱是运输包装中最重要、应用最广泛的包装容器，其主要箱型已形成标准。现行的标准是由欧洲瓦楞纸箱制造商联合会和瑞士纸板协会（FEFCO/ASSCO）制定、国际瓦楞纸箱协会（LCCA）推荐的国际箱型。瓦楞纸箱型代号由两部分组成，前两位表示纸箱类型，后两位是箱型序号，后者表示同一类箱型中的不同结构形式，如 0201 型纸箱表示是 02 类纸箱中的第一种结构形式。

① 02 型——开槽型纸箱（见图 5-10）。这种箱型最为常用，其特点是：一页成型；无独立分离的上下摇盖，接头由生产厂家通过订合、黏合或胶纸黏合，运输时呈平板状。

② 03 型——套盒型纸箱（见图 5-11）。这种纸箱是罩盖型纸箱，由箱体、箱盖两个独立的部分组成。正放时箱盖或箱体可以全部或部分盖住箱体。

图 5-10 开槽型纸箱图　　图 5-11 套盒型纸箱图

③ 04 型——折叠型纸箱（类似折叠型纸盒结构）。折叠型纸箱一般由一片纸板组成，无须订合或黏合，只要折叠即可成型，这种纸箱在设计时还可以加入锁口、提手、展示牌等结构，以增加其实用性和便利性。

④ 05 型——滑盖型纸箱。这种纸箱由数个内装箱或框架及外箱组成，内箱与外箱以相对方向运动套入（类似抽屉），其部分箱型还可以作为其他类型纸箱的外箱。

⑤ 06 型——固定型纸箱。这种纸箱由两个分离的端面和连接这两个端面的箱体组成，使用前订合、黏合或胶带纸黏合将端面和箱体连接起来。

（2）蜂窝纸箱。利用蜂窝纸板厚度易于控制、平压强度高、抗弯强度高等特点，可以制作蜂窝纸箱，在某些领域，它可以用来代替木箱、重型瓦楞纸箱等。例如，用于自行车、摩托车、电冰箱、大屏幕电视机及大型空调器等的包装。

### 3. 纸罐（桶）、纸杯

以纸板为主要材料制成圆筒容器，并配有纸盖或其他材料制成的底盖，这种制品通称为纸罐，较大的纸罐被称为纸桶。纸罐主要用于印染、纺织、造纸、塑料、化工音箱、包装等行业，作为带状材料的卷轴等。由于纸罐（桶）重量轻、不生锈、价格便宜，常被用来代替马口铁罐作为粉状、晶粒状物体、糕点、干果等的销售包装；在纸罐（桶）内壁涂覆防水材料后也可用作液体油料的包装。

纸杯一般为盛装液体的小型纸质容器，通常它的口大底小，可以一只只套叠起来，便于取用、储存、运送。纸杯用纸板通常是用石蜡涂布过的或浸蜡处理过的纸板。

### 4. 纸袋

纸袋是纸质包装容器中使用量仅次于瓦楞纸箱的一大类纸质包装容器，用途广泛，种类繁多。根据纸袋形状可以将其分为信封式、方底式、携带式、M 形折式、筒式、阀式等几种。

（1）信封式纸袋。信封式纸袋袋口和折盖均具有较大尺寸的侧面，底部可形成平面，常用于纸质商品、文件资料或粉状商品的包装。

（2）方底式纸袋。方底式纸袋沿长度方向有接缝，底部折成平的菱形，打开后呈方形截面，可以直立放置。分为开口和闭口两种，常用于日用品包装。

（3）携带式纸袋。携带式纸袋常以纸塑结合制成双层带，在袋口处有加强边，并配有提手，可以多次使用，常用于日用品的包装。

## 二、塑料包装材料

塑料可以分为热塑性塑料和热固性塑料两大类。

（1）热塑性塑料。热塑性塑料在加热时能够塑制成型，冷却后固化保持其形状，这一过程能反复进行，即可反复塑制。热塑性塑料的主要品种有聚乙烯、聚丙烯、聚苯乙烯、聚酯、聚氯乙烯、聚酰胺等。

（2）热固性塑料。热固性塑料在加热时可以被塑制成一定形状，一旦定型后即为最终产品，再次加热时也不会软化，温度升高则会引起其分解或破坏，因此不能反复塑制。热固性塑料的主要品种有酚醛塑料、脲（甲）醛塑料、密胺塑料等。

## （一）常见包装用热塑性塑料

### 1. 聚乙烯（PE）

聚乙烯是乙烯高分子聚合物的总称，它是产量最大、用量最大的塑料包装材料。

一些水果的包裹物就是用乙烯材料制成的；还有大部分瓶装化妆品的包装均采用聚乙烯材料；也可以做成塑料气泡膜（或气珠膜），然后再加工成各种规格的成型包装袋、包装片。气泡膜适合于各种电子仪器、计算机、玻璃制品、家电、卫生洁具、灭火器、电信器材、各种机器、汽车、摩托车配件等的包装，也可以用于各种易碎物品的保护、防振。

### 2. 聚丙烯（PP）

聚丙烯是通用塑料中最轻的一种，它具有较好的防潮性、抗水性、防止异味透过性，以及较好的耐弯曲疲劳强度，常用于各种容器盖子上的铰链。

聚丙烯广泛用于制作食品、化工产品、化妆品等的包装容器，如周转箱、瓶子、编织袋，以及包装用薄膜、打包带和泡沫缓冲材料等。聚丙烯的用途广泛。例如双向拉伸聚丙烯薄膜（BOPP）就是广泛应用的包装薄膜，可用于食品、日用品和香烟的包装。

### 3. 聚苯乙烯（PS）

聚苯乙烯膜的透气性能良好，广泛用于制作食品、医药品以及日用品等小型包装容器如盒、杯等和食品包装用薄膜。目前市场上的一次性快餐盒，大多数是由聚苯乙烯原料加上发泡剂加热发泡而成。此外，聚苯乙烯也是制作泡沫塑料缓冲材料的主要原料。

### 4. 聚对苯二甲酸乙二醇酯（PET）

聚对苯二甲酸乙二醇酯又称聚酯，其主要用于制作包装容器和薄膜，用于冷冻食品和蒸煮食品的包装。聚酯瓶则大量用于含气饮料的包装。近年来，聚酯打包带已经成为包装捆扎材料的新宠，它以外观漂亮、强度高、不易老化等优点已经部分取代了钢制打包带。

## （二）常见包装用热固性塑料

### 1. 酚醛塑料（PF）

酚醛塑料是以酚醛树脂为主要成分的热固性塑料，俗称电木。

酚醛塑料的价格低廉，其在包装上主要用来制作瓶盖、盒箱以及用于盛放化工产品的耐酸容器。用酚醛塑料制作的瓶盖，能够承受装盖机的压力，并能长期保持密封。

### 2. 脲（甲）醛塑料（UF）

脲（甲）醛塑料是以脲醛树脂为主要成分的热固性塑料，俗称电玉。

脲醛塑料在包装上主要用于制作精致的包装盒、化妆品容器和瓶盖等。因在醋酸或100℃

沸水中浸泡时，此物质有游离的有毒物质甲醛析出，故不适于包装食品。

### 3. 密胺塑料（MF）

密胺塑料是以三聚氰胺（密胺）- 甲醛树脂为主要成分制得的具有体型结构的热固性塑料。

密胺塑料的价格较低，多用于制作食品容器，也可以用于制作精美的食品包装容器及家用器皿等。

## （三）常用塑料包装制品

### 1. 塑料薄膜

塑料薄膜是使用最早、用量最大的塑料包装制品。目前塑料包装薄膜的消耗量约占塑料包装制品总消耗量的 40% 以上。

塑料薄膜主要用于制造各种手提塑料袋、外包装、食品包装、工业品包装及垃圾袋等。

### 2. 泡沫塑料

泡沫塑料是一种内部含有大量微孔结构的塑料制品，又称多孔型塑料。泡沫塑料是目前产品缓冲包装中使用的主要缓冲材料。

### 3. 塑料编织袋与塑料无纺布

（1）塑料编织袋。塑料编织袋具有质量轻、强度高、耐腐蚀等特点。加入塑料薄膜内衬能防潮、防湿，适用于化工原料、农药、化肥、谷物等重型货物包装，特别适用于外贸出口包装。

（2）塑料无纺布。塑料无纺布又叫非织造布，或叫不织布。其产品可用于医疗、卫生家庭装饰、服装等行业。

### 4. 塑料网

塑料网主要是挤出网，挤出网又分为普通挤出网和挤出发泡网。

（1）普通挤出网。普通挤出网经加工制成网袋，广泛用于包装食品、蔬菜、机械零件以及玩具等。

（2）挤出发泡网。挤出发泡网在玻璃瓶装化学药品、小型精密仪器、电子产品以及水果等物品的包装中得到了广泛的应用。

## 三、金属包装材料

### （一）常用金属包装材料的种类及特点

常用的金属包装材料主要有钢材和铝材两大类。

### 1. 钢材

钢材资源丰富，生产成本较低，在金属包装材料中用量居首位。包装材料使用钢材的要求是钢材具有良好的综合机械性能和一定的耐腐蚀性。

例如包装用钢板主要采用低碳薄钢板，既可以用于制造集装箱、普通钢桶，也可以用作捆扎材料，广泛应用于运输包装。

### 2. 铝材

铝材的使用历史比较短，但是由于铝材具有独特的优点，所以在食品包装中得到了广泛的应用。我国铝箔、铝管及铝容器的用铝量约占铝产量的 2%。

铝材在酸、碱、盐介质中容易被腐蚀，因此几乎所有的铝容器均应在喷涂后使用。它的强度比钢低，生产成本比钢高，约为钢的五倍。所以，铝材主要用于销售包装，如铝罐主要用于有一定内压的含气材料等的包装，少量用于运输包装。

## （二）金属包装容器

由于加工生产金属包装容器的工艺越来越先进，金属包装容器在包装行业的应用也越来越广泛。

### 1. 金属罐

金属罐按形状可分为圆罐、方罐、椭圆罐、扁罐和异形罐等；按材料可分为低碳薄钢板罐、镀锡钢板罐和铝罐等；按结构和加工工艺可分为三片罐、二片罐等；按开启方法可分为普通罐、易开罐等；按用途可分为食品罐、通用罐、18L 罐和喷雾罐等。

常用的是三片罐（又称接缝罐、敞口罐），它由罐身、罐盖和罐底三部分组成。罐身有接缝，根据接缝工艺不同又分为锡焊罐、缝焊罐和黏结罐，多用于食品和药品等的包装。

二片罐是罐身与罐底连在一起再加上罐盖这两部分组成，其罐身无接缝。二片罐多用于含汽饮料和啤酒等包装。

食品罐一般用于制作罐头，是完全密封的罐，完全密封是为了在填充内装物后，能够加热灭菌。我国食品罐头所用的材料几乎都是镀锡钢板，但近年来也开始使用无锡钢板和铝薄板，而且需求量有增长的趋势。

通用罐是指不包括罐头在内的包装点心、紫菜、茶叶等食品的金属罐以及包装药品与化妆品等的金属罐。这些罐也可以是密封的，但不需灭菌处理。通用罐的外表面一般都经过精美印刷，故也称"美术罐"。

18L 罐是盛装油漆、食用油等产品的大型罐。日本通称为"一斗罐"（"斗"是日本的容积单位，一斗等于 18L）。这种罐大多使用镀锡铁皮制作。

### 2. 金属桶

金属桶是常用的金属容器，分为敞口和闭口两种。

### 3. 金属软管

金属软管的特点是易加工、耐酸碱、防水、防潮、防污染、防紫外线，可以进行高温杀菌处理，适宜长期保存内装物。

金属软管携带方便，使用时挤出内装物且无回吸现象，内装物不易受污染，特别适合重复使用的药膏、颜料、油彩、黏结剂等。

## 四、木质包装材料

### （一）木材的种类及特点

木材的种类主要有天然木材和人造板材两种。

### 1. 天然木材

天然木材具有很多优点：分布广，可以就地取材；制作简单，仅使用简单的工具就能制作完成；质轻且强度高，有一定的弹性，能承受冲击和振动，适宜重体商品的包装盒储运；具有很强的耐久性；与金属材料相比，不会生锈，不易被腐蚀，可以用来盛装化学药剂；木制包装材料可以回收再利用，有的也可以反复使用，所以价格低廉。

天然木材也有一些缺点，如组织结构不匀，容易受环境温湿度的影响而变形、开裂翘曲和强度降低，易于腐蚀、易燃，易被白蚁蛀蚀等。不过，这些缺点经过适当的处理都可以消除或减轻。另外，对于小包装件或大批量的包装容器，若使用木材则不适宜高速操作或自动化装配。

### 2. 人造板材

人造板材是一条有效利用木材的重要途径。人造板材除胶合板外，所使用的原料均来自木材采伐过程中的剩余物或其他木制纤维，如树枝、截头、板皮、碎片、刨花、锯木等，使废料都得到了利用，十分符合目前提倡的环保材料的要求。如今，常用的人造板材原料又扩大到灌木、农作物秸秆等。尤其是在压缩植物纤维托盘和发泡植物纤维缓冲材料的研究与应用方面，已经成为代木包装的重要发展方向之一。

（1）胶合板。包装轻工、化工类商品的胶合板，多用酚醛树脂作为黏结剂，具有耐久性、耐热性和抗菌性能。包装食品的胶合板，多用谷胶和血胶作为黏结剂，具有无臭、无味等特性。

（2）纤维板。纤维板的原料有木制和非木制之分，前者是指木材加工的下脚料与森林采伐的剩余物等，后者是指蔗渣、竹、稻草、麦秆等农业废弃物。这些原料经过制浆、成型、热压等工序制成的人造板，就叫纤维板。

（3）刨花板。刨花板又称碎木板或木屑板，是利用碎木、刨花经过切碎加工后与胶黏剂（各种胶料人工树脂等）拌和，再经加热压制而成的。刨花板的板面宽、花纹美丽，没有木材的天然缺陷，但容易吸潮、吸水后膨胀率较大，而且强度不高，一般可以作为小型包装容器，也可以作为大型包装容器的非受力壁板。

## （二）木质包装制品

形形色色的木质容器及其他制品是最古老的包装之一。木质包装制品的形式有以下几种。

### 1. 木桶

木桶是一种古老的包装容器，主要用来包装化工类、酒类商品。

### 2. 普通木箱

普通木箱通常在载重量为 200kg 以下时使用。它载重量小，通常采用板式结构，其装卸、搬运操作多为人工方式，因而常需设置手柄、手孔等操作构件，不必考虑滑木、绳口及叉车插口等结构。

### 3. 滑木箱

滑木箱通常在载重量小于 1500kg 时使用，由于必须靠机械起吊，或沿地面拖动，因而必须设置滑木。滑木箱的承重靠底座、侧壁组成刚性联结来共同完成。

### 4．框架木箱

框架木箱通常在载重量大于 1500kg 时使用。这种木箱也必须设置滑木，供机械装卸起吊操作使用。框架木箱的承重主要靠构件组成的、刚度很好的框架来完成，壁板在多数情况下仅起密封保护作用。

### 5．底盘

底盘通常是木制的坚固构件，直接和具有足够的强度和刚度的产品固结在一起，适用于塔、罐、机械等大型产品的包装。用底盘作为包装处理，主要是为了运输、装卸方便。底盘载重量通常在 500～6000kg。

### 6．托盘

托盘是一种"集合装卸"（集约包装）工具，有的地区也称为栈板。托盘包装的产品本身不太重，尺寸也不太大。集约包装就是把若干数量的单件货物归并成一个整体，使用托盘进行装卸运输。托盘的主要优点是简化了包装，能有效降低包装成本，方便运输和装卸。

### 7．胶合板箱

胶合板箱也称为框挡胶合板箱，由胶合板和框挡组合而成，是一种自重很小、外观整洁精致的小型包装箱，适用于空运。其主要优点是构件标准化，适合工业化成批生产。近年来，一种可拆式胶合板箱发展起来，其优点是组合方便，可重复使用，运输时拆开叠成平板状，可以大大节约运输空间。

## 项目三　货物包装方法

货物种类繁多，性能与包装要求各异，因此必须根据货物的类别、性能及形态选择相适应的包装技术和方法，从而保障货物在物流各环节作业中的安全，以最低消耗，完好地把货物送到用户手中。货物在运输包装作业时常用的方法有以下 7 种：一般包装法、防震包装法、防潮包装法、真空包装法与充气包装法、收缩包装法与拉伸包装法、无菌包装法、集合包装法。

### 一、一般包装法

除了可采用散装和裸装的货物外，大多数货物都要经过包装方可运输。运输包装的特点是容积大、结构坚固、标志清晰、搬运方便。合理的运输包装方法应做到：在不影响质量的前提下，压缩轻泡货物体积，大型货物拆装，形状相似的货物套装，并加衬垫缓冲材料等。

常用的一般包装法主要有以下几种。

#### （一）单盒包装法

单盒包装法是指使用坚固的外包装箱运送软性货物等非易碎物品。使用填充物如弄皱的报纸、松散填充颗粒或多气孔填充物来填充箱内的剩余空间，避免货物在运送途中在箱内移动。使用单盒包装时，需特别注意以下几点。

1）容易受灰尘、水浸或潮湿环境影响而变质的货物要放进塑料袋。

2）颗粒状易散的小件货物必须整理并放在粗麻或塑料袋等完好且封闭的容器中，再放进坚固的外包装箱。

3）使用 H 形封箱法密封包裹。

### （二）箱套箱包装方法

1）在瓦楞包装箱内填进至少 5cm（约 2in）厚且多气孔的填充物或用泡沫塑料包好每件货物。

2）在箱内放置弄皱的报纸、松散填充颗粒或其他填充物，以限制货物移动。

3）使用 H 形封箱法用胶纸密封内箱，以防箱子因意外打开。

4）使用长、宽及深最少 15cm（约 6 英寸）的盒子为第二层包装箱。

5）使用填充物来填充箱内的剩余空间。

6）使用 H 形箱法密封包裹。

### （三）独特物品的包装方法

（1）艺术品。在玻璃表面用皱纹胶纸做十字形固定，以避免玻璃破碎。

（2）相片及海报板。将扁平物品用胶纸贴在坚固的材料上，如夹板、塑料或多层纤维板中间；将印刷品放置于瓦楞板中间，用胶纸在层板的接缝处封装。

（3）印刷品。包扎好印刷品，以防移位。在放进双层瓦楞外包装箱前，要放置足够的填充物。

（4）卷迭物品。使用多层胶卷或牛皮纸紧包卷迭物品，并贴上塑料包装胶纸。在物品外围包上地址卷标或使用透明袋面。

## 二、防震包装法

防震包装法又称缓冲包装法，其主要目的是保护被包装物在运输、装卸、搬运和仓储等环节中，不致因冲击和震动而损坏，从而造成货物在经济或功能上的损失。目前防震包装法主要分为以下 3 种。

防震包装法

### （一）全面缓冲包装

全面缓冲包装是指在产品与外包装容器之间全部用缓冲材料填满的包装方法。根据工艺方法的不同，又可分为填充式包装法、裹包式包装法、模盒式包装法等。

### （二）部分缓冲包装

部分缓冲包装是将产品表面的一部分用缓冲材料制成或包围的包装方法，主要适用于产品整体性较好或有内包装容器的防护包装，如家电产品或工业品的包装。采用这种方法时，要根据产品结构、质量、尺寸以及是否规则等特点，选择产品的适当部位放置衬垫。这样，一方面可获得好的包装防震效果，另一方面可节省缓冲材料、降低包装成本。

### （三）悬吊式缓冲包装

悬吊式缓冲包装是通过柔性或弹性的绳带、弹簧以及支架等，将产品与兼顾的外包装箱连接起来，产品被吊挂在外包装箱内，不与四壁接触。悬吊式缓冲包装通常用于运输包装中，例如贵重文物或对震动及冲击特别敏感的精密仪器等的运输。

### 三、防潮包装法

很多包装产品都易遭受水蒸气的影响而引发产品的变质，降低产品的性能，有时甚至对产品造成破坏性的损害，使其失去使用价值。防潮包装就是采用防潮材料对产品进行包封，隔离外界湿气对产品的影响，同时使包装容器内的空气保持一定的相对湿度，从而实现防潮的目的。

目前，常用的防潮包装方法主要分为两大类。一类方法是通过除去包装内的潮气并保持干燥而实现防潮的目的，通常是在包装容器内装入一定量的干燥剂，通过吸收包装内的水分以及从包装外渗透进来的水蒸气，减缓包装内相对湿度上升的速度，延长产品的储存期。这种方法一般适合于小型包装盒且有限期储存要求的防潮包装。对于大型包装和有长期储存需求的包装，一般是借助降湿机械，将干燥除湿的空气输入包装容器内，置换其中原有的潮湿空气。另一类方法是通过控制包装容器内外的水分渗透来达到防潮的目的。这种方法主要依赖于低透湿率的防潮包装材料，对材料和容器的防渗透性要求极高，有时也需要与干燥剂配合使用。

### 四、真空包装法与充气包装法

真空包装与充气包装多用于食品的包装。真空包装是将产品装入气密性的包装容器，并抽去容器内部的空气，让密封后的容器达到预定真空度，然后将包装密封的一种包装方法。

充气包装是将产品装入气密性包装容器并抽真空（或不抽真空）后，再充入保护性气体，然后将容器密封的一种包装方法。

### 五、收缩包装法与拉伸包装法

#### （一）收缩包装法

收缩包装法是用收缩薄膜将需被包装的物品包裹，然后对收缩薄膜进行有关处理（如适当加热处理，使薄膜收紧且紧贴于物品）的包装技术方法。其作用主要有两个方面：一是有利于销售，使内装物品形体突出，形象鲜明，质感好；二是有利于提高装卸搬运效率。如使用收缩包装技术把物品固定于托盘上，不仅有利于提高物流过程效率，而且方便保管与使用。

#### （二）拉伸包装法

拉伸包装法是用机械装置在常温下将弹性薄膜拉伸后，将待包装件紧裹的一种包装技术方法。该包装方法可提高物流效率，方便储存。

### 六、无菌包装法

无菌包装法是在包装物、被包装物、包装辅助器材均无菌的条件下，在无菌的环境中进行充填和缝合的一种包装技术。使用无菌包装技术具有生产成本低、产品保质期长、无须冷藏、节省能源等优点。

无菌包装法使用的包装容器有杯、盘、袋、桶、缸、盒等各种类型，容积变化范围较大；包装材料主要采用复合材料。与传统的金属、玻璃容器相比，新型复合材料的包装容器加工方便，生产成本低，而且容器自身的重量大大减小，降低了运输、装卸等流通环节的成本。复合材料的包装容器现已广泛应用于饮料类食品的包装。

实际上，食品的无菌包装并非绝对无菌，而是一种相对无菌的加工过程，也被称为"商业无菌"。经过无菌处理后，产品和包装材料中可能仍然存在少量微生物，但这些微生物通常是无害菌，且不会在产品中繁殖导致腐败。

完全无菌的包装技术则主要用于医药产品，其技术要求更为严格，需要确保包装材料、产品和环境在灭菌后达到无菌状态。

### 七、集合包装法

集合包装法具有提高港口装卸效率、减轻劳动强度、节省装运费用、保护货物、减少损耗和促进货物包装标准化等优点。集合包装法主要有集装袋、集装箱、托盘组合包装3种类型。

#### （一）集装袋

集装袋是指用塑料重叠丝编织成的包装。其优点是重量轻、柔软、可折叠、体积小、装载量大。每袋可载重 1～4t 的货物，并能重复使用。

#### （二）集装箱

集装箱是用钢材、铝合金板、纤维板等材料制作的、几种装载大量货物的大型包装容器。其优点是安全、简便、迅速、节约，便于机械和自动化装卸。每个集装箱可载重 5～40t 的货物，常用于铁路、公路和海上远程运输。

#### （三）托盘组合包装

托盘组合包装是使用木材、塑料、金属材料或玻璃纤维等制成的垫板，有平面式托盘、箱式托盘、立柱式托盘、滑片托盘等几种形式。有的托盘可重复使用。其优点是耐腐蚀、卫生性好，能节省费用、减少商品损耗。托盘载重量为 0.5～2t。

## 项目四　货物包装标志

### 一、货物包装标记

包装标记是指根据货物本身的特征用文字和阿拉伯数字等在包装上标明规定的记号。

#### （一）一般包装标记

一般包装标记也称为包装基本标记，即在包装上写明货物的名称、规格、型号、计量单位、数量（毛重、净重、皮重）、长、宽、高、尺寸、出厂时间等内容。对于时效性较强的货物，如胶卷、食品等还要注明其储存期或保质期。

### （二）表示收发货地点和单位的标记

表示收发货地点和单位的标记是注明货物起运、到达地点和收发货单位的文字记号，反映的内容是收、发货具体地点（收货人地点，发货人地点，收货到站、到港，发货站、港等）以及收、发货单位的全称。

### （三）标牌标记

标牌标记是在货物包装上装钉好说明商品性质特征、规格、质量、产品批号、生产厂家等内容的标识牌。标识牌一般用金属制成。

## 二、货物包装标志类型

为了便于货物的流通、销售、选购和使用，在货物的包装上通常都印有某种特定的文字或图形，用以表示货物的性能、储运注意事项、质量水平等含义，这些具有特定含义的图形和文字称为货物包装标志。其主要作用是便于识别货物，有利于准确迅速地运输货物、避免差错、加速流转等。

### （一）运输标志

运输标志又称唛头（shipping mark），是一种识别标志。按国际标准化组织（ISO）的建议，应包括4项内容：①收货人名称的英文缩写或简称；②参考号，如订单、发票或运单号码；③目的地（港）名称；④件号。例如：ABCCO，为收货人名称；SC9750，为合同号码；LONDON，为目的港名称；No.4-20，为件号（顺序号和总件数）。

在国际商品流转中，只需要将主标志记载在合同、发票、提单、保险单、报关单、检验证书及其他与贸易运输有关的单据上，这样收货人、发货人、承运人、保险人及海关、检验等部门，根据文件的记载，即可在包装外形相似的众多货物中识别并区分出相应的货物，顺利地进行交接或检查工作。

有的运输标志还包括原产地、合同号、许可证号和体积与质量等内容。运输标志的内容繁简不一，由买卖双方根据货物特点和具体要求商定。

### （二）指示性标志

指示性标志是提示人们在装卸、运输和保管货物的过程中需要注意的事项，以保证货物的安全。主要标明货物的性质及货物堆放、开启、吊运等的方法，一般都是以简单、醒目的图形和文字在包装上标出，故有人称其为注意标志，示例如图 5-12 所示。

图 5-12 指示性标志

### (三)警示性标志

警示性标志又称危险货物包装标志。凡在运输包装内装有爆炸品、易燃物品、有毒物品、腐蚀品、氧化剂和放射性物质等危险货物时,都必须在运输包装上标明用于各种危险品的警告标志,便于装卸、运输和保管人员按货物特性采取相应的防护措施,以保护货物和人员的安全。警示性标志的具体内容如图 5-13 所示。

图 5-13　警示性标志

### (四)原产国标志

#### 1. 原产国标志的概念

原产国标志在一定程度上代表货物的质量和信誉,是货物来源的重要证据之一,也是货物的"经济国籍",有效地限制了某一国的货物进口以及被仿冒,同时具有促销、识别、广告的功能。

原产国标志将制造国的名称标注在货物包装上,必要时还提供原产地证明书。我国出口的货物一般在包装上注明"中华人民共和国制造"或"中国制造",也有的加注企业名称,如"中国粮油进出口公司"或"中国五金矿产进出口公司"等。

#### 2. 使用原产国标志的原因

(1)关税政策与税收保护。许多国家基于互惠原则或出于贸易政策的考虑,对来自不同国家的进口货物设定差异化的关税税率。为了确保关税政策的有效执行并保护国家税收,各国通常会对货物的原产国进行严格的核查与监管。

(2)防止冒充与进口限制。有些国家对部分国家的商品实施进口限制,甚至禁止某些国家的商品进口。为了防止被禁止进口国家的商品冒充其他国家商品进入市场,明确标识货物的原产国并进行严格检查显得尤为重要。

（3）维护本国利益与产业保护。某些国家为了维护本国利益，促进国内产业的发展，防止进口货物与本国货物混淆，也要求进口货物明确标识原产国。这不仅有助于保护消费者权益，还能确保本国产业在市场竞争中保持公平和透明。

### （五）运输包装标记与标志的注意事项

1）物流包装标记和标志中使用的文字、符号、图形等，必须按国家有关规定表示，不能随意改动。

2）必须简明清晰，易于辨认。

3）涂刷、拴挂、粘贴的标志与标记的部位要适当。

4）要选用适合的色彩制作标识和标志。

5）拴挂的标志要选择合适的规格。

6）中国出口危险品，除了应刷制中国规定的危险品标志外，还应刷制国际海事组织规定的《国际海运危险品标志》中的符号，以免到达国港口不准靠岸。

## 项目五　货物积载因数

### 一、货物积载因数的相关概念

货物积载因数（stowage factor，S.F.）是指某种货物每一吨重量所具有的体积或在船舶货舱中正常装载时所占有的容积。

#### （一）货物积载因数的含义

1）不包括亏舱的货物积载因数——理论积载因数如下：

$$S.F. = \frac{V}{Q}$$

式中　　$V$——货物的量尺体积，单位为 $m^3$ 或 $ft^3$；

　　　　$Q$——货物的重量，单位为 t。

2）包括亏舱的货物积载因数如下：

$$S.F.' = \frac{W}{Q}$$

式中　　$W$——货物占用货舱的体积，单位为 $m^3$ 或 $ft^3$；

　　　　$Q$——货物的重量，单位为 t。

#### （二）亏舱和亏舱率

**1. 亏舱**

亏舱是指船舶容积未被所装货物充分利用的那部分容积，产生亏舱的原因如下。

1）货物与货物之间的不正常空隙。

2）货物须留出通风道或膨胀余位的空间。

3）货物衬隔材料所占用的空间。

4）货物与货舱舷侧和围壁间无法被利用的空间等。

### 2．亏舱率

亏舱的多少通常用亏舱率（rate of broken stowage，又称亏舱系数）来表示。

所谓亏舱率，是指货舱容积未被货物充分利用的空间占整个货舱容积的百分数，如下：

$$\beta = \frac{W-V}{W} \times 100\%$$

式中　$\beta$——亏舱率（%）；

$W$——货物占用货舱的容积，单位为 $m^3$ 或 $ft^3$；

$V$——货物的量尺体积，单位为 $m^3$ 或 $ft^3$。

### 3．S.F.′ 和 S.F. 的关系

因为

$$\text{S.F.}' = \frac{W}{Q}$$

$$\text{S.F.} = \frac{V}{Q}$$

$$\beta = \frac{W-V}{W} \times 100\%$$

$$1 - \beta = 1 - \frac{W-V}{W} = \frac{V}{W}$$

$$\frac{\text{S.F.}}{\text{S.F.}'} = \frac{V}{W} = 1 - \beta$$

所以

$$\text{S.F.} = \text{S.F.}'(1-\beta)$$

【例 5-1】某船装运 100t 袋装大米，实际占用舱容 163.25m³，袋装大米的理论积载因数为 1.55 m³/t，该批袋装大米的亏舱率是多少？（保留两位小数）

解：

$$\text{大米的量尺体积} = 100 \times 1.55\,(m^3) = 155\,(m^3)$$

$$\text{亏舱率}\ \beta = \frac{163.25 - 155}{163.55} \times 100\% \approx 5.04\%$$

【例 5-2】某轮装运出口箱装压力机，每箱尺寸 115cm×100cm×280cm，重量为 3000kg，装舱时亏舱率为 15%，装舱后该货物积载因数是多少？（保留两位小数）

解：

$$\text{货物体积}\ V = 1.15 \times 1 \times 2.8\,(m^3) = 3.22\,(m^3)$$

$$S.F.' = \frac{S.F.}{1-\beta} = \frac{V}{Q} \times \frac{1}{1-\beta} = \frac{3.22}{3} \times \frac{1}{1-15\%} \approx 1.26 \text{ (m}^3\text{/t)}$$

## 二、重货与轻货

### （一）概念

在国际航运计费业务中，为了使承运人和托运人之间合理地结算运费，货物的计费吨分为重量吨（W）和体积吨，或尺码吨和容积吨（M）。重量吨为货物的毛重，公制以 1t 为 1 重量吨；体积吨为货物"满尺丈量"的体积，以 1m³ 为 1 体积吨。凡货物理论积载因数小于 1.1328m³/t 或 40ft³/t 的货物，称为重货。凡货物理论积载因数大于 1.1328m³/t 或 40ft³/t 的货物，称为轻货。如在托运棉花时，货物体积折算的质量大于其实际质量的，计算运费时采用轻货单价；在托运钢材时，货物体积折算的质量小于实际质量的，计算运费时采用重货单价。

重货和轻货的确定对于计算运费、船舶积载是非常重要的。

### （二）重货与轻货的区别

#### 1. 从船舶配积载角度考虑

凡货物积载因数小于船舶载货容积系数的货物，称为重货；凡货物积载因数大于船舶载货容积系数的货物，称为轻泡货，又称轻货。

#### 2. 从计算货物运费角度考虑

凡是货物理论积载因数小于 1.1328m³/t 或 40ft³/t 的货物，即重货，运费按重量吨计算。凡是货物理论积载因数大于 1.1328m³/t 或 40ft³/t 的货物，即轻货，运费按体积吨计算。

计费单位为 W/M 的货物，则取重量吨和体积吨中较大的计算。

### （三）船舶舱容系数

船舶舱容系数是指船舶货舱总容积与船舶净载重量的比值，即船舶每一净载重吨所占的货舱容积。

（1）重货：货物积载因数小于船舶舱容系数，即满载不满舱。

（2）轻货：货物积载因数大于船舶舱容系数，即满舱不满载。

（3）普通货：货物积载因数与船舶舱容系数接近，即满舱满载。

### （四）重货和轻货在积配载中的意义

通过轻重货搭配，可使货物的平均积载因数与船舶的舱容系数接近，使货物重量等于船舶的净载重吨，全部货物的装舱容积等于船舶货舱总容积，从而实现满舱满载。

## 三、货物积载因数表的运用

表 5-1 所列为常见货物积载因数中英文名称对照表，以及各货物的积载因数和包装类型。例如，笔记本对应的积载因数是 2，说明笔记本每 1t 重量所具有的体积或在船舶货舱中正常装载时所占有的容积是 2m³。

表 5-1　常见货物积载因数中英文名称对照表

| 货物英文名称 | 货物中文名称 | 积载因数 | 包装类型 |
| --- | --- | --- | --- |
| PUMPKIN SEEDS | 白瓜子 | 2.4 | BAG |
| GELATINUM | 白明胶 | 2 | CASE |
| CERUSSITE | 白铅矿 | 0.45 | BULK |
| WHITE SUGAR | 白砂糖 | 1.53 | CASE |
| SCHEELITE | 白钨矿 | 0.74 | BULK |
| WHITE OIL | 白油 | 1.63 | DRUM |
| DOLOMITE | 白云石 | 0.61 | BULK |
| BORNITE | 斑铜矿 | 0.45 | BULK |
| TIMBER | 板材 | 2.55 | BUNDLE |
| PHENOL | 苯酚 | 1.46 | DRUM |
| PYRIDINE | 吡啶 | 1.47 | DRUM |
| NOTE BOOKS | 笔记本 | 2 | CASE |

【例 5-3】某船计划配装出口箱装红茶 50t，已知箱装红茶的积载因数为 2.5（m³/t），问配载时需要安排多少舱容？（保留两位小数）

解：查货物积载因数表得，箱装红茶积载因数为 2.492～2.520（m³/t），依据情况取 2.50（m³/t），则

$$W = S.F.' \times Q = 2.50 \times 50 = 125 \ (m^3)$$

【例 5-4】某轮装运出口箱装猪鬃 120t，已知货物积载因数 S.F.=1.6m³/t，其亏舱率为 8%，问该货物装舱时需占多少容积？其装舱后的实际积载因数是多少？（保留两位小数）

解：实际积载因数为

$$S.F.' = \frac{S.F.}{1-\beta} = \frac{1.6}{1-8\%} \approx 1.74 \ (m^3/t)$$

实际舱容

$$W = S.F.' \times Q = 1.74 \times 120 = 208.80 \ (m^3)$$

该货物装舱时需要占的体积是 208.80m³，实际积载因数是每吨 1.74m³/t。

> **职业素养**
>
> 习近平总书记在党的二十大报告中关于加快构建新发展格局、着力推动高质量发展发表重要讲话，让人们认识到物流作为现代服务业的重要组成部分，对于国家经济发展和现代化建设具有重要意义。本章节结合物流货物包装的相关内容，介绍货物包装的概念、包装材料、包装方法、包装标志和货物积载因数，帮助学生了解物流货物包装的基本内容和方法用途。同时，通过案例分析和讨论等形式，引导学生深入思考物流货物包装在实践中的应用和发展趋势等问题。

## 模块练习

### 一、选择题

1. 根据国家标准《物流术语 GB18354—2021》，包装的定义包含（　　）两层含义。
   A. 保护商品和促进销售
   B. 盛装商品的容器和包扎商品的技术操作活动
   C. 方便储运和提升品牌形象
   D. 保护商品和提升品牌形象

2. 在国际运输中，为了防止货物在运输过程中受到湿气的影响，通常会使用（　　）技术。
   A. 防震包装　　　B. 防潮包装　　　C. 防锈包装　　　D. 真空包装

3. 对于易碎物品，（　　）方式最不合适。
   A. 使用泡沫填充物　　　　　　　B. 单层塑料薄膜直接包裹
   C. 加固木箱　　　　　　　　　　D. 使用气泡膜

4. 货物积载因数大于船舶舱容系数，即满舱不满载，这是（　　）。
   A. 重货　　　B. 轻货　　　C. 普通货　　　D. 杂货

5. 对于电子产品，（　　）方法可以有效减少运输过程中的振动影响。
   A. 悬浮式防振包装　　　　　　　B. 简单纸盒包装
   C. 木箱固定　　　　　　　　　　D. 纸箱＋气泡膜

6. 包装设计时考虑的"三防"不包括（　　）。
   A. 防振　　　B. 防火　　　C. 防潮　　　D. 防锈

7. 按包装在流通领域的作用分类，以下属于运输包装的是（　　）。
   A. 销售包装　　　B. 托盘包装　　　C. 逐个包装　　　D. 内部包装

8. 在选择包装材料时，最重要的因素是（　　）。
   A. 成本　　　B. 安全性　　　C. 可回收性　　　D. 外观

9. 最适合采用木质包装的是（　　）。
   A. 运输轻质电子设备　　　　　　B. 运送易碎陶瓷制品
   C. 快递文件资料　　　　　　　　D. 发送小批量化妆品

10. （　　）包装材料适合用于长期保存的油脂、茶叶及药品的包装。
    A. 牛皮纸　　　B. 鸡皮纸　　　C. 羊皮纸　　　D. 有光纸

### 二、判断题

1. 使用防振包装可以有效降低货物在运输过程中的损坏风险。（　　）
2. 所有的货物都需要使用防潮包装以确保安全运输。（　　）
3. 对于易碎品来说，使用泡沫填充物是最经济有效的包装方式之一。（　　）
4. 包装材料的选择不需要考虑环保因素。（　　）
5. 国际标准化组织对货物包装没有明确的规定和要求。（　　）
6. 危险品必须使用特定的颜色和标志进行标识。（　　）

7. 木质包装适用于所有类型的货物运输。　　　　　　　　　　　（　　）
8. 电子产品在运输过程中不需要特别的防振措施。　　　　　　　（　　）
9. 货物包装应满足的要求是降低包装成本，忽略美观性。　　　　（　　）
10. 现代物流技术的发展使得货物包装的重要性逐渐降低。　　　（　　）

### 三、简答题

1. 简述货物包装的基本原则。
2. 为什么在货物包装时要考虑"三防"？
3. 请列举几种常见的货物包装材料及其特点。
4. 什么是危险品包装？其重要性体现在哪些方面？
5. 简述包装设计时需要考虑的因素有哪些？
6. 为什么说合理的货物包装能够降低物流成本？
7. 简要说明在国际贸易中，货物包装上需要标注哪些基本信息？
8. 举例说明不同类型的货物应如何选择合适的包装方式。

### 四、案例分析题

一家位于中国的制造商需要向美国出口一批精密仪器，这批仪器非常贵重且易碎，需要经过长途海运才能到达目的地。为了保证仪器的安全，公司决定采用专业的包装方案。

**问题：**

1. 根据上述背景，请提出至少三种可能遇到的风险，并为每种风险提出相应的解决方案。
2. 描述一种适合该批精密仪器的包装方案，并解释其优点。

# 模块六
# 货物储存与养护

**知识目标**：掌握货物储存的基本含义和基本原则；理解货物储存的分类；了解货物储存条件；熟悉货物入库与验收的意义和流程；了解库房温湿度控制的方法；掌握货物养护的基本含义及目的；理解货物养护的基本措施及原则。

**能力目标**：能够描述货物储存与养护的重要性、基本原则；能够识别货物储存过程中可能出现的问题，并采取相应的养护措施进行预防和解决。

**素质目标**：将货物储存与养护的实践和物流行业的整体运作及国家经济发展联系起来，树立对货物储存与养护工作的使命感和责任感；增强规范操作、诚信负责的职业素养，以及团队协作和有效沟通的能力。

**学习重点**：常见货物储存的条件和原则；各种养护措施的实际应用方法。

**学习难点**：如何将不同的储存和养护技术有效整合应用。

## 案例导入

人们熟知的烟酒、糖茶、服装鞋帽、医药、化妆品、家用电器以及烟花爆竹等，各有其特殊的储存要求。其中，有些商品怕潮、怕冻、怕热，还有些货物易燃、易爆。影响储存货物质量变化的因素众多，其中两个关键因素是空气的温度和湿度。

有些货物怕热，例如油毡、复写纸、各种橡胶制品及蜡等，若储存温度超过其要求范围（30~35℃），便会发黏、融化或变质。有些货物怕冻，例如医药针剂、口服液、墨水、乳胶、水果等对低温较为敏感，若库存环境温度过低，易导致货物冻结、沉淀甚至失效。以苹果为例，其在1℃条件下储藏的保鲜期，相较于4~5℃，可延长一倍。然而，若储藏温度过低，不仅可能引发果实冻结，还会造成生理失调，进而缩短其保鲜期。

空气湿度对货物质量的影响同样不容忽视。由于货物本身含有一定的水分，当空气相对湿度超过75%时，吸湿性货物会从空气中吸收大量水分，导致自身含水量增加，从而影响货物质量。如食盐、麦乳精、洗衣粉等会出现潮解、结块，服装、药材、糕点等会生霉、变质，金属制品会生锈。然而，空气相对湿度过低（低于30%）也不利于货物储存。过低的湿度会使一些货物的水分过度蒸发，进而影响货物质量。

**思考**：影响货物质量变化的因素有哪些？

> **分析**：货物质量变化受温度、湿度、光照和空气成分等因素影响。温度过高可能导致货物融化或变质，温度过低则可能造成货物冻裂或失效；湿度过高会导致货物吸湿、结块或霉变，湿度过低则使货物水分蒸发，影响商品质量。光照和空气成分也可能加速货物的化学变化，影响货物状态。为确保货物质量，需控制储存环境的温度和湿度，保持存储空间通风或密封，定期检查货物，并使用监控设备进行环境监控。这些措施有助于延长货物的储存寿命并保持质量稳定。

## 项目一　货物储存概述

### 一、货物储存的概念

货物储存是指货物在离开生产过程，但尚未进入消费过程的间隔时间内的停留，即货物在流通领域中暂时的存放。货物储存是调节市场供求、保证市场供应、满足消费者需要的必要手段。货物储存发挥着"蓄水池"的作用。在储存过程中，由于成分、结构、性质的差异，以及受到的外界因素影响，货物会发生各种各样的变化，使其数量和质量受到损失。因此，针对货物的不同特性，研究和探索各类货物在不同环境条件下质量变化的规律，采取相应的技术措施和方法，做好货物储存，能够保证商品流通不中断和社会再生产的持续进行，能够降低商品的流通费用，使商品使用价值得以充分实现。

### 二、货物储存的种类

按照储存的目的和作用，货物储存可分为季节性储存、周转性储存和储备性储存。

货物储存分类

#### （一）季节性储存

根据货物季节性生产、消费的时间差异，为实现货物的常年供应而实行的货物储存，称为季节性储存。例如夏装和冬装均属于季节性消费货物，为了保证旺季消费的供应，必须在淡季储存；空调是全年生产的，却只在夏季或个别地方的冬季使用；水果在旺季生产，为了保证全年的消费，就需通过旺季储存弥补淡季供应。

#### （二）周转性储存

货物生产、货物消费存在异地性，货物运输存在间断性。为了实现商品消费，完成货物空间位置的转移，保证商品市场均衡供应，在流通领域实施的货物储存称为周期性储存。

#### （三）储备性储存

储备性储存是为了防备灾荒、战争或其他应急情况而进行的物资储备。储备性储存的物资大都是关系国计民生的重要物资，如粮食、化肥、棉花等。

### 三、货物储存的原则

货物储存必须贯彻"安全、及时、方便、经济"的方针，并在保证货物质量和数量的前提下坚持"按需储存、方便进出、节约费用、减少损耗"的原则。

### （一）减少货物损耗，确保货物安全的原则

储存的根本目的是保证货物安全。防止货物在外界的影响下发生霉腐、变质、锈蚀、老化，防止鼠咬、虫蛀等情况的发生，力求减少货物损耗。

### （二）简化手续、出入库方便的原则

货物储存要求堆码整齐、排列有序、标志明显、出入库手续简便，以提高周转效率。同时，按照"先进先出"原则，保证货物质量。

### （三）贯彻节约、降低储存费用的原则

在货物储存过程中应树立成本观念，合理利用库房空间，有效利用设备设施，最大限度地提高资源利用率，减少人力、物力、财力的消耗，努力降低储存费用，提高经济效益。

### （四）确保生产稳定和市场供应原则

货物的储存量应能满足生产的正常需要，储存量应与市场需求量相一致，并与销售量保持一定的比例。

## 四、货物储存的条件

货物储存的条件是指仓库的基本条件、仓库的卫生条件和分区、分类、定位保管条件等。

### （一）仓库的基本条件

仓库应该分类储存不宜与其他类货物混合存放的货物，如茶叶、卷烟、水果、肉类等，特种仓库应该用来储存具有特殊性质、要求的货物，如石油、危险品等。

仓库内应配备合适的货架、托盘和储存设备，以便于货物的分类和存放。不同类型的货物可能需要不同的储存设备，如重型货架、轻型货架、自动化立体仓库等。

### （二）仓库的卫生条件

仓库的卫生条件也会影响货物的质量。仓库中影响货物质量的因素一般包括有害生物（仓储害虫、老鼠等）、化学活性物质（有害气体，如二氧化硫、硫化氢、一氧化氮等）和机械活性颗粒（如灰尘、工业粉尘），以及垃圾、杂草等。这些都可能导致仓储货物发生霉烂、变质、污染虫蛀、鼠咬等货损。必须经常保持仓库清洁卫生，净化库内环境，保证货物储存的安全。

### （三）分区、分类、定位保管条件

在货物储存管理中，分区、分类和定位保管条件是确保货物高效储存、管理和取用的重要策略。分区是将储存区域划分为不同的区域，以便于货物的管理和存取，有助于提高储存空间的利用率和工作人员的工作效率。例如，可以根据货物的种类、特性或处理需求划分不同的区域，如易燃品区、重型货物区、温控区等。

分类是根据货物的属性、类型或用途将货物进行分类。分类使得货物的管理和检索变得更加系统化和高效。分类标准可以是货物的种类（如原材料、成品、半成品）、货物的体积或重量、用途等。分类有助于简化库存管理，优化储存空间。

定位保管就是在分区、分类的基础上固定每种货物在仓库中的存放位置。其目的是使不同性质的货物分别储存在不同保管条件下的仓库或货场，以便在储存过程中有针对性地进行保管和养护。严禁将危险品与一般货物、有毒货物和食品、性质相互抵触的货物、互相串味的货物、互相污染的货物以及养护和灭火方法相抵触的货物混合存放。储存基本原则是货物基本性质一致、消防方法一致、养护措施一致。

### 五、货物储存的分类

货物储存的本质是储藏和保管货物，但由于经营主体、仓储对象、储存货物的处理方式、仓储功能的不同，不同的储存活动具有不同的特性。

#### （一）按经营主体分类

（1）自营储存。自营储存指由企业或个人自行建立和管理的储存设施，通常用于储存企业内部的原材料、成品库存等。例如，一家生产公司可能会建设自己的仓库来储存生产材料和成品，以便于控制库存和供应链。它的缺点在于需要长期占用一部分资金，而且建设自营仓库是一项长期的、有风险的投资，不能根据仓储空间、客户需求、市场战略的实际需要及时调整，具有一定的局限性。

（2）第三方储存。第三方储存指由专业的第三方物流公司提供的储存服务。这些公司拥有专业的设施和管理团队，能够提供仓储、配送等综合服务。例如，电商平台可能会将商品存放在第三方物流公司的仓库中，以优化库存管理和配送效率。因此，第三方储存不仅仅提供储存服务，还可为货主提供一整套物流服务。通过利用第三方仓储服务，客户企业可以将物流活动转包出去，集中精力搞好生产和销售。

（3）公共储存。公共储存面向公众开放储存设施，提供租赁服务。企业或个人可以根据需求租用适合中小企业或个人的临时存储需求的仓库空间。其优点在于：企业不需要花费资本建设仓库；在库存高峰时大量额外的库存需求能够得到满足，避免管理上的困难；公共储存的规模效益有助于货主储存成本的降低。公共储存的缺点在于：由于公共仓库中储存了不同种类的货物，为了避免受到其他货物的影响，必须对企业货物进行保护性包装，由此增加了包装成本。此外，在控制库存方面，使用公共仓库比使用自营仓库要承担更大的风险。

#### （二）按货物储存对象分类

（1）普通货物储存。普通货物储存是指不需要特殊保管条件的货物，主要存放常规的货物，比如日用商品、原材料等。这类储存方式的特点是货物种类多样，对储存环境的要求相对较低。

（2）特殊货物储存。特殊货物储存是指在保管中有特殊要求和需要满足特殊条件的货物的储存，如危险货物、粮食等。特殊货物储存一般为专用储存，应按照货物的物理、化学、生物特性以及法规规定进行仓库建设和业务管理。

### (三)按储存的功能分类

(1)储存仓储。储存仓储是指对货物进行较长时期存放的仓储,主要功能是对货物进行安全保管,确保货物在储存期间不会损坏或丢失。储存仓储的货物种类较为单一,数量较大。由于货物储存的时间长,此类仓储应特别注重对储存货物的保管和保养。

(2)物流中心仓储。物流中心仓储是以物流管理为目的的仓储活动,是为了实现有效的物流管理,对物流的过程、数量、方向进行控制,以实现物流时间价值的环节。一般在经济区域的中心或交通较为便利、储存成本较低的地方会采用物流中心仓储。物流中心仓储的货物品种较少,进库批量大,按批量分批出库,这类仓储通常配备分拣设备和系统,货物进出库吞吐能力强。

(3)配送仓储。配送仓储是对货物在配送交付消费者之前所进行的短期仓储,这类仓储通常与物流配送系统紧密结合,以实现快速高效的配送,一般在商品的消费经济区内进行。配送仓储货物品种繁多、批量少,需要一定量进货、分批少量出库操作,为了支持销售,往往需要进行拆包、分拣、组配等作业,并注重对货物存量的控制。

### (四)按储存货物的处理方式分类

(1)保管式仓储。保管式仓储是对被保管货物以保持原样不变的方式进行的仓储,也称纯仓储。被保管货物除了发生自然损耗和自然减量外,数量、质量、件数不发生变化。这种仓储方式强调提供一个安全的环境,通过监控系统、保安措施和环境控制(如对温湿度的控制)来保护货物,并进行库存管理和货物追踪。保管式仓储又可分为仓储物独立保管式仓储和将同类仓储物混合在一起的混藏式仓储。

(2)加工式仓储。加工式仓储是保管方根据存货方的要求,在仓储期间对所保管货物进行一定加工的仓储方式,即保管人根据委托人的要求对保管货物的外观、形状、成分、尺寸等进行加工,使储存货物发生委托人所希望的变化。其特点在于提供增值服务,如包装、组装、分拣等,并配备加工设施和工作站,同时需要对加工过程进行严格的质量控制。

(3)消费式仓储。消费式仓储是保管人在接受保管货物的同时接受保管货物的所有权,并在仓储期间有权对仓储货物行使所有权;仓储期满,保管人将相同品种和数量的替代物交还给委托人的仓储。消费式仓储特别适合于保管期较短、市场供应(价格)变化较大的货物的长期存放,具有一定的商品保值和增值功能。

## 项目二　货物入库与验收

### 一、入库准备

#### (一)货物入库的概念

货物入库业务是仓储业务的开始,是根据货物进入库、场、站的情况,进行卸货、搬运、清点、检查、检验、装箱、整理、堆码等一系列工作的总称。在收货时,库、场、站管理人员应清点货物的数量、检查货物包装有无损坏，有关货物的名称、种类、级别、产地、商标等是否与入库场凭证记载相符。同时，应进一步检查货物有无水湿、发霉、锈蚀、残损等异状或变质状况。对运送货物入库场的人员也应检查是否已履行其职责，以便责任划分。

## （二）入库准备

### 1. 入库前的准备

（1）编制仓储计划，做好入库准备。在货物到达之前，仓库需要编制详细的仓储计划，包括货物的预计到达时间、数量、类型等，并根据这些信息做好入库准备。仓库管理人员需要提前确定货物的存放位置、搬运路线以及操作流程，确保货物入库的顺利进行。

（2）安排仓容，确定堆放位置。根据货物的种类、规格、数量等特点，合理安排仓库的存储空间，确保每种货物都有合适的堆放位置。对于不同类型的货物（如危险品、易碎品、温控货物等），需要特别安排存放区域，并考虑未来出库的便捷性，避免仓库空间的浪费。

（3）合理组织人力、装卸设备。根据货物的数量和体积，合理安排人力和设备，确保货物能够及时并且安全地搬运。需要提前准备好叉车、堆垛机等装卸设备，并安排足够的工作人员进行货物接收和搬运，避免因人力不足或设备问题导致工作延误。

（4）准备验收设备，保证货物验收。验收是货物入库的重要环节，因此必须提前准备好必要的验收设备，如称重设备、质量检测工具、测量工具等。同时，应确认验收人员具备足够的专业知识，以确保货物的数量、质量、包装符合要求。

### 2. 货物的接运

（1）铁路专用线接车。有些仓库通过铁路专用线进行货物的接收，这种方式通常适用于大宗商品运输，能够提高货物接运的效率。接货时，仓库需要与铁路运输公司协调好时间、地点等细节，确保货物的顺利到达。

（2）存货人送货到库。在有些情况下，存货人（即供应商或其他相关方）将货物直接送到仓库。这种方式通常适用于小批量或定制化的货物。在这种情况下，仓库需确认货物的运输状态和交付要求，并准备接收。

（3）到车站、码头提运。当货物到达车站或码头后，仓库人员需要派遣专人去提取货物，通常涉及铁路货运站或海运码头等。仓库需要与运输方和车站或码头进行协调，确保货物及时提取并运输到仓库。

（4）仓储人自提入库。有时，仓储人员会根据需要自提货物入库。比如，仓储人员有时会自己从某些特定地方提取货物，并将其直接送到预定的存储位置。

### 3. 货物的验收

（1）数量验收。核对货物的数量是否与入库凭证（如发货单、运输单等）上的数量一致。数量的检查通常是通过称重、点数或扫描条形码等方式进行。

（2）质量验收。检查货物的质量是否符合规定要求，包括对产品的外观、功能、性能等方面的检查。若发现货物质量不合格，需要及时向供应商或运输方反馈并采取相应措施。

（3）包装验收。检查货物的包装是否完好，确保货物在运输和储存过程中不易受到损害。特别是对于易碎、危险品或需要特殊保护的货物，包装的完好性至关重要。

#### 4．货物的入库

（1）分类搬运。根据货物的不同特性，进行分类处理。如同一批次的货物可以放置在一起，避免因品种混乱而影响后续出库操作。需要根据货物类型的要求，考虑如何安排货物的堆放，便于后续检索和管理。

（2）按批次送到货位。每批入库货物需要按规定的货位存放。货物入库时，仓库工作人员需要根据入库单指定的货位将货物送到指定区域。合理的堆放不仅能确保库存信息的准确性，还能减少后续出库时的工作量。

（3）避免重复劳动。货物堆垛时，要尽量一次搬运到位，避免因重复搬运而浪费人力和时间。还要考虑未来的出库需求，确保货物堆放不会影响后续操作。

#### 5．办理入库手续

（1）登账。将入库的货物信息记录到仓库管理系统（WMS）中，包括货物名称、规格、数量、供应商等信息。登账是确保库存管理准确的基础。

（2）立卡。为每批入库的货物建立档案，确保每个物品都有独立的档案记录，便于追踪和管理。

（3）建档。根据入库货物的类型、数量等信息，建立相应的档案，确保每一批货物都能被追踪到具体的仓库、货位和存储条件。系统化的档案管理有助于后续的盘点和库存控制。

## 二、入库验收

### （一）入库验收

货物入库验收是指仓库在物品正式入库前，按照一定的程序和手续，对到库物品进行数量和外观质量的检查，以验证它是否符合订货合同规定的一项工作。

### （二）验收的意义

#### 1．确保货物数量和质量的准确性

货物入库验收的首要意义是确保实际到货的数量和质量符合订单或运输单上的要求。通过验收，仓库可以核对货物的数量，确认是否与发货单一致，避免因数量不符造成的库存问题。同时，质量检查有助于确保货物符合合同标准，防止不合格产品进入仓库，影响后续的生产或销售。

#### 2．避免损失与纠纷

通过货物入库验收，仓库能够在货物到达初期发现潜在问题，如运输中的损坏、丢失或损耗等。这种早期发现有助于工作人员及时采取措施，减少后续处理中的麻烦和损失，防止因货物质量不合格或数量不符引发企业与供应商或客户的纠纷，保障供应链的顺畅运行。

#### 3．确保仓储管理数据的准确性

验收过程是仓库管理系统（WMS）更新库存数据的基础。通过核对和登记，仓库能够准确记录货物的详细信息，如品名、规格、数量等。准确的库存数据对于后续的库存管理至关重要，可以减少因数据错误导致的库存混乱，并为库存盘点、补货等提供准确依据。

#### 4. 保证货物安全与包装完好

在验收环节对货物的包装进行检查，确保货物在运输和存储过程中完好无损。特别是对易碎品、危险品、温控货物等特殊货物，验收能够确认其包装是否符合相关安全标准，确保货物不会因包装问题在储存或运输过程中受到损害，保障货物的安全性。

### （三）验收的基本要求

货物验收的基本要求包括准确核对货物数量与运输单据或订单的一致性，检查货物质量是否符合规定标准，确保包装完好并能保障货物在运输和储存中的安全。工作人员还需核对相关单据的准确性，确保所有文档完整，并检查特殊货物是否符合温控、湿度等特殊存储条件的要求。此外，验收过程中还应及时反馈不合格的货物情况并与供应商或运输方沟通处理，以确保货物符合合同、法规和合规要求，保证仓储管理的准确性和安全性。

### （四）验收的流程

#### 1. 接货与卸货

（1）接货准备。在货物到达仓库前，仓库管理人员需提前准备接货。包括确认运输工具（如卡车、集装箱等）到达的时间、地点，并提前准备好卸货所需的设备（如叉车、堆垛机、手推车等）。

（2）卸货过程。接货人员要在货物到达后，及时对货物进行卸货。此时需要与运输方核对运输单据（如运单、发货单等）上的货物信息，确保货物的基本信息（如品名、规格、数量）与运输单一致。卸货时，还应关注货物外观，确保货物没有明显的破损或损坏。

#### 2. 核对单据

（1）运输单据核对。首先核对运输单据（如发货单、运单）与实际到货情况是否匹配，包括货物的名称、规格、数量、批号等，确保与订单或入库计划中的信息一致。

（2）核对入库单。根据采购订单或入库计划的内容，核对入库单上的详细信息，确认货物的品类、数量、型号等信息与实际货物一致。

#### 3. 数量验收

（1）数量核对。根据运输单据或订单，逐一核对货物的数量。核对方式包括点数、称重或扫描条形码等方式确认货物的数量。核对时，特别要注意检查不同种类的货物，防止出现漏算或错误。

（2）差异处理。若发现数量不符，需记录并及时反馈给相关部门（如采购、供应商、运输公司）处理。根据合同约定，可能需要进行换货、补货或退货处理。

#### 4. 质量验收

（1）外观检查。货物的外观检查非常重要，特别是对于易碎品、高价值货物或季节性货物。检查货物是否有损坏、破裂、渗漏等情况，确保货物完好无损。

（2）质量检查。对于需要进行质量检验的商品，仓库需要根据具体标准对其进行必要的质量检测。例如，化学品需要检查其成分，电器产品需要测试其功能和性能。对于合格的货物，需做记录并签署合格证明。

（3）不合格货物处理。如果发现质量不合格的货物，应立刻记录问题并采取适当的措施，如与供应商协商退货或换货。确保不合格的货物不能进入仓库。

### 5．包装检查

（1）包装完整性。检查货物包装是否完好，特别是易碎品、贵重物品、危险品等，需要确保包装能够有效保护货物，防止运输或存储过程中发生损坏。

（2）适应性检查。对于有特殊存储要求的货物（如冷链产品、温控商品等），还需检查包装是否符合特定要求。确保包装能够应对不同的仓储和运输条件。

### 6．标识与标签检查

（1）标签检查。检查货物标签是否清晰、准确，并包含必要的信息，如品名、规格、生产批号、有效期、生产日期等。确保所有货物能够根据标签识别其来源、用途和存储条件。

（2）合规标签。对于某些特殊货物（如化学品、食品、药品等），还需要确认标签是否符合相关法规和标准。确保所有货物在进入仓库之前符合要求，避免法律风险。

### 7．验收的方式

（1）全验。全验是一种对所有入库货物进行逐一检查和验收的方法，确保每一件货物的数量、质量、包装、标签等都符合要求。它通常适用于高价值商品、易损易腐商品（如食品、药品、化学品）以及需要特殊存储条件的货物（如危险品、温控商品等）。全验能够确保没有任何遗漏地阻止不合格的货物进入仓库，但其缺点是耗时长、成本高，尤其在货物数量庞大时，可能会导致仓库操作效率下降。

（2）抽验。抽验是对部分货物进行随机抽取并进行验收的方式，通常适用于大宗商品或低价值商品。通过抽样的方式，可以在短时间内检查一部分样品，推测整个批次的质量和数量，减少了验收所需的时间和人力成本。抽验适用于货物种类单一、批量较大的情况，但其准确性较低，存在一定的风险，特别是当样本不具备代表性时，可能会错过部分不合格的货物。

### 8．签收单据

签收单据是货物交付过程中的重要凭证，用于确认收货人已收到货物并对其进行验收。单据通常包括收货人和发货人的信息、货物的名称、规格、数量等详细内容，以及运输方式、承运人信息和到货时间等。验收员和送货人通过签字或盖章明确双方的责任，并记录是否验收合格或存在损坏、缺货等问题。

## （五）货物验收中发现问题的处理

### 1．数量不符

若实际收到的货物数量与运输单据或订单不符，首先应记录差异，并核对运输单据、入库单等文件。然后与供应商或运输方沟通确认差异原因。例如，在验收过程中，发现到货的电缆线数量比运输单上少了100m。仓库人员应首先与供应商核实，发现是供应商在发货时漏发了一部分。仓库工作人员随后要求供应商尽快补发缺少的电缆，并对差异部分做出记录。

### 2．质量不合格

如果货物在质量检查中不符合要求（如破损、污损、过期等），需要及时记录问题并联系供应商。例如仓库验收时发现收到的冰箱有外壳凹陷,仓库工作人员拍摄了损坏部位的照片并与供应商联系,要求换货或退货。供应商同意安排换货,并补偿运输过程中造成的损失。

### 3. 包装损坏

如果货物的外包装有损坏,首先要检查包装是否导致货物损坏,如果包装未能有效保护货物,需要与供应商沟通,要求供应商重新包装并确保今后包装符合标准。例如在验收过程中,发现一批手机的外包装盒有破损。拆开后,手机并没有损坏,但包装盒损坏可能影响产品的销售。仓库记录包装问题,并通知供应商改进包装标准,以确保未来运输中不再出现类似问题。

### 4. 单据不齐或与实物不符

如发生货物与订单、入库通知单或采购合同信息不相符的问题,尽管运输单据上已标明本库为收货人,仓库原则上也应拒收,或者同有关业务部门沟通后,将货物置于待处理区域,并做相应的标记;凡必要证件不齐全的,也应将货物置于待处理区域,并做相应的标记,待证件到齐后再进行验收。

## 项目三 库房温湿度控制

### 一、温度与湿度

#### (一)温度

##### 1. 温度的概念

空气温度指的是空气中测量的温度,这个温度值通常用来描述环境的热度或冷度。例如,天气预报中提到的温度就是空气温度。

仓库温度则指的是仓库内部的温度。这个温度对仓库里的货物储存和保存非常重要。大气中的热量以传导、对流和辐射形式通过库顶、墙壁和门窗的启闭,影响着库内温度。

##### 2. 温度的表示方法

(1)摄氏温度(℃)。以水的冰点为 0℃,水的沸点为 100℃,中间分为 100 等份,每一等份代表 1℃。这种表示方法是目前世界上使用最为广泛的温度表示方法之一。

(2)华氏温度(℉)。把一定浓度的盐水凝固时的温度定为 0 ℉,纯水的冰点温度定为 32 ℉,标准大气压下水的沸点温度定为 212 ℉,中间分为 180 等份,每一等份代表 1 ℉。华氏温度主要在美国及其附属领土等少数国家和地区使用。如美国的天气预报、烤箱温度设定等常采用华氏温度。

以下为摄氏温度与华氏温度的换算公式:

从摄氏温度转换到华氏温度:

$$℉=℃\times 1.8+32$$

从华氏温度转换到摄氏温度：

$$℃=(℉-32)×(5/9)$$

### （二）湿度

#### 1. 湿度的概念

（1）空气湿度。空气湿度通常指的是在某个地点（例如室内或户外）的空气中水蒸气的含量。

（2）仓库湿度。仓库湿度指的是仓库内部空气中的湿度。这对于储存某些货物（如食品、药品、化学品等）至关重要，因为不同的货物在不同的湿度条件下可能会发生变化或损坏。仓库湿度通常需要进行控制和监测，以确保储存条件符合规定要求，保障货物的质量和安全。

#### 2. 湿度的表示方法

（1）绝对湿度。绝对湿度是指一定温度下，单位体积空气中所能容纳的水汽的实际含量，通常以 $1m^3$ 空气内所含有的水蒸气的克数来表示。温度对绝对湿度有直接影响，在通常情况下，温度越高，水分蒸发越快，绝对湿度越大，反之，温度越低，绝对湿度越低。

（2）饱和湿度。饱和湿度是指在某一温度下，单位体积空气中所能容纳的水汽量的最大限度。如果超过这个限度，多余的水蒸气就会凝结，变成水滴。饱和湿度随温度的变化而变化，温度越高，单位体积空气中能容纳的水蒸气量就越多，饱和湿度也就越大，反之，温度越低，饱和湿度也就越小。

（3）相对湿度。相对湿度是指在一定温度下，空气的绝对湿度与饱和湿度的百分比。其公式为

$$相对湿度=(绝对湿度/饱和湿度)×100\%$$

## 二、温湿度变化规律

### （一）温度变化规律

大气热量主要来源于太阳辐射，由于地球的自转和公转，对于同一地区太阳照射的高度角随昼夜和季节不同而变化，使气温有日变化和年变化的规律性。一年中，北半球气温通常大陆上 7 月最高，1 月最低；海洋上 8 月最高，2 月最低。在一天之中，日出前气温最低，日出以后气温逐渐上升，到下午两三点时，气温达到最高值，随着太阳西移，气温逐渐降低，直至次日日出前，温度又降至最低。

仓库温度一般随大气温度的变化而变化，在总体上表现出"滞后性"和"复杂性"。一般而言，夜间仓库温度高于气温，白天仓库温度低于气温，仓库温度变化比气温变化滞后一到两个小时。温度随着仓库的坐落方向、建筑条件、仓库部位和储存货物等情况的不同而有所差异。越接近仓库顶部温度越高，越接近地面温度越低，向阳面的仓库温度高于背阴面的仓库温度，靠近门窗等通风部位的仓库温度变化要大于其他部位。

### （二）湿度变化规律

空气湿度与空气温度有关，空气湿度变化是随着空气温度的变化而变化的。夏季空气相对湿度偏高，冬季和初春季节的空气相对湿度偏低。空气相对湿度的日变化与空气温度的日

变化相反。通常情况下，在一天当中，气温最低时，相对湿度最高；气温最高时，相对湿度最低。

仓库内湿度的变化和温度一样，一般也是随仓库外湿度的变化而变化，但是密封条件较好的仓库受到的影响就较小，仓库内湿度的变化较仓库外小。仓库的上部因气温较高，所以相对湿度较低，底部因接近地面，温度较低，相对湿度较高。仓库向阳部位温度较高，相对湿度较低，反之，相对湿度较高。仓库的四角、下方由于空气淤积不易流通，相对湿度就较高。

### 三、温湿度的控制与调节

大多数货物含有水分，因此对温湿度的适应范围有限，如果长期超过或低于这个限度，货物质量就会发生变化。

为了创造适宜货物储存的环境，应采取各种措施来控制仓库内温湿度的变化，对不适宜的温湿度及时进行调节，并防止仓库外气候对仓库内的不利影响。控制和调节仓库温湿度的方法很多，最常用的方法有密封、通风、吸潮等。

#### （一）密封

密封是指将货物严密封闭，减少外界因素对货物的不良影响，切断不良因素产生途径，以达到安全储存的目的。仓库密封可以采取整库密封、库内小室密封、货垛密封、货位密封、按件密封等方法。密封措施应用得当，可以有效实现防潮、防霉、防溶化、防热、防冻、防干裂、防虫、防锈等。

#### （二）通风

通风就是根据空气自然流动的规律，使仓库内外的空气进行交换，以达到调节仓库内温湿度的目的。利用通风来降低仓库内相对湿度时，必须以绝对湿度为依据来对比仓库内外情况。当仓库外绝对湿度低于仓库内时，才能进行通风。否则，不但不能降低仓库内的相对湿度，反而会增加仓库内相对湿度。

通风分为自然通风和机械通风。自然通风通过开门窗和通风口，让空气自然交换，能降温、增湿或排除污浊空气。仓库内温度高时，可在清晨或夜晚通风；仓库内湿度高时，可以选择在上午通风，但需确保外界湿度低于仓库内湿度。机械通风利用鼓风机或电扇加速空气交换以达到降温和散潮的目的。自然通风和机械通风可结合使用，以提高效率。

#### （三）吸潮

吸潮是指在梅雨季节或在仓库内外湿度较大，不宜进行通风防潮时，可在密封库内利用机械或吸潮剂降低仓库内湿度的方法。常用的吸潮剂有生石灰、氯化钙、氯化锂、硅胶、木灰、炉灰等。生石灰、氯化钙，吸湿性较强，价格便宜，使用时用木箱盛装，放于库房墙根四周；对一些怕潮货物，还要将生石灰放在堆垛旁边。

去湿机是机械排潮的主要机械，适用于空气水分含量过高、仓库湿度过大条件下的排潮，其速度快、效果好。它对库房不仅有排湿效果，同时有降低仓库温度的作用。

## 项目四 货物养护

### 一、货物养护概述

#### （一）货物养护的基本含义

货物养护是指在储存和运输过程中对货物所进行的保养和质量维护。从广义上来说，货物从离开生产领域而未进入消费领域之前这段时间的保养与维护工作，都被称为货物养护。

货物养护的基本任务是面向库存货物，根据库存数量、发生质量变化速度、危害程度、季节变化，按轻重缓急分别研究制定相应的技术措施，使货物质量不变，因此，货物储运是货物养护的物质前提，货物养护是货物储运的必要条件。

#### （二）货物养护的目的

货物养护的主要目的是确保货物的质量，并有效保护其使用价值。随着我国物流业的迅速发展，仓库中储存的货物数量日益增多，且品种逐渐多样化。与此同时，科学技术的飞速进步和科技水平的提升带来了许多新产品和新材料，这对货物养护提出了更高的要求。为了适应这些变化，必须不断学习和了解各种新产品和新材料的特性，同时采取先进的养护技术和方法。这不仅有助于提高货物养护的科学性，还能确保货物在储存过程中保持最佳状态，从而确保其安全和效用。因此，推动货物养护工作的科学化进程，对保持物流系统的高效运行至关重要。

### 二、货物养护基本措施及原则

货物在储运过程中可能发生的损耗和质量劣变现象是多种多样的。在货物的养护和管理工作中，必须贯彻"预防为主"的养护方针，对储运过程中的货物进行积极养护，采取有效的管理措施，把可能影响货物质量的外界因素，尽可能地排除或控制在影响最小的程度。对已经出现质量劣变的货物，要尽早发现，及时采取补救措施。

#### （一）货物养护基本措施

**1. 防腐霉**

货物出现腐霉现象主要是由于储存环境潮湿、温度控制不当、通风不足、光照缺乏、原材料质量问题、不当包装以及不良的储存管理。高湿度和不适宜的储存条件促进了霉菌的生长，从而导致货物的腐败和霉变。通过改善这些管理和环境因素，可以有效预防和减少腐霉现象的发生。

（1）低温防腐霉。微生物的生长繁殖有一定的温度范围，超过这个范围其生长会停止或死亡。霉腐微生物大多是中温性微生物，其最适宜的生长温度为 20～30℃，在 10℃以下不易生长，在 45℃以上停止生长。低温对霉腐微生物生命活动有抑制作用，能使其休眠或死亡。由于食品的种类、特性和储藏期限不同，采用的储藏温度也不一样。按储藏温度的不同，食品低温储藏可分为冷却储藏和冷冻储藏两种。

① 冷却储藏。由于引起食品变质的嗜温性微生物处于10℃以下的低温就难以繁殖，因此，冷却储藏的温度为0～10℃。冷却储藏的食品一般不发生结冰，能较好地保持食品的风味品质。冷却储藏适宜储存不耐结冰的货物，如含水量高的生鲜食品，但此法储存不宜过长，这是因为食品中酶的活性及鲜活食品的生理活动并未停止，嗜冷性微生物仍能繁殖。

原产自热带、亚热带的水果和蔬菜，由于其生理特性适应较高的温度环境，在10℃以下储藏会因正常生理活动受到干扰招致"冷害"。我们要避免仓库温度下降过低导致"冷害"的发生。

采取冷却储藏的食品主要有水果、蔬菜、鲜蛋、鲜肉、鲜鱼、鲜奶、奶制品、啤酒等。

② 冷冻储藏。冷冻法是使储存温度控制在-18℃的低温防霉腐方法。冷冻储藏法主要分为以下几种方法：

a. 急速冷冻（快速冷冻）：通过迅速降低货物的温度来减少冰晶的形成，以保持食品的质地和营养成分。这种方法通常用于食品和药品的冷冻。

b. 静态冷冻：在较低的冷冻温度下，货物在冷冻室中静置一段时间，以达到冷冻目的。此方法一般适用于冷冻量较小或冷冻设备的冷冻能力有限的情况。

c. 流态冷冻：通过将货物置于流动的冷空气中进行冷冻，这种方法常用于大规模冷冻生产，能够确保冷冻效果均匀。

d. 液氮冷冻：利用液氮的极低温度（通常为-196℃）进行冷冻，这种方法可以非常快速地冻结货物，广泛应用于高端食品和生物样品的保存。

e. 冰盐冷冻：利用冰和盐的混合物来降低温度，虽然在现代冷冻技术中使用较少，但在一些传统冷冻方法和小规模冷冻中仍会见到。

f. 真空冷冻（冻干）：通过低温将水分从货物中升华去除，从而实现干燥。这种方法保留了货物的原始营养和风味，适用于食品、药品和生物样品。

（2）药剂防腐霉。药剂防腐霉是利用化学药剂，使霉腐微生物的细胞和新陈代谢活动受到破坏或抑制，进而达到杀菌或抑菌、防止货物霉腐的目的。低浓度的防霉剂能抑制霉腐微生物生长，高浓度的防霉剂会使其死亡。选择防腐霉药剂时，应考虑使用低毒、高效、无副作用、价廉的药剂，同时还要考虑相关药剂对人体健康有无影响、对环境有无污染等因素。常用的防霉腐药剂有多菌灵、水杨酰苯胺、多聚甲醛、环氧乙烷、灭菌丹、五氯酚钠、氟化钠、洁而灭等，其中多聚甲醛、环氧乙烷是一般日用工业品较理想的防霉腐药剂。

（3）干燥防腐霉。干燥防腐霉是利用干燥或脱水措施降低货物的含水量，使其水分含量在安全储运水分水平之下，抑制霉腐微生物的生理活动，以达到防腐目的的一种储藏方法，常用于粮食及各种食品的储藏。多数霉菌生长的最低相对湿度为80%～90%。在相对湿度低于75%的条件下，多数霉菌不能正常发育。因而，通常把75%这个相对湿度称为货物霉变的临界湿度。按脱水手段不同，又分为自然干燥法和人工干燥法。

① 自然干燥法。自然干燥法利用自然环境中的条件对货物进行干燥，如空气流动和阳光照射。这种方法通常无须复杂设备或额外能源，适合小规模干燥和低成本应用。自然干燥的优点在于成本低和环保，但存在以下缺陷：干燥过程中温度上升慢，水分蒸发速度慢，干燥时间长；受日光的照射和空气中氧的影响，货物颜色变暗，损失营养成分；有些食品在干燥过程中

伴有一定程度的腐败变质；食品容易被灰尘、杂质、昆虫、微生物等污染。为了保证干燥食品的质量，应选择清洁卫生的晒场及用具。

② 人工干燥法。人工干燥法通过专门的设备和控制系统提供热量或加快空气流动，加快干燥过程。此方法能在短时间内实现均匀干燥，适用于工业生产中的高效需求。尽管人工干燥提供了较高的干燥速度和控制性，但其成本较高，需要定期维护和能源消耗。

### 2. 防腐蚀

金属材料及其制品的电化学腐蚀，除金属本身的电位高低、成分结构的不均性外，主要决定于金属表面电解液膜的存在。因此，防止金属货物腐蚀的方法，都是围绕如何避免这层电解液膜的形成进行的。常见的防腐蚀方法包括涂覆防腐蚀涂层，如油漆、锌层或其他防腐材料，这些涂层可以隔绝空气和水分，从而减少腐蚀的发生。使用防腐蚀材料或合金（如不锈钢、铝合金）也是一种有效的方法。控制储存环境的湿度，使用除湿机或加湿器调节湿度，能够降低腐蚀的风险。此外，定期检查和维护货物，在发现早期腐蚀迹象时及时处理，可以有效延长货物的使用寿命。

### 3. 防老化

诸如塑料、橡胶、纤维等高分子材料的货物，在储存和使用中其性能逐渐被破坏，直至最后丧失使用价值，这种现象被称为"老化"。老化是一种不可逆的变化，它的特征是货物外观、物理性能、力学性能、电性能等方面发生变化。高分子材料货物的老化原因分为内因和外因，所以防老化应从这两方面着手：一方面从引起货物老化的内因着手，在生产中采用改进聚合和成型加工工艺或改性的方法，提高货物本身的稳定性；另一方面采取切实措施，防止外界各种不利因素对高分子材料的直接作用，以减缓其老化速度，延长货物的储存期限与使用寿命。

### 4. 防害虫

货物储存过程中的害虫防治工作必须遵循"以防为主、防治结合"的基本方针，对于货物储存过程中的害虫防治工作，要立足预防，采取严格货物入库和在库检查，以杜绝虫源，同时保持仓库内和仓库周围的清洁卫生，认真消毒，在易遭虫蛀货物的包装或货垛内投放驱虫剂，以防害虫的滋生。可以安装防虫设施，如防虫网、密封门窗，能有效阻止害虫进入货物储存区域。此外，合理储存易受害虫侵害的货物，如使用密封袋或容器，也能有效防止害虫的接触和入侵。

## （二）货物养护原则

（1）质量第一原则。质量第一原则强调在货物养护过程中，始终将货物的质量放在首位。这意味着所有的养护措施和决策都应以保证货物的原始质量和功能为目标。质量第一原则要求严格控制货物储存环境的各项条件，如温度、湿度和光照，以避免对货物造成任何可能的损害。此外，还需使用适当的包装材料和防护措施，以减少运输和储存过程中可能对货物造成的影响。这一原则确保货物在整个储存和运输过程中始终保持最佳状态，满足质量标准和用户要求。

（2）科学合理原则。科学合理原则要求在货物养护过程中应用科学的方法和合理的措施，以确保养护工作的有效性和效率。这包括根据货物的具体特性选择适当的养护技术和方法，如防腐霉、防腐蚀、防老化、防害虫等。科学合理原则还涉及对货物养护过程中的各种数据进行分析和优化，例如监控储存环境的温湿度，并根据实际情况调整控制措施。此外，定期评估养护策略和技术，以保证其适应性和科学性，是实现科学合理原则的关键。

（3）效率原则。效率原则强调在货物养护过程中应追求高效，尽可能节约时间和资源，同时保证养护质量。这意味着在进行货物养护时，要采取高效的操作方法，避免不必要的浪费。例如，使用先进的设备和技术可以提高养护工作的效率和精确度。此外，合理安排养护工作流程，避免重复和低效的操作，也是提高效率的重要方面。效率原则旨在通过优化资源使用和提高操作效率，实现养护工作的最佳效果和最低成本。

（4）预防为主原则。预防为主原则强调在货物养护过程中，应优先采取预防措施，以避免潜在问题的发生。这意味着在制订货物养护计划时，应重点关注预防措施，如定期检查和维护储存环境，防止潮湿、温度波动或害虫等因素对货物造成影响。此外，使用防护材料和技术，提前识别和处理潜在的风险因素，是预防为主原则的核心。通过主动采取预防措施，可以有效降低货物损坏的可能性，降低养护成本，提高货物的安全性和稳定性。

### 职业素养

首先，习近平总书记在党的二十大报告中强调，坚持创新在我国现代化建设全局中的核心地位，并对加快实施创新驱动发展战略进行部署。这对于仓储物流行业来说意义重大。从业人员应当积极探索应用新技术、新材料和新模式，提高货物储存与养护的智能化水平，减少人为失误和损耗，提升整体运营效率。其次，响应国家绿色发展的号召，强化环保意识。当前，国家高度重视生态文明建设，提出"绿水青山就是金山银山"的理念。因此，从业人员需加强对节能减排、绿色包装等技术的学习与实践，努力降低仓储过程中的碳排放量，共同守护蓝天碧水。再次，注重安全管理和法律规范的执行。随着《中华人民共和国安全生产法》等相关法律法规的不断完善，从业人员应当树立强烈的安全意识，严格遵守操作规程，防范各类安全事故发生，保障人民群众生命财产安全。最后，培养国际视野，加强国际合作交流。在全球化趋势日益明显的大环境下，从业人员应积极学习借鉴国际先进的仓储物流经验和管理模式，不断提升自身业务能力和综合素质，为我国物流行业走向世界贡献力量。

## 模块练习

### 一、选择题

1. 为了实现货物的常年供应而在淡季储存旺季消费货物的储存类型是（　　）。
   A. 周转性储存　　　B. 季节性储存　　　C. 储备性储存　　　D. 临时性储存
2. 在货物储存过程中，为了保证货物质量，（　　）原则是必须遵循的。
   A. 减少货物损耗，确保货物安全　　　　B. 简化手续，出入库方便

C. 贯彻节约，降低储存费用　　　　　D. 确保生产稳定和市场供应
3. 在货物储存管理中，（　　）有助于提高储存空间的利用率和工作效率。
　　　A. 分类　　　　　B. 定位保管　　　C. 分区　　　　　D. 标记
4. 下列关于全验和抽验的描述，正确的是（　　）。
　　　A. 全验适用于低价值商品，抽验适用于高价值商品
　　　B. 全验能够确保每一件货物都符合要求，但成本较高，适用于易损易腐商品
　　　C. 抽验适用于需要特殊存储条件的货物，且具有较高的准确性
　　　D. 抽验能够确保每一件货物的质量符合要求，但其缺点是操作效率较低
5. 下列关于货物入库验收的描述，正确的是（　　）。
　　　A. 入库验收主要是检查货物的包装是否符合安全标准
　　　B. 验收过程可以避免由于质量不合格或数量不符引发的纠纷
　　　C. 货物入库验收的主要目的是确保库存管理系统（WMS）更新数据
　　　D. 验收主要检查货物的运输情况，并不关注数量和质量问题
6. 描述仓库内部温度的正确概念是（　　）。
　　　A. 空气温度　　　B. 摄氏温度　　　C. 华氏温度　　　D. 仓库温度
7. 货物养护的主要目的是（　　）。
　　　A. 增加货物的数量
　　　B. 确保货物的质量并有效保护其使用价值
　　　C. 提高货物的生产速度
　　　D. 降低货物的生产成本

## 二、判断题

1. 储备性储存主要是为了应对季节性需求的波动而进行的物资储备。　　　　　（　　）
2. 在货物储存中，遵循"先进先出"原则有助于保证货物质量。　　　　　　　（　　）
3. 在货物储存管理中，将有毒品与食品混合存放是允许的，只要有适当的保管措施。
　　　　　　　　　　　　　　　　　　　　　　　　　　　　　　　　　　　（　　）
4. 全验方法适用于低价值商品或商品种类较多的情况。　　　　　　　　　　（　　）
5. 入库验收的主要目的是避免损失和纠纷。　　　　　　　　　　　　　　　（　　）
6. 华氏温度是基于水的冰点（32 ℉）和体温（约 98.6 ℉）的温度刻度，主要在美国及其附属领土中使用。　　　　　　　　　　　　　　　　　　　　　　　　　（　　）
7. 货物养护是货物储运的必要条件，而货物储运是货物养护的物质前提。　　（　　）

## 三、简答题

1. 货物储存的概念是什么？
2. 货物有哪几种储存种类？
3. 请简述全验和抽验的优缺点，以及它们适用的场景。
4. 请简述货物入库验收的四个主要意义。
5. 货物养护的原则是什么？

### 四、案例分析题

某大型超市集团在全国各地设有多个仓储中心,其中一个位于南方沿海城市的仓储中心主要负责储存各类食品、日用品等。近期,该仓储中心频繁出现商品受损的情况,具体表现为部分食品发霉、包装破损、超过保质期等问题,导致大量货物无法正常上架销售,给集团带来了不小的经济损失。

经过初步调查发现,该仓储中心存在以下几个方面的问题:

1. 温湿度控制不当:由于南方气候潮湿多雨,仓库内未采取有效措施控制温湿度,导致一些对环境敏感的货物(如饼干、薯片等)容易受潮发霉。

2. 堆码方式不合理:仓库内的货物堆放较为混乱,部分重物直接压在易碎品之上,造成包装损坏甚至内容物破损。

3. 库存管理不善:未能及时更新库存信息,导致部分商品长时间滞留仓库,超过保质期仍未出库。

**问题:**

请根据上述情况,从货物储存与养护的角度出发,为该仓储中心提出至少三点改进措施,并简要说明每项措施的实施意义及预期效果。

# 模块七

# 危险货物

**知识目标**：理解危险货物的分类及特性；掌握危险货物的包装与标志；理解危险货物的隔离方法；掌握危险货物运输的基本要求；掌握危险货物储存的基本要求。

**能力目标**：能够运用危险货物特性进行分类；能够区分不同危险货物的包装标志；能够运用所学知识进行危险货物的隔离；能够运用危险货物运输的基本要求进行运输。

**素质目标**：树立安全意识，维护社会的安全与稳定；树立环保意识，树立社会责任感。

**学习重点**：危险货物的特性。

**学习难点**：危险货物的运输。

## 案例导入

### 液氯储罐公路运输泄漏事故

2024年9月，某省国道发生危化品罐车侧翻事故。经查发现事故原因有以下几点。

**1. 货物属性**

运输货物为液氯（UN 1017，第2、3类有毒气体），罐体检验超期2年。

**2. 违规操作**

承运公司为节省成本，违规操作。第一，普通货车经改装后运输危化品，且未配备紧急切断阀；第二，未悬挂"有毒气体"菱形标志（第2、3类）和腐蚀性副标志（液氯遇水生成盐酸）；第三，驾驶员无危险品运输资质。

**3. 事故链触发**

第一，雨天路滑，但驾驶员仍超速行驶，造成车辆侧翻撞击护栏，直接结果就是罐体阀门破裂，液氯泄漏；第二，泄漏液氯遇雨水后，反应生成盐酸雾扩散；第三，相关人员未携带碱性中和剂，延误了应急处置时间。

该事故造成的后果是：3名救援人员中毒，5公里内农作物腐蚀绝收，水源污染影响10万居民供水，经济损失高达1.2亿元。

**思考**：液氯的哪些危险特性（至少两项）在事故中被环境因素（雨水）放大？哪些人为违规操作导致泄漏事件从事故升级为公共环境灾难？

**分析**：液氯的剧毒和腐蚀特性因雨水因素触发次生灾害，而车辆违规改装、标志缺失和无资质运输的系统性失职则切断了防控链条。发生此次公共环境灾难的根本症结在于承运公司缺乏对特定货物的特性认知与运输规范，最终瓦解了安全环保责任底线。

# 项目一 认知危险货物

## 一、危险货物的概念

在货物运输中,凡具有燃烧、爆炸、腐蚀、毒害以及放射性的性质,在运输、装卸和储存保管过程中容易造成人身伤亡和财产损毁而需要特别防护的货物,均属危险货物。危险货物具有特殊的物理、化学性能,运输过程中如防护不当,极易发生事故,并且事故所造成的后果会非常严重。

## 二、危险货物的分类及特性

危险货物分类是危险货物安全管理的基础,也是开展危险货物固有危险性评估和专项安全评价不可缺少的内容之一。掌握危险货物分类、标志的相关知识,将有助于安全评价工作的开展。国家标准《危险货物分类和品名编号》(GB6944—2012)将危险货物分为9类,具体内容见表7-1。

危险货物分类

表7-1 危险货物分类表

| 序号 | 类别 |
| --- | --- |
| 第一类 | 爆炸品 |
| 第二类 | 气体 |
| 第三类 | 易燃液体 |
| 第四类 | 易燃固体、易于自燃的物质、遇水放出易燃气体的物质 |
| 第五类 | 氧化性物质和有机过氧化物 |
| 第六类 | 毒性物质和感染性物质 |
| 第七类 | 放射性物质 |
| 第八类 | 腐蚀性物质 |
| 第九类 | 杂项危险物质和物品,包括危害环境物质 |

### (一)爆炸品

爆炸品指在外界作用下(如受热、受压、撞击等),能发生剧烈的化学反应,瞬时产生大量的气体和热量,使周围压力急骤上升,发生爆炸,对周围环境造成破坏的物品。爆炸品包括爆炸性物质、爆炸性物品以及为产生爆炸或烟火效果而制造的物质和物品;无整体爆炸危险,但具有燃烧、抛射及较小爆炸危险的物品;仅产生热、光、音响或烟雾等一种或几种作用的烟火物品,如火药、炸药、烟花爆竹等都属于爆炸品。

**1. 爆炸品的分类**

爆炸品按其危险性,又分为以下5类。

1)具有整体爆炸危险(即实际上同时影响全部货物的爆炸)的物质和物品。

2)具有喷射危险,但无整体爆炸危险的物质和物品。

3）具有燃烧危险和较小爆炸危险，或者两者兼有，但无整体爆炸危险的物质和物品。

4）无重大危险的物质和物品。

5）具有整体操作危险但极不敏感的物质。

### 2．爆炸品的危险特性

爆炸性是一切爆炸品的主要特性，这类物品都具有化学不稳定性，在一定外界因素的作用下，会发生猛烈的化学反应。爆炸品主要有以下特点。

1）化学反应速度极快。爆炸品一般以万分之一的时间完成化学反应，由于爆炸能量在极短时间释放，因此具有巨大的破坏力。

2）爆炸时产生大量的热量，这是爆炸品的主要能量来源。

3）产生大量气体，造成高压。爆炸品爆炸时形成的冲击波对周围建筑物有很大的破坏性。

4）对撞击、摩擦、温度等非常敏感，任何一种爆炸品的爆炸都需要外界供给它一定的能量——起爆能。某一爆炸品所需的最小起爆能，即为该爆炸品的敏感度。敏感度是确定爆炸品爆炸危险性的一个非常重要的标志，敏感度越高，爆炸危险性越大。

5）有的爆炸品有一定的毒性，如 TNT、硝酸甘油、雷汞等。

6）有些爆炸品会与某些化学品如酸、碱、盐发生化学反应，或与金属发生反应，反应的生成物是更容易爆炸的化学品，例如，苦味酸遇某些碳酸盐时会反应生成更易爆炸的苦味酸盐；苦味酸受铜、铁等金属撞击会立即发生爆炸。

由于爆炸品具有以上特性，因此，在储运过程中要避免摩擦、撞击、颠簸、振荡；严禁与氧化剂、酸、碱、盐类、金属粉末和钢材料器具等混储混运。

## （二）气体

气体包括永久性气体（指在环境温度下不能液化的气体）、液化气体（指在环境温度下经加压能成为液体的气体）、可溶气体及深度冷却的永久性气体（指在低温下加低压液化的气体）。

### 1．气体的分类

气体按其危险性可分为以下几类。

（1）易燃气体。这类气体自容器中溢出与空气混合，当其浓度达到极限爆炸时，如被点燃，便能引起爆炸及火灾。

（2）非易燃气体。这类气体中有的本身不能燃烧，但能助燃，一旦和易燃物品接触，极易引起火灾；有的非易燃气体有窒息性，若处理不当，会引起人畜窒息。

（3）有毒气体。这类气体的毒性很强，若吸入人体内，能引起中毒。有些有毒气体还有易燃、腐蚀、氧化等特性。

### 2．气体的危险特性

气体的危险特性主要表现在以下两个方面。

（1）易燃性和爆炸性。一些易燃气体容易燃烧，也易于和空气混合形成爆炸性混合气体。

（2）窒息性、麻醉性和毒性。此类气体若大量溢出，还会因冲淡空气中氧气的含量而影响人畜正常的呼吸，严重时人畜会因缺氧而窒息。

### (三)易燃液体

易燃液体包括在闭杯试验61℃(相当于开杯试验65.6℃)以下时放出易燃蒸气的液体或液体混合物,或含有处于溶液中呈悬浮状态固体的液体(如油漆、清漆等)。

易燃液体易燃的程度常用"闪点"(℃)来表示。闪点愈低,则表示该液体愈容易燃烧。易燃液体的闪点是在专门的闪点测定仪中测定的,当装有液体试样的容器上方与一定直径和长度的火焰(火苗)接触时,液体挥发的蒸气初次发生蓝色闪火时的液体温度称为该易燃液体的闪点。若盛装液体的容器上方为活动闭盖时,测得的闪点为闭杯闪点;当容器上方为敞开无盖时,测得的闪点为开杯闪点。易燃液体的闪点与液体的沸点有关,沸点愈低,闪点也愈低,就愈容易燃烧。

#### 1. 易燃液体的分类

易燃液体按其闪点的大小分为以下3种类型。

1)闭杯闪点低于 −18℃的低闪点类液体。

2)闭杯闪点为 −18~23℃(不包括23℃)的中闪点类液体。

3)闭杯闪点为 23~61℃(包括61℃)的高闪点类液体。

#### 2. 易燃液体的危险特性

(1)挥发性和易燃性。易燃液体都是含有碳、氢等元素的有机化合物,具有较强的挥发性,在常温下极易挥发,形成较高的蒸气压。易燃液体及其挥发出来的蒸气,如遇明火,极易燃烧。易燃液体与强酸或氧化剂接触后,反应剧烈,能引起燃烧和爆炸。

(2)爆炸性。当易燃液体挥发出的蒸气与空气混合,达到爆炸极限时,遇明火会引起爆炸。易燃液体挥发的蒸气和空气混合后,当达到一定的比例时,遇明火会发生爆炸。易燃蒸气和空气混合的这一比例范围为该液体蒸气的"爆炸极限"。易燃蒸气在混合气体中的最小含量称为"爆炸下限",最大含量称为"爆炸上限"。蒸气的含量低于下限或高于上限都不会发生爆炸。这是因为蒸气含量过低,往往因过量空气的冷却作用和爆炸基因的配比失调不致遇明火引起爆炸;反之,蒸气含量过高,也因供氧不足而不能构成爆炸性混合气体。一般来说,易燃液体的爆炸下限愈低,爆炸上限和下限的范围愈大,愈容易发生爆炸。

(3)麻醉性和毒害性。易燃液体的蒸气大都有麻醉作用,如人长时间吸入乙醚蒸气,会被麻醉,失去知觉。深度麻醉或长时间麻醉可能导致死亡。

(4)易积聚静电性。易燃液体的绝缘性能通常很高,这意味着它们不容易导电。当这些液体在管道、容器或运输过程中流动时,摩擦会导致电荷分离,从而产生静电积聚。如果静电不能及时释放,可能会引发火花,进而引燃易燃液体,造成火灾或爆炸事故。

### (四)易燃固体、易于自燃的物质、遇水放出易燃气体的物质

易燃固体、易于自燃的物质、遇水放出易燃气体的物质是指除了划为爆炸品以外的,在运输情况下易于燃烧或者可能引起火灾的物质。本类危险货物又可分为以下3类。

#### 1. 易燃固体

易燃固体是指具有易被外部火源(如火星、火焰)点燃的固体和易于燃烧、助燃或通过摩擦引起燃烧的固体以及能自发反应的物质。这类物质包括浸湿的爆炸品。

易燃固体的危险特性包括：易燃固体燃点低，对热、摩擦、撞击及强氧化剂作用较为敏感，易于被外部火源点燃，且燃烧迅速。

### 2．易于自燃的物质

易于自燃的物质是指具有易于自行发热和燃烧的固体或液体。这类物质包括引火物质（与空气接触后，在 5min 内即可着火）和自然发热物质。

易于自燃的物质的危险特性：这类物质的自燃点低，受外界热源的影响或本身发生化学变化后热量积聚、温度升高，由此引起燃烧。

### 3．遇水放出易燃气体的物质

遇水放出易燃气体的物质是指遇水放出易燃气体的固体或液体，在某些情况下，这些气体易自燃。

遇水放出易燃气体的物质的危险特性包括：遇水后，这类物质会发生剧烈的反应，放出易燃气体并产生一定热量。当热量使该气体的温度达到燃点时或遇到明火时，会立即燃烧甚至发生爆炸。

## （五）氧化性物质和有机过氧化物

### 1．氧化性物质

氧化性物质（氧化剂）是一种化学性质比较活泼的、在无机化合物中含有高价态原子结构的物质，其本身未必燃烧，但因其放出氧气能引起或促使其他物质燃烧。

氧化性物质的危险特性包括：在一定的情况下，这类物质直接或间接放出氧气，增加与其接触的可燃物发生火灾的危险性和剧烈性。氧化性物质与可燃物质，诸如糖、面粉、食用油、矿物油等混合后易于点燃，有时甚至因摩擦或碰撞而着火，混合物会剧烈燃烧并导致爆炸。多数氧化性物质和液体酸类会发生剧烈反应，散发有毒气体。有些氧化性物质具有毒性或腐蚀性，或被确定为海洋污染物。

### 2．有机过氧化物

有机过氧化物是指其物质分子结构极不稳定、易于分解的物质。

有机过氧化物的危险特性包括：这类物质具有强氧化性，遇到摩擦、碰撞或发热情况会变得极为不稳定，易于自行分解，并释放出易燃气体。受外界作用或反应时，会释放大量热量，迅速燃烧，燃烧过程中又产生更高的热量，形成爆炸性反应或分解。有机过氧化物还具有腐蚀性和一定的毒性（或能分解释放出有毒气体），会对人造成危害。

## （六）毒性物质和感染性物质

### 1．毒性物质

毒性是指一种物质引起机体损伤的能力，它与毒害物质进入机体的数量（剂量）、方式（吸入，经口摄入，皮肤接触等）、时间分布（一次剂量或多次剂量）等有关。毒性物质指少量侵入人体即能引起人体中毒或致病的物质。这类物质少量误服、吸入或皮肤接触后，能与体液和组织发生生物化学作用或生物物理变化，扰乱或破坏肌体正常生理功能，引起人体暂时性或持续性的病理状态，甚至危及生命。

毒性物质的危险特性：几乎所有的有毒物质遇火或受热分解时，都会散发出毒性气体；有些有毒物质还具有易燃性；很多本类物质被认为是海洋污染物。

铁路运输的毒性物质一般是含汞、铅、砷、硒及氯、硫、硅、氰基、硝基、氨基的化合物。为了正确地表述物质的毒性，即在量的概念上具备同一性和等效性，目前表示物质毒性的指标有以下几种：

1) 最大耐受剂量（浓度）LD0，指在某实验总体的一组受试动物中，不引起死亡的最大剂量（浓度）；

2) 致死剂量（浓度）LD，指可引起受试动物死亡的剂量（浓度）；

3) 最小致死剂量（浓度）MLD，指在某实验总体的一组受试动物中，仅引起个别动物死亡的剂量（浓度），而当剂量低一档时就不再引起动物死亡；

4) 半数致死剂量（浓度）LD50，指在某实验总体的受试动物中，引起半数死亡的剂量（浓度）；

5) 绝对致死量（浓度）LD100，指在某实验总体中引起一组受试动物全部死亡的最小剂量（浓度）；

6) 阈浓度，指引起机体发生某些反应的最小浓度；

7) 无反应浓度，指不引起机体发生所观察的反应的最大浓度，比它高一档的为阈浓度。

毒性物质对人体的危害大多为急性。考虑到在动物实验中，致死剂量（浓度）与动物死亡率的关系，以50%死亡时毒性物质剂量的变化将引起受试动物死亡率急剧变化，故多用半数致死量LD50来表示毒性物质的毒性（单位为mg/kg），蒸气、粉尘、烟雾用$L/m^3$或mg/L表示。

### 2．感染性物质

感染性物质指含有会使人或动物致病的活性微生物的物质，能引起病态，甚至致人、畜死亡的物质。感染性物质的危险特性包括：对人体或动物都有危害性的影响。

## （七）放射性物质

放射性物质指自发地放射出大量放射线，放射性活度（单位为kBp/kg）大于70kBp/kg的物质。放射性活度指单位时间内放射性核素核衰变数之和，即表示核素释放射线能力的大小，其国际单位为贝可（Bq），专用单位为居里（Ci），1Bq表示每秒钟内核衰变次数为1。单位重量（kg）的放射性物质活度（Bq）称为物质的放射性比活度。

放射性物质放出的射线有α射线、β射线、γ射线及中子流4种。所有放射性物质都因其放射出对人体造成伤害的、看不见的射线而具有或大或小的危险性。

## （八）腐蚀性物质

腐蚀性物质指与完好皮肤组织接触不超过4小时，在14天的观察期中引起皮肤全厚度损毁，或在55℃时，对S235JR+CR型或类似型号钢或无覆盖层铝的表面均匀年腐蚀率超过6.25mm/年的物质。

腐蚀性物质包括在其原态时或多或少地具有能严重伤害生物组织，如从其包装中漏出也可损坏其他货物或运输工具的固体或液体。

腐蚀性物质的化学性质比较活泼，能与很多金属、有机物及动植物等发生化学反应，并使其遭到破坏。

腐蚀性物质的危险特性包括：具有很强的腐蚀性及刺激性，对人体有特别严重的伤害；对货物、金属、玻璃、陶器、容器、运输工具及其设备造成不同程度的腐蚀。腐蚀性物质中很多具有不同程度的毒性，有些能产生或挥发有毒气体而引起人畜中毒。

### （九）杂项危险物质和物品

杂项危险物质和物品系指危险货物第 1 类至第 8 类未包括的物质和物品。根据科学发展，目前只确定了具有危害环境、高温、非感染性有害微生物特性的物质均属此类。

杂项危险物质和物品具有多种危险特性，每一杂类危险物质和物品的特性都记录于有关该物质或物品的各个明细表中。

## 项目二　危险货物包装与标志

### 一、危险货物包装类别和运输包装要求

#### （一）危险货物包装类别

危险货物包装根据其内装货物的危险程度划分为以下 3 种。
（1）Ⅰ类包装。盛装具有较大危险性的货物，包装强度要求高。
（2）Ⅱ类包装。盛装具有中等危险性的货物，包装强度要求较高。
（3）Ⅲ类包装。盛装具有较小危险性的货物，包装强度要求一般。
有特殊要求的危险货物包装件按国家有关规定办理。

#### （二）危险货物运输包装要求

危险货物的运输包装和内包装应按《危险货物品名表》及《危险货物包装标志》的规定确定，同时还须符合下列要求。

1）包装材料材质、规格和包装结构应与所装危险货物的性质和重量相适应。包装材料不得与所装物质产生危险反应或削弱包装强度。

2）充装液态货物的包装容器内至少留有 5% 的余量。

3）液态危险货物要做到气密封口。对须装有通气孔的容器，其设计和安装应能防止货物流出和杂质、水分进入。其他危险货物的包装应做到严密不漏。

4）包装应坚固完好，能抵御运输、储存和装卸过程中正常的冲击、振动和挤压，并便于装卸和搬运。

5）包装的衬垫物不得因为与所装货物发生反应而降低安全性，应能防止内装物移动，并起到减振及吸收作用。

6）包装表面应保持清洁，不得黏附所装物质和其他有害物质。

7）包装不得重复使用（特殊包装规定的除外，如钢瓶等）。

### 二、危险货物包装标志

危险货物包装标志图形共 21 种，19 个名称，其图形分别标示了 9 类危险货物的主要特

性，见表 7-2。

### （一）爆炸品

此类标志用于受到高热摩擦、冲击或与其他物质接触后，即发生剧烈反应，产生大量气体和热量，而引起爆炸的货物。

### （二）易燃气体

此类标志用于本身易燃烧并因受冲击、受热而产生气体膨胀，有引起爆炸和燃烧危险的气体；用于因受冲击、受热而产生气体膨胀，有引起爆炸危险的压缩气体；用于因受冲击、受热而产生气体膨胀，有引起爆炸、中毒危险的气体。

### （三）易燃液体

此类标志用于燃烧点较低，即使不与明火接触，因受冲击、受热或与氧化剂接触时，也能引起急剧的、连续性的燃烧或爆炸的液体。

### （四）易燃固体

此类标志用于燃烧点较低，即使不与明火接触，经受冲击、受热或摩擦以及与氧化剂接触时，也能引起急剧的、连续性的燃烧或爆炸的物品；用于即使不与明火接触，在适当的温度下，也能发生氧化作用，放出热量，因积热达到自燃点而引起燃烧的货物；用于遇水受潮能分解，产生可燃或有毒气体放出热量，引起燃烧或爆炸的货物。

### （五）氧化剂

此类标志用于具有强烈的氧化性能，当遇酸、潮湿、高热环境或受摩擦、冲击或与易燃有机物和还原剂接触时，即能分解，引起燃烧或爆炸的货物；用于分子组成中含有过氧基的有机物。

### （六）有毒物品

此类标志用于具有较强毒性，以少量接触皮肤或侵入人体内，即能引起局部刺激、中毒，甚至能造成人畜死亡的货物；用于具有强烈毒害品，以极少量接触皮肤或侵入人体、畜体内，即能引起人畜中毒造成死亡的货物。

### （七）放射性物质

此类标志用在能自发地、不断地放出人眼看不见的 α、β、γ 等射线的货物。其包装标志按照射量的强度，由小到大分为一、二、三级。

### （八）腐蚀性物品

此类标志用于具有较强腐蚀性，接触人体或其他物品后，即产生腐蚀作用，出现破坏现象，甚至引起燃烧、爆炸，造成伤亡的货物。

表 7-2 危险货物包装标志表

| 标志号 | 标志名称 | 标志图形 | 对应的危险货物类项号 | 标志号 | 标志名称 | 标志图形 | 对应的危险货物类项号 |
|---|---|---|---|---|---|---|---|
| 标志 1 | 爆炸品 | （符号：黑色，底色：橙红色） | 1.1<br>1.2<br>1.3 | 标志 7 | 易燃液体 | （符号：黑色或白色，底色：正红色） | 3 |
| 标志 2 | 爆炸品 | （符号：黑色，底色：橙红色） | 1.4 | 标志 8 | 易燃固体 | （符号：黑色，底色：白色红条） | 4.1 |
| 标志 3 | 爆炸品 | （符号：黑色，底色：橙红色） | 1.5 | 标志 9 | 自燃物品 | （符号：黑色，底色：上白下红） | 4.2 |
| 标志 4 | 易燃气体 | （符号：黑色或白色，底色：正红色） | 2.1 | 标志 10 | 遇湿易燃物品 | （符号：黑色或白色，底色：蓝色） | 4.3 |
| 标志 5 | 不燃气体 | （符号：黑色或白色，底色：绿色） | 2.2 | 标志 11 | 氧化剂 | （符号：黑色，底色：柠檬黄色） | 5.1 |
| 标志 6 | 有毒气体 | （符号：黑色，底色：白色） | 2.3 | 标志 12 | 有机过氧化物 | （符号：黑色，底色：柠檬黄色） | 5.2 |

（续）

| 标志号 | 标志名称 | 标志图形 | 对应的危险货物类项号 | 标志号 | 标志名称 | 标志图形 | 对应的危险货物类项号 |
| --- | --- | --- | --- | --- | --- | --- | --- |
| 标志13 | 剧毒品 | （符号：黑色，底色：白色） | 6.1 | 标志18 | 二级放射性物品 | （符号：黑色，底色：上黄下白，附二条红竖条） | 7 |
| 标志14 | 有毒品 | （符号：黑色，底色：白色） | 6.1 | 标志19 | 三级放射性物品 | （符号：黑色，底色：上黄下白，附三条红竖条） | 7 |
| 标志15 | 有害品（远离食品） | （符号：黑色，底色：白色） | 6.1 | 标志20 | 腐蚀品 | （符号：上黑下白，底色：上白下黑） | 8 |
| 标志16 | 感染性物品 | （符号：黑色，底色：白色） | 6.2 | 标志21 | 杂类 | （符号：黑色，底色：白色） | 9 |
| 标志17 | 一级放射性物品 | （符号：黑色，底色：白色，附一条红竖条） | 7 | | | | |

注：表中对应的危险货物类项号及各标志角号是按GB 6944—2012规定编写。

### 三、危险货物包装标志的使用方法

（1）标志的标打，可采用粘贴、钉附及喷涂等方法。

（2）标志的位置规定如下：

1）箱状包装：位于包装端面或侧面的明显处；

2）袋、捆包装：位于包装明显处；

3）桶形包装：位于桶身或桶盖；

4）集装箱、成组货物：位于四个侧面。

（3）每种危险品包装件应按其类别粘贴相应的标志。但如果某种物质或物品还有属于其他类别的危险性质，包装上除了粘贴该类标志作为主标志以外，还应粘贴标明其他危险性的标志作为副标志，副标志图形的下角不应标有危险货物的类项号。

（4）储运的各种危险货物性质的区分及其应标打的标志，应按 GB 6944—2012、GB 12268—2012 标准及有关国家运输主管部门规定的危险货物安全运输管理的具体办法执行，出口货物的标志应按我国执行的有关国际公约（规则）办理。

（5）标志应清晰，并保证在货物储运期内不脱落。

（6）标志应由生产单位在货物出厂前标打，出厂后如改换包装，其标志由改换包装单位标打。

## 项目三 危险货物的运输

### 一、危险货物运输的概念

危险货物运输是特种运输的一种，是指专业组织或技术人员对非常规货物使用特殊车辆进行的运输。一般只有经过国家相关职能部门严格审核，并且拥有能保证安全运输危险货物的相应设施、设备的组织，才有资格进行危险货物运输。

为切实强化危险货物道路运输安全管理，预防危险货物道路运输事故，保障人民群众生命、财产安全，保护环境，2019 年 11 月 10 日，中华人民共和国交通运输部、中华人民共和国工业和信息化部、中华人民共和国公安部、中华人民共和国生态环境部、中华人民共和国应急管理部、国家市场监督管理总局令 2019 年第 29 号《危险货物道路运输安全管理办法》，自 2020 年 1 月 1 日起施行。

### 二、危险货物运输的基本要求

#### 1. 对运输工具技术的要求

为强化危险货物运输安全管理，确保危险货物运输安全、有序，国家对所有相关的运输工具都有具体的要求。

### 2. 对运输工具安全设施的要求

危险货物运输工具因运输对象原因，除对运输工具技术状况、配备的工具和不同的型号的要求外，对工具安全设施也有特殊的要求。针对选用的工具型号、所装运的危险货物的不同，还必须给工具配备相应的安全设施，如排气管火花熄灭器、电源总开关、导静电拖地带以及相应的消防器材等。

### 3. 对运输工具的限制要求

由于危险货物具有一定的潜在危险性，因此其在运输、装卸过程中，对环境、温度、湿度、振动、摩擦、冲击等因素的防范要求严格。

### 4. 对运输装卸设备的要求

装卸作业是货物运输生产中一个极为重要的环节。正确选用装卸设备，严格执行操作规程和加强装卸设备的管理，对保障货物安全运输，提高运输效率和质量有着重要的作用。

### 5. 对运输工具特殊标志的要求

从事危险货物运输的交通工具，经当地地市级运输管理机构检查合格，同时单位符合从事危险货物运输资质的规定，方可领取相关运输证，凭运输证配置相关规定的标志，并按国家标准规范悬挂。

## 三、危险货物配装（放）表

危险货物在分类、分项的基础上，根据运输要求和储存条件，可以将它们相互之间的配放关系分为三种情况：

（1）不能配放。即两种货物不能同时放置于同一仓库内。属于这种情况的，一般是货物性质或消防方法抵触，在一定外界条件作用下能发生剧烈的化学反应，造成燃烧、爆炸或产生毒害气体，而且不易施救。

（2）可以配放。即两种货物可以放置于同一个仓库内，而且包装件相互间可以接触。符合这种配放条件的往往是性质相似或相互接触后不发生化学反应的物品，有相同的消防方法。如粉状毒性物质性质比较稳定，它与其他货物接触，基本上不发生反应，所以它可以与较多的危险货物配放。

（3）隔离配放。即两种货物可以放置于同一个仓库内，但至少相互隔离 2m 以上。这种情况一般是货物性质虽然不同，但在一定的包装条件和隔离之下，不使它们直接接触仍可保证安全，或接触后还需要有其他条件才会发生危险。

根据所有危险货物相互间的配放关系，可以制成"危险货物配装（放）表"。危险货物配装（放）表对保证货物安全运输有重要作用。危险货物的包装条件、受理承运、仓库保管、货位划分等都要以此为主要根据。

危险货物配装（放）关系见图 7-1。

| 分类 | | 名称 | 1 | 2 | 3 | 4 | 5 | 6 | 7 | 8 | 9 | 10 | 11 | 12 | 13 | 14 | 15 | 16 | 17 | 18 | 19 | 20 | 21 | 22 | 23 | 24 | 25 |
|---|---|---|---|---|---|---|---|---|---|---|---|---|---|---|---|---|---|---|---|---|---|---|---|---|---|---|---|
| 危险货物 | 爆炸品 | 起爆器材 | 1 | | | | | | | | | | | | | | | | | | | | | | | | |
| | | 炸药及爆炸性药品 | 2 | × | 2 | | | | | | | | | | | | | | | | | | | | | | |
| | | 其他爆炸品 | 3 | × | × | 3 | | | | | | | | | | | | | | | | | | | | | |
| | 压缩气体、液化气体 | 剧毒气体 | 4 | × | × | × | 4 | | | | | | | | | | | | | | | | | | | | |
| | | 易燃气体 | 5 | × | × | △ | | 5 | | | | | | | | | | | | | | | | | | | |
| | | 助燃气体 | 6 | × | × | × | | × | 6 | | | | | | | | | | | | | | | | | | |
| | | 不燃气体 | 7 | × | × | | | | | 7 | | | | | | | | | | | | | | | | | |
| | 易燃物品 | 易燃液体 | 8 | × | × | × | × | | × | | 8 | | | | | | | | | | | | | | | | |
| | | 易燃固体 | 9 | × | × | △ | | × | | | | 9 | | | | | | | | | | | | | | | |
| | | 易自燃物品 | 10 | × | × | × | × | | | | | | 10 | | | | | | | | | | | | | | |
| | | 遇潮湿时放出易燃气体物品 | 11 | × | × | △ | △ | × | | 8) | 8) | × | 11 | | | | | | | | | | | | | | |
| | 氧化剂 | 硝酸盐类 | 12 | × | × | × | | | × | × | × | × | | 12 | | | | | | | | | | | | | |
| | | 亚硝、亚氯、次亚氯酸盐类 | 13 | × | × | × | | | × | × | × | × | | | 13 | | | | | | | | | | | | |
| | | 其他氧化剂 | 14 | × | × | × | | | × | × | × | × | | | | 14 | | | | | | | | | | | |
| | | 有机过氧化物 | 15 | × | × | × | | | | | | | | | | | 15 | | | | | | | | | | |
| | 毒害品 | 无机过氧化物 | 16 | △ | △ | | | | | | △ | △ | △ | | | | | 16 | | | | | | | | | |
| | | 有机毒害品 | 17 | × | × | | △ | | | × | × | | | | | | | | 17 | | | | | | | | |
| | | 易感染物品 | 18 | × | × | | | | | × | × | × | × | | | | | | | 18 | | | | | | | |
| | 腐蚀物品 | 无机酸性 溴 | 19 | × | △ | | △ | △ | △ | | △ | × | | | | | △ | × | 19 | | | | | | | |
| | | 硝酸、发烟硝酸 | 20 | × | × | | × | × | × | × | × | × | △ | × | | | | | | | 20 | | | | | | |
| | | 硫酸、发烟硫酸、氟磺酸 | 21 | × | × | | × | × | × | × | × | × | △ | × | | | | | | | | 21 | | | | | |
| | | 其他无机酸性腐蚀品 | 22 | × | × | | × | × | × | × | × | × | × | × | | | | | | | | | 22 | | | | |
| | | 有机酸性腐蚀品 | 23 | × | × | | × | | × | × | × | | × | × | | | | | | | | | | 23 | | | |
| | | 碱性腐蚀物品 | 24 | | | △ | | | × | × | × | | | | | | | | | | | × | × | × | 24 | | |
| | | 其他腐蚀物品 | 25 | | | △ | | × | × | △ | △ | | | | | | | | | | | × | × | △ | △ | | 25 |

图 7-1　危险货物配装（放）关系

注：1. 表内无符号表示可配装，× 符号表示不得配装，△ 表示可以配装，但堆放时必须隔离 2m 以上。
2. 不同的炸药及爆炸性药品相互间不得配装。
3. 其他爆炸品中的点火绳、点火线等点火器材与本项的其他爆炸物品隔离 2m 以上。
4. 其中液氯和液氨不得配装。
5. 易自燃物品中的黄磷，不得与其他易自燃、易燃物品配装，必须配装时要隔离。
6. 生石灰、漂白粉与起爆器材、炸药及爆炸性物品、其他爆炸品、易燃液体隔离配装。
7. 有恶臭及有毒易燃液体及易燃固体，不得与活动物、饮食物、饲料、药品、药材等配装。
8. 含水的易燃物品和用水、泡沫、二氧化碳作主要灭火方法的物品，不得与遇潮湿时易放出易燃气体的物品配装。
9. 放射性货物与其他危险货物不可在同一车厢内配装。

## 项目四　危险货物的装卸

### 一、装运危险货物的车辆使用条件

装运危险货物的车辆应技术状态良好，不能使用扣修或超过定检日期的车辆；车内应清洁无污染，经洗刷除污的车辆，应符合除污标准；车辆的种类和技术性能要适合货物装运的性质。

在铁路运输中，危险货物一般应使用棚车装运，起到防雨雪、防日晒、防火等作用。爆炸品中的某些物品对热和火花特别敏感，为防止车辆制动时因闸瓦与车轮踏面摩擦起火而发生事故，需要关闭车辆截断塞门，停止车辆制动作用。有的危险货物在正常运输情况下危险性较小，或者在运输过程中需要进行适当通风，这些货物可以在采用适当安全措施后使用敞车装运（按《铁路危险货物运输管理规则》"特殊规定"办理）。爆炸品、部分氯酸盐及一级易燃液体对摩擦、火花、高温等敏感，在未采取安全措施时，这些货物禁止用内铁地板车装运。

## 二、危险货物装卸的一般安全注意事项

只有同一编号且同一品名的危险货物才能装入同一车辆。为保证装车工作质量，使装车工作顺利进行，货运员在装车前应做好"三检"工作：一是检查运单，即检查运单的填记内容是否符合运输要求，有无漏填和错填；二是检查待装货物，即检查货物品名、包装、件数与运单填写是否一致，以及货物包装是否符合规定，装载货物质量是否超出车辆允许载重，严禁增载和超载；三是检查货车，即检查货车的技术状态和卫生状态，主要检查内容包括是否符合车辆使用条件、货运状态是否良好、货车"定检"是否过期，有无扣修色票。

危险货物装卸的一般安全注意事项如下：

（1）装卸作业前，货运员和装卸人员应明确货物性质、消防方法和作业注意事项；确认货物配放条件及入库存放要求；准备好相应的防护用品和装卸机具；认真检查车辆技术状态和货物包装；装卸车前注意车辆通风；车内、货位干净，无残货和污染。装卸工具要求具有防止火花发生的装置和性能，根据货物性质，相关人员穿戴软质、无油污，能防止摩擦、冲击起火，防毒、防腐蚀的衣服、鞋帽和手套。

（2）装卸作业中，货运员和装卸人员要认真做到：轻拿轻放，货物不倒置；不拖拉、滚动、背负、肩扛货物；包装破漏时应及时整修或更换，撒漏的货物应及时收集；装载货物高度（按单位重量、性质、包装）要适当，装载要紧密、牢靠、便于卸车和加装，同时保证隔离距离；发生着火、中毒、腐蚀事故，应迅速扑救。

（3）装卸作业后，货运员应检查装载和卸车质量；正确插挂溜放标示牌，填记隔离标记，进行施封；装卸人员或清扫员应及时清扫（洗）站台或货位；对规定需要进行洗刷除污的车辆应办理送洗手续。

## 三、各类危险货物装卸的特殊注意事项

（1）爆炸品和氧化性物质的装卸。严禁火花发生；装载和码垛高度不得超过 1.5m；装卸机具的负荷应适当降低；注意防滑；采用防爆灯具照明；切忌与酸、碱和有机物、粉状可燃物接触。

（2）气体的装卸。应防止气瓶阀门损坏；工具和手套不得沾有油脂；气瓶卧式装载，高度不超过 5 层，并采取掩垫措施；装卸毒害性气体时，应穿戴或备用供氧式防毒面具。

（3）易燃液体的装卸。装卸车前必须保证 15～20min 通风，严禁火花；作业环境温度超过 40℃时应停止装卸，遇容器膨胀应先用水冷却；桶装货物不得卧装，金属容器之间应采用铺垫措施。

（4）易燃固体、易于自燃的物质和遇水放出易燃气体的物质的装卸。应防止黄磷、金属钠等包装的抑制剂（水、矿物油）洒漏；电石桶装卸前应注意对鼓桶体放气（充氮者除外）；

遇水放出易燃气体的物质在雨雪天气禁止作业。

（5）毒性物质的装卸。注意作业中个人的防护，严防皮肤、伤口接触毒物；作业时间较长时，应轮换或间歇作业；始终保持良好的通风，准备规定的防毒用品。

（6）剧毒品的装卸。同一车辆只允许装运同一铁路危险货物运输编号的剧毒品。装车前，货运员要认真核对剧毒品到站、品名是否符合《铁路危险货物运输安全监督管理规定》。装车时，货运员要会同托运人确认货物品名、清点件数（罐车除外），监督托运人进行施封，并检查施封是否有效。车辆门扣处必须用加固锁加固并安装防盗报警装置。卸车时，货运员会同收货人开启施封，清点件数办理交付。

（7）腐蚀性物质的装卸。坛、瓶大包装必须采用手推平车或抬架装卸，注意防止脱底、散架；装载和存放坛、瓶大包装货物，注意码垛高度不超过 2 层；使用胶质防腐蚀用具。

（8）放射性包装件装车时，运输包装等级小的包装件应摆放在运输包装等级大的包装件周围。相关人员与放射性物质最小安全距离应符合相关要求。每人每天装卸放射性货物的时间不得超过相应的容许作业时间。

## 项目五　危险货物的防火与防爆

### 一、火灾与消防

燃烧是物质在化学反应中同时产生热量和发出光的一种现象。通常情况下，某一物质着火，必须同时具备三个基本条件，即物质本身是可燃物，有火源和助燃物存在。危险货物发生着火并形成火灾，是由于它们大都对温度敏感度较高，是容易燃烧或极易燃烧的物质。而且，在火焰或高温条件下，这类物质会很快吸收活化能而被活化，产生大量的、非常活泼的活性集团（H、OH 等），这些活性集团与燃烧物质的分子作用，能生成新的活性集团氧化物，并放出大量的能量，使燃烧呈连锁反应过程。因此，危险货物火灾具有发火容易、连锁性强、蔓延迅速、易爆、有毒等特点。根据危险货物的物质分子构成和在仓库内的"群集性"，危险货物着火成灾，确切地说是可燃物、火（热）源、助燃物（氧气）、连锁反应四个因素同时存在的燃烧现象。所谓防火和灭火就是防止或在火灾发生后立即破坏任一成灾条件，中止物质燃烧。

根据危险货物的性质和发生火灾的原因，其防火、防爆措施可以归纳为四个方面：一是要求托运人提供合格的产品和包装；二是车站配备完好、齐全的消防和安全监控设施；三是相关人员要具备必要的安全知识和操作技术；四是建立、健全各项有效的安全制度。

办理危险货物装卸的车站，任何时候都要把人民的生命财产放在第一位，要深刻认识安全和效率的统一性，没有安全，效率就无从谈起；要充分认识危险货物发生火灾、爆炸事故后果的严重性。

消防工作的方针是"以防为主，防消结合"，即要把防止火灾发生的一切预防工作放在首位，从设备、制度到日常工作都要以防为主。在"防"的同时，也要做好"消"的一切准备，一旦发生火警、火灾，能够迅速地扑救，把火灾损失减小到最低限度。

## 二、仓库建筑的防火、防爆要求

### 1. 仓库的设置地点

危险货物仓库是办理危险货物装卸、保管的基本场所，是否修建专门的仓库应根据运量和车站所处的地区特点、位置、货运营业限制、区域环保要求和发展进行综合考虑。

危险货物仓库应远离居民区、生活区、带火（热）生产区，设置在离上述各区规定的间距之外，并处在居民区生活区的下风方向；专业性车站要远离市区，综合性货场内的危险货物仓库应设在货场的边角地带，中间站的危险货物仓库或货位应尽量避开房舍和旅客活动区；凡有条件的车站，均应单独设立专用的危险货物仓库。

从世界各国办理危险货物的情况来看，大都在最大限度地压缩危险货物办理站的数量，建立中心站，开辟专用线。这无疑对集中建设投资、集中技术力量及保证运输安全大有好处。

### 2. 仓库与建筑物的防火间距

国家对保管不同类型危险货物的仓库，按储存量明确规定了防火间距，读者可查询国家标准《建筑防火规范》。

### 3. 危险货物仓库的其他建筑要求

（1）隔热降温与通风。库房檐口高度应不低于 3.5m，考虑到进货检查和避免露天作业，仓库房檐最好设置雨搭。南方地区的仓库应设置双层通风式库顶，以达到遮阳、通风的目的。仓库的窗户离地应不小于 2m，两侧对应设置，玻璃应具防光透射和不因气泡疵点而引起聚焦起火事故，库墙下部 30cm 处设墙脚通风洞。

（2）仓库地面。为便于洗刷，应采用坡形地面，并在仓库墙脚下设置明沟。对固定存放液体危险货物的仓库，还应在仓库外设置收集坑，仓库地面应具有防酸和不发火性能。

（3）电气照明。危险货物仓库内，除安装电气照明设备外，不准安装其他电气设备。库内照明应采用防爆式灯具。库内的照明线路均不得采用明敷。

### 4. 爆炸品仓库的特殊要求

1）爆炸品仓库的地址必须选择在空旷地带。仓库选择在山区和丘陵地带，可利用自然地形作屏障或挖掘山洞建库。仓库与周围的居住区及建筑设施必须有一定的安全距离。例如一般确定炸药库到建筑设施的安全距离时，采用公式如

$$R = K\sqrt{q} \qquad (7-1)$$

式中　$R$——炸药库至建筑物的最小安全距离，单位为 m；
　　　$q$——炸药的库存量，单位为 kg；
　　　$K$——安全系数。从炸药库到居住区、主要公路线、铁路编组站、重要航道、其他工厂或易燃易爆仓库的 $K$ 取 5～8，如炸药库筑有土围时，取 2～4；到次要的单独房屋及建筑物，$K$ 取 2～4，如筑有土围时，$K$ 取 1.1～1.9。

炸药爆炸时，引起与它不相接触的邻近炸药爆炸的现象叫作殉爆。炸药库之间的殉爆安全距离，其计算原理同式（7-1），只是当求炸药库房之间的距离时，$q$ 为最大存药量，$K$ 为殉爆安全系数（它与两殉爆药的组合、有无土围有关，取值见表 7-3）。当求雷管库之间及雷管库与炸药库之间的安全距离时，$q$ 为雷管个数，$K$ 的取值见表 7-4。

表7-3 炸药库之间的殉爆安全系数

| 主爆药名称 | 储存方式 | 殉爆药名称 | | | | | | | |
|---|---|---|---|---|---|---|---|---|---|
| | | 硝铵炸药及低含量的硝化甘油类炸药 | | 含40%以上的硝化甘油类炸药 | | 梯恩梯 | | 黑索金、特屈儿、泰安 | |
| | | 无土围 | 有土围 | 无土围 | 有土围 | 无土围 | 有土围 | 无土围 | 有土围 |
| 硝铵炸药及低含量的硝化甘油类炸药 | 无土围 | 0.25 | 0.15 | 0.35 | 0.25 | 0.40 | 0.30 | 0.70 | 0.55 |
| | 有土围 | 0.15 | 0.10 | 0.25 | 0.15 | 0.30 | 0.20 | 0.55 | 0.40 |
| 含40%以上的硝化甘油类炸药 | 无土围 | 0.50 | 0.30 | 0.70 | 0.50 | 0.80 | 0.60 | 1.40 | 1.10 |
| | 有土围 | 0.30 | 0.20 | 0.50 | 0.30 | 0.60 | 0.40 | 1.10 | 0.80 |
| 梯恩梯 | 无土围 | 0.80 | 0.60 | 1.00 | 0.80 | 1.20 | 0.90 | 2.10 | 1.60 |
| | 有土围 | 0.60 | 0.40 | 0.80 | 0.50 | 0.90 | 0.50 | 0.60 | 1.20 |
| 黑索金、特屈儿、泰安 | 无土围 | 2.00 | 1.20 | 2.80 | 2.00 | 3.20 | 2.40 | 5.50 | 4.40 |
| | 有土围 | 1.20 | 0.80 | 2.00 | 1.20 | 2.40 | 1.60 | 4.40 | 3.20 |

表7-4 雷管库之间、雷管库与炸药库之间安全距离计算系数

| 库房种类 | 安全系数 $K$ | | |
|---|---|---|---|
| | 双方均无土围 | 单方有土围 | 双方均有土围 |
| 雷管库与炸药库 | 0.06 | 0.04 | 0.03 |
| 雷管库与雷管库 | 0.10 | 0.067 | 0.05 |

2）库顶不允许架设任何电线或电缆，库内不设明线，作业过程中不使用移动式电灯照明，导线的绝缘强度不得小于500V。

3）库房用非燃烧性材料建造（地面可铺木板或沥青），雷管库不能采用混凝土地面。采用轻型屋顶，门为双扇外开式，无槛，窗户采光面与地面面积之比为 $\frac{1}{30} \sim \frac{1}{25}$。仓库外应设防冻水池，容量不小于50m³。

### 5．设置防雷和静电导除装置

危险货物仓库区，特别是爆炸品仓库和油罐作业区，正确设置避雷和静电导除装置是防火、防爆的重要措施。

（1）避雷装置。雷电是雷云层摩擦带电后进行放电的自然现象。直接雷击有很大破坏力，它的热效应、电效应和机械效应能给危险货物带来燃烧、爆炸的风险。此外，雷电还有静电感应、电磁感应、雷电波侵入和防雷装置上高电压对建筑物的反击作用，这些都会影响危险货物的安全。因为雷电的破坏对象主要是高大建筑物、金属结构的建筑物和内部有大量金属物体的厂房和仓库，所以装置避雷设备要注意避雷针的高度、截面和接地。

（2）静电导除装置。静电的产生主要是摩擦起电，此外还有附着带电、感应起电和极化起电。产生的静电如果没有良好地接地，则会因电荷积聚，产生高电位，形成火花放电而引起可燃物燃烧或爆炸。危险货物中油罐的注、排作业最易产生静电，对此应采用接地泄漏的措施。接地线电阻不得大于100Ω，与防雷接地相距3m。此外，为控制静电的产生，还可采取限制油品流速办法，如管径分别为5cm、10cm、20cm、40cm、60cm时，流速分别限制为3.5m/s、

2.5m/s、1.8m/s、1.3m/s、1.0m/s；还可通过增加空气湿度的办法，减小物体表面电阻率以减少静电积聚。通常认为相对湿度小于40%时，静电不易逸散；大于70%时，静电不易积聚。

### 三、灭火器材的选用、配置和管理

#### 1. 灭火器材

根据危险货物的着火成灾条件和货物性质，主要配备砂土、水、泡沫、干粉、二氧化碳等灭火机（剂）。有条件的车站，也可根据车站的货物品种购置其他灭火机，其容量和型号按车站作业量和实际情况而定；专业车站和综合性货场可配备多功能消防车或100L推车式灭火机。

常用灭火机（剂）的主要性能如下：

（1）水。它是最常用的灭火剂，有最显著的吸热冷却效果，机械作用下的高压水流对火焰还有冲击力，产生的水蒸气可以降低着火区的空气和可燃气体的浓度。为防止易燃、易爆、毒害和腐蚀性液体飞溅，应注意使用雾状水；比重比水轻的液体，应先用砂土吸附；凡遇水能起化学反应的物品均不能用水消防。

（2）砂土。它在灭火中主要起隔离空气的作用。比砂土径粒稍大的干黄砂还有较好的吸附作用，多用来扑灭油类及其他液体货物的火灾。爆炸品及容易产生火星、气体的物质着火，不能使用砂土灭火，以免对人员和建筑物及设备造成伤害或破坏。

（3）干粉。它是干燥的粉状化学颗粒，主要成分是碳酸钠、碳酸钾、磷酸铵等。干粉灭火机是通过二氧化碳或干燥的压缩空气把粉状物喷射到燃烧区内中断连锁反应，因吸热、稀释空气、隔绝可燃蒸汽而使火熄灭。多用于油类等液体货物的灭火。

（4）泡沫。有化学泡沫和空气机械泡沫两种。化学泡沫是酸、碱水溶液接触，经化学反应而生成大量气体和非燃烧物，覆盖在着火物质上，以达到灭火目的。空气机械泡沫是将动植物（如豆饼、皂角、蹄角等）的蛋白质经水解制成泡沫液，在机械作用下和水混合形成泡沫。泡沫中含有一定水分，并具有弱酸性，忌水物质和毒性物质中的氰化物不能用泡沫灭火机灭火。

（5）二氧化碳。它比空气重，通常压入小钢瓶制成二氧化碳灭火机。使用时，开启阀门后有高压、低温的二氧化碳喷出。1kg二氧化碳汽化，可生成500L气体，因它能汽化吸热（可降温到 $-78.5℃$）、冲淡燃烧区空气中的含氧量（二氧化碳含量达30%），所以能达到灭火目的。二氧化碳灭火机使用时，要连续喷射，对阴燃的物质和室外火灾效果较差，注意防止窒息和冻伤。遇水放出易燃气体的物质中的金属钾、钠等不使用二氧化碳灭火。

#### 2. 消防器材的配置

消防灭火机（手提式）应悬挂在仓库外墙上，按10m间距配置，每组2～4个。灭火机类型按仓库保管的货物性质确定。库内按货位（区）设置。在实行固定式货位的仓库内，灭火机的类型应符合货物性质的要求，并在明显处书写灭火方法。

水箱、沙池一般设于库门处，在危险货物仓库（站台）的端头设置水池。

日常消防工具可设置在仓库避免风、雨、日晒的外部适当地点，但应保证取用方便。

消防器材应建立台账，专人管理、保养；各种灭火机要注意按规定间隔日期更换药剂；注意防晒、防冻、防锈、防止装卸机具碰撞；日常保持通气孔畅通，保证螺口、手轮、提环灵活。

#### 四、建立、健全各项安全、保卫制度

危险货物的防火、防爆安全，涉及车站或货场内各项货运、装卸作业和取送车、解编等作业，各作业环节和岗位的负责制都要把防爆、防火作为安全生产的重要目标。防火安全制度中，应主要保证装卸作业、仓库分区管理、消防设备管理、安全小组及安全员岗位责任制的制定工作。

#### 五、研究和采用防火防爆的现代化措施

随着科技的发展，人类在生产和生活中引进了越来越多的燃烧性材料，使得防火、防爆的任务越加繁重。因此，如何探求更加有效的防火途径是一个重要的科学研究课题。

##### 1．实行全面安全质量管理

这一方面的要点包括：防火安全是货运工作全过程的质量管理结果；防火安全是全体货装人员共同努力的结果；防火安全必须建立在各工种安全作业标准化的基础上，即必须建立一个严密的质量保证体系；按大小系统的设计—执行—检查—处理（PDCA）工作法和数理统计、因果分析等方法，实现防火工作由"事后检查"向"事前预防"的转化，最后达到以防为主的目的。

如用因果分析法，可对任一环节的不安全因素进行分析，最后找出隐患所在，按轻重缓急加以解决。在安全预测和事故分析中，还可采用事故树方法。

##### 2．要求货物在储运过程中趋向相对稳定可靠

一方面货物本身能达到一定的钝化稳定性，而在使用中又不影响质量，另一方面货物要具备可靠的包装。这就要求有关部门研究各种新型的添加剂和抑制剂，研究新的包装材料和包装方法。同时，对仓库设备、装卸工具使用或涂敷高强度、不发火、不燃烧、防雷电的新材料。

##### 3．防火、防爆、防毒的信号预告和可靠显示

为了能最大限度地引起人们的注意，危险货物运输从规章、包装、车辆到环境，均应有各种科学的危险信号指示标志，如品名编号、各种戳记、图案、文字等。日本实行主、副性质等级分类编号制，美国消防部门依据 NFPA 704M 版本的菱形图标签系统来标识危险物质的火灾、健康和反应危险性，其目的都在于通过醒目的信号，使工作人员方便地得知应急措施。

##### 4．采用自动报警、自动灭火设备

危险货物的火灾成灾迅速，因此，及时扑救初起火灾十分重要。自动报警和自动灭火设备对危险货物仓库的自动化防火管理和火灾扑救有重要作用。这一自动化防火系统的基本原理是，在仓库（货位）的吊顶上安装一定类型的传感自动报警器，并联动不同的消防灭火剂（器）贮管的阀门。火灾发生后，因烟、热、光反应，火灾信号转变成电信号，使传感报警器发生作用，同时，因电子电位发生变化，联动器械打开消防阀门或指示消防车驱动，实现自动消防。另外，还可采用固定式自动灭火设备。这种设备可安装在仓库的墙、顶部位，火灾发生后因温度变化，使易熔金属喷头熔化，达到自动喷水灭火的目的。上述各种自动化消防装备，必须考虑货物的性质和仓库（货位）的使用限制，管网和线路的设计及器械的选用应适合危险货物作业的特点。

货物学

### 职业素养

危险货物因其特殊性质，在运输过程中存在较高的风险，因此，确保其安全运输不仅是法律法规的要求，也是维护公共安全的重要举措。近年来，我国政府高度重视危险货物运输的安全管理，相继出台了多项政策措施，以加强行业监管，提升危险货物运输安全性。在此背景下，从事危险货物运输的从业者不仅需要具备专业的技能，更应注重培养良好的职业素养。首先，熟悉并严格执行国家相关的法律法规是危险货物运输从业者的基本职责。例如，《危险化学品安全管理条例》《道路危险货物运输管理规定》等法律法规明确规定了危险货物运输的各项要求和标准。从业者需要全面掌握这些规定，并将其落实到日常工作中，确保每一步操作都符合安全规范。其次，持续学习和培训是提升专业能力的重要手段。随着科技的进步，新的危险品分类、包装技术和应急处理措施不断出现，从业者应当积极参与各类培训活动，及时更新知识体系，掌握最新技术动态，提高应对突发事件的能力。再次，良好的沟通能力和团队协作精神对于确保运输安全同样重要。在危险货物运输过程中，涉及多个环节和多方主体，如发货方、承运人、接收方等。因此，有效的信息交流与协调合作能够减少不必要的误会和风险，确保整个运输流程顺利进行。最后，高度的责任心和诚信意识是危险货物运输从业者的必备素质。鉴于危险货物的特殊性，任何疏忽都可能引发严重后果，因此，每一位从业者都必须时刻保持警觉，严格遵守操作规程，确保每一次运输任务都能够安全、顺利地完成。总之，面对日益严格的监管环境和不断提高的安全标准，危险货物运输的从业者应当不断强化自身的专业技能和职业素养，共同努力营造一个更加安全、可靠的运输环境。

## 模块练习

### 一、选择题

1. 危险货物按其主要危险性和运输要求分为（　　）类。
   A. 7    B. 8    C. 9    D. 10
2. 下列不属于爆炸品的是（　　）。
   A. 炸药    B. 雷管    C. 烟花爆竹    D. 氧气瓶
3. 第一类危险货物是指（　　）。
   A. 易燃液体    B. 气体    C. 放射性物质    D. 爆炸品
4. 在危险货物包装上加贴标志的主要目的是（　　）。
   A. 方便识别    B. 增加美观    C. 减轻重量    D. 提高价值
5. 装运危险货物的罐车应按规定涂打（　　）。
   A. 生产日期    B. 容积    C. 介质名称    D. 使用单位
6. 下列哪种危险货物需要使用防爆设备装卸（　　）。
   A. 易燃气体    B. 氧化剂    C. 自燃物品    D. 腐蚀性物质
7. 下列不属于易燃固体的是（　　）。
   A. 硫磺    B. 红磷    C. 松香    D. 沥青

8. 对于装运危险货物的车辆，应配备足够的（　　）。
   A. 照明设备　　　B. 消防器材　　　C. 防滑链　　　D. 导航仪
9. 在危险货物运输时，车辆应避免在（　　）停留。
   A. 居民区　　　B. 工业区　　　C. 商业区　　　D. 农村
10. 危险货物发生泄漏事故时，应立即采取（　　）措施。
    A. 加固　　　B. 清洗　　　C. 隔离　　　D. 喷水
11. 第二类危险货物是指（　　）。
    A. 气体　　　B. 易燃液体　　　C. 易燃固体　　　D. 氧化剂
12. 下列哪一项不属于第三类危险货物（　　）。
    A. 易燃液体　　　B. 易燃固体　　　C. 液化气体　　　D. 自燃物品
13. 第四类危险货物分为（　　）个项别。
    A. 1　　　B. 2　　　C. 3　　　D. 4
14. 第五类危险货物是指（　　）。
    A. 易燃固体　　　B. 氧化剂　　　C. 有机过氧化物　　　D. 毒性物质
15. 第六类危险货物是指（　　）。
    A. 毒性物质　　　B. 感染性物质　　　C. 放射性物质　　　D. 腐蚀性物质
16. 第七类危险货物是指（　　）。
    A. 放射性物质　　　B. 腐蚀性物质　　　C. 毒性物质　　　D. 感染性物质
17. 第八类危险货物是指（　　）。
    A. 毒性物质　　　B. 感染性物质　　　C. 放射性物质　　　D. 腐蚀性物质
18. 第九类危险货物是指（　　）。
    A. 易燃固体　　　B. 氧化剂
    C. 杂类危险物质和物品　　　D. 感染性物质
19. 装运危险货物的容器应具有足够的（　　）。
    A. 强度　　　B. 密封性　　　C. 透气性　　　D. 抗腐蚀性
20. 危险货物运输过程中，应严格遵守（　　）。
    A. 国家标准　　　B. 行业规定　　　C. 地方政策　　　D. 国际公约

## 二、判断题

1. 危险货物是指具有爆炸、易燃、毒害、感染、腐蚀、放射性等性质，在运输、装卸和储存保管过程中，容易造成人身伤亡、财产损毁或者环境污染而需要特别防护的物品。（　　）
2. 所有危险货物在运输时都必须贴有特定的危险品标签。（　　）
3. 危险货物分为九个大类，其中第一类是爆炸品。（　　）
4. 在同一车辆中混装不同种类的危险货物时，只要它们之间不会产生化学反应，就是安全的。（　　）
5. 对于某些特殊危险货物，比如放射性物质，其包装必须符合国际标准，并且在运输过程中需要特别的监测和报告程序。（　　）
6. 危险货物的包装等级越高，表示其防护性能越差。（　　）

7. 危险货物在储存期间,应根据不同类别将其分开存放,以防止相互作用引发事故。
(    )
8. 运输危险货物的车辆只需具备普通货运车辆的资质即可。                    (    )
9. 危险货物运输途中遇到紧急情况时,司机应立即停车,并联系当地消防部门寻求帮助。
(    )
10. 危险货物运输人员不需要接受专门的安全培训,只需了解基本的操作规程即可。
(    )

### 三、简答题

1. 什么是危险货物?简述危险货物的分类。
2. 在危险货物运输中,为什么必须进行分类和标识?
3. 如何确保危险货物的安全运输?
4. 举例说明几种常见的危险货物及其特性。
5. 在危险货物运输中,遇到紧急情况时,应采取哪些应急措施?
6. 危险货物在储存和运输过程中需要注意哪些事项?
7. 危险货物包装的基本要求有哪些?
8. 简述危险货物运输过程中的安全管理措施。

### 四、案例分析题

**案例1** 某年1月24日10点,在某路段发生特大汽车追尾事故,造成5人死亡、1人受伤,其中一辆运输车上装载的有毒化工原料泄漏。事故发生在某高速自北向南方向距某市14km处,前方4辆汽车相撞,其中一辆面包车上3人当场死亡,另一辆运输车被撞坏,造成车上2人死亡,1人受伤,运输车装载的15t四氯化钛开始部分泄漏。四氯化钛是一种有毒化工原料,有刺激,挥发快,对皮肤、眼睛会造成损伤,大量吸入可致人死亡。事故现场恰逢小雨,此物质遇水后会发生化学反应,产生大量有毒气体。某市、某县有关领导闻讯后立即赶赴现场,同时组织公安、消防人员及附近群众200余人,对泄漏物质紧急采取以土掩埋等处置措施。

问题:
危险化学品运输车辆的安全要求是什么?

**案例2** 某年8月26日凌晨2时40分许,一辆卧铺客车与一辆大型甲醇罐车在包茂高速安塞段追尾起火,酿成36人死亡、3人受伤的悲剧。该事故的发生,在化工业界引起了极大反响。业内专家认为,出台严厉措施和突击性的治理整顿固然必要,但注重源头治理才是根本。只有在危化品运输业全面推行安全标准化,加强安全基础管理,才能使安全事故屡屡发生的现状真正得到改变。

问题:
该案例说明了什么?

# 模块八 冷藏货物

**知识目标**：理解冷藏货物的概念和特点；了解货物霉腐的过程和引起霉腐的主要因素；掌握冷藏货物储存的方法和温度条件；掌握冷藏货物运输与储存的注意事项；理解冷藏货物运输流程。

**能力目标**：能够运用所学知识进行简单的易腐货物养护；能够正确完成易腐货物的运输组织和储存管理工作。

**素质目标**：树立严格把控货物流通质量的意识，合理安排冷藏货物的储存与运输，确保冷藏货物在流通环节的质量；树立良好的服务意识，能够根据货主企业的需求和货物的特性，提供优质的仓储和运输服务，提高客户的满意度。

**学习重点**：冷藏货物的特性。

**学习难点**：冷藏货物的运输。

## 案例导入

### 顺丰公司的药品冷链运输

顺丰冷运北京分公司接到北京BSY生物制品有限公司的生物制品运输通知，需要分批次运输约1000件国家免疫规划的生物制品至西藏自治区区级疾控中心，以及阿里地区、昌都地区、林芝地区等地市疾病预防控制中心（以下简称"疾控中心"），各类疫苗共计580000余人份。为了避免疾控中心断供，或者因运输温度异常导致生物制品性状发生变化，所以必须在保障运输时效的同时严格控制生物制品的运输温度。

由于运输的生物制品受用对象较为特殊，都是新生儿、婴幼儿所用（新生儿、婴幼儿的使用时效要求更高），加上路途的艰巨、路况的恶劣、时效的高要求，顺丰冷运制定了"以医药专车服务为主，医药商配服务辅助，医药专递服务提供航空支持"的定制化运输方案，并安排机动资源全程跟随，以应对运输途中的突发事件。

医药专车服务：顺丰冷运使用通过GSP验证合格的医药冷藏车，提前预冷充分，此服务省去了医药中转场中转、操作环节，将生物制品全程保持2～8℃运输环境，直运至西藏自治区疾控中心。

医药专递服务：由于拉萨通往阿里地区、昌都地区的道路出现严重塌方，车辆无法前行，顺丰冷运北京分公司马上调整配送方案，启用拉萨当地航空运力资源，使用医药专用冷藏箱航空运输。同时，立即做出备用应急方案，确保生物制品在任何情况下都不脱温：由于拉萨当地机场航班取消频繁，顺丰冷运在将疫苗送进机场后，冷藏车保持打冷在机场外机动等候，一旦航班取消，将在第一时间内取出货物，暂存至冷藏车或者西藏自治区疾控中心冷库。

**思考：** 冷藏货物的运输应注意哪些问题？

**分析：** 冷藏货物对运输和储存的要求是非常高，特别是针对药品类的冷藏货物，对温度、时效性要求非常高，否则在储运过程中容易引起货损甚至更多的灾难。

## 项目一　认知冷藏货物

### 一、冷藏货物的概念和特点

#### （一）冷藏货物的概念

冷藏货物是指放在常温以下温度保管、运输的货物。较为常见的是各种易腐货物，如水果、蔬菜、肉类、蛋类、水产品类等物品。

#### （二）冷藏货物的特点

**1. 对温度要求不同**

运送肉类时温度要低，蛋类温度要适中，水果、蔬菜或鲜花均怕热又怕冷，如苹果和梨的运送温度要保持在-4℃，香蕉和菠萝的运送温度要分别保持在12～14℃和8～10℃等。运输此类货物适宜使用冷藏车、保温车。对于运送温度要保持在零度以上的货物，可采取加盖保温材料和有封闭车厢车辆运输。

冷藏货物的温度控制要点

**2. 季节性强、货流波动幅度大**

比如，水果主要产于夏季与秋季，海洋水产有冬汛期和春汛期，鲜蛋的运输旺季在4～6月，蔬菜运输旺季在11月至次年的5月等。由于各地自然条件和气候不同，往往影响着这些物资产量，继而使货流产生波动。

### 二、冷藏货物的种类

冷藏货物分为易腐货物和活动物两大类，其中占比例最大的是易腐货物。

易腐货物是指在一般条件下保管和运输时，极易受到外界气温及湿度的影响而腐坏变质的货物。易腐货物主要包括肉、鱼、蛋、水果、蔬菜、冰鲜活植物等；活动物包括禽、畜、兽、蜜蜂、活鱼、鱼苗等。

易腐货物按其温度状况（即热状态）的不同，又可分为3个类别。

（1）冻结货物。冻结货物是指经过冷冻加工成为冻结状态的易腐货物。《鲜活货物运输规则》规定，冻结货物的承运温度（除冰外）应在-10℃以下。

（2）冷却货物。冷却货物是指经过预冷处理后货物温度达到承运温度范围之内的易腐货物。《铁路鲜活货物运输规则》规定，冷却货物的承运温度，除香蕉、菠萝为 11～15℃外，其他冷却货物的承运温度在 0～7℃。

（3）未冷却货物。未冷却货物是指未经过任何冷冻工艺处理，完全处于自然状态的易腐货物。例如采收后以初始状态提交运输的瓜果、新鲜蔬菜等。

按照热状态划分易腐货物是为了正确确定易腐货物的运输条件（如车种、车型的选用，装载方法的选取，以及运输方式、控温范围，冰盐比例、途中服务的确定等），合理制定运价，提高综合经济效益。

## 项目二　易腐货物的理化特性

### 一、易腐货物的化学成分及特性

易腐货物由有机物、矿物质和水等化学成分组成，有机物主要包括蛋白质、脂肪、糖类、维生素及酶、有机酸，而矿物质主要包括钙、磷、铁、镁、钠、碘等。各种易腐货物的组成成分以及各成分在易腐货物体内的分布特性具有很大的差别，因而不同易腐货物的性质存在很大的差异。

易腐货物是各种组成成分以不同的分散度综合而形成的复合体，具有胶体和真溶液所固有的复合体性质。例如，果蔬类易腐货物的肉质部分是由细胞组成的类似海绵的结构，其中散布有各种糖类的水溶液，有形成胶体的体系、高分子体系和以真溶液形式存在的细分散体系。

#### 1．蛋白质

蛋白质是一切生命的基础，在动物体内不能用其他材料合成。蛋白质中的各高分子是由不稳固的缔合键互相联结而形成的一个巨大聚合体，这种聚合体在化学或物理作用下能重新分解为各个高分子。与高分子相毗邻的一层水称为结合水，它不易挥发，约在 −40℃时冻结。

蛋白质在动物性易腐货物中含量较多，在植物性易腐货物中含量较少。蛋白质内部联系破坏，将沉淀析出。

#### 2．脂肪和类脂肪

易腐货物中所含的脂肪和类脂肪，有的以原生质脂肪的形态存在，有的以沉积于脂肪组织中的后备脂肪形态存在。脂肪中的饱和脂肪酸是实现正常新陈代谢所必需的。

植物油中含有大量的不饱和脂肪酸，常温下为液态；而动物性脂肪中主要含有饱和脂肪酸，在常温下呈固态。脂肪在动物性易腐货物和植物种子内含量较多，在一般水果蔬菜中含量较少。

#### 3．糖类

糖类是多羟基醛或多羟基酮和它们的缩合物以及某些衍生物的总称，是自然界中分布最广的有机物质。动物与植物组织中的主要糖类有多糖、二糖和单糖。

糖在植物性易腐货物中含量较多，在动物性易腐货物中含量较少。在易腐货物储运期间，糖会被消耗而逐渐减少，货物的糖分消耗慢，则说明储藏条件适宜。

### 4．维生素

维生素是低分子的有机化合物，是生物生长和代谢不可缺少的成分。在易腐货物保管和运输过程中，适当的低温对保护各种维生素具有重要的意义。

### 5．酶

酶在易腐货物体内含量不多，但易腐货物成分中的各种物质能在酶的作用下发生化学变化。因此必须控制酶对易腐货物的作用。酶在 40～50℃ 时活性最强，在低于 0℃ 或高于 700℃ 时，酶的催化作用即变得缓慢或完全丧失其活性。

### 6．有机酸

果蔬等植物性易腐货物体内含有苹果酸、葡萄酸、草酸、柠檬酸等；动物性易腐货物中则含有乳酸。易腐货物的 pH 值标志着易腐货物的新鲜程度。果蔬等植物性易腐货物成熟时一般含酸量增加，长期储藏后由于呼吸作用含酸量减少，使其风味变淡，品质下降。

### 7．水分和矿物质

水分不仅是物质完成生命活动的必要条件，而且对果蔬等易腐货物的新鲜度和风味有重要影响，部分易腐货物的含水量见表 8-1。

矿物质对新陈代谢起着重要的作用，一般总含量占货物总重的 1% 左右，大都是以有机化合物和可溶性盐类的形式存在。

表 8-1　部分易腐货物的含水量

| 品名 | 含水量（%） | 品名 | 含水量（%） | 品名 | 含水量（%） |
| --- | --- | --- | --- | --- | --- |
| 莴笋 | 95% | 甘蓝 | 94% | 荔枝 | 73.5% |
| 香蕉 | 82% | 鸡蛋 | 64% | 葱头 | 90% |
| 粉蕉 | 70.5% | 番茄 | 95% | 猪肉 | 62% |
| 黄瓜 | 96.9% | 豆角 | 93% | 牛肉 | 64.1% |
| 枇杷 | 77% | 茄子 | 95.7% | 羊肉 | 54.4% |

## 二、易腐货物的物理性质

易腐货物的物理性质主要包括易腐货物的比热容、传热系数、冻结温度和密度。这些性质对易腐货物的加工、储存和运输都有重要的影响。

### 1．易腐货物的比热容

单位质量的易腐货物，其温度变化 1K（开尔文是国际单位制中的温度单位，符号为 K）所吸收或放出的热量（kJ）称该易腐货物的比热容，单位为 kJ/（kg·K）。比热容的大小直接影响易腐货物冷却或冻结时消耗的冷量。在其他条件相同的前提下，比热容愈大，货物冷却或冻结时所消耗的冷量就愈多。

易腐货物的比热容（$C$）与其含水量有关系，不同含水量的易腐货物的近似比热容可按下式计算：

高于冻结温度时
$$C = 4.178\varphi + C''(1-\varphi) \tag{8-1}$$

冻结时
$$C_0 = 2.09\varphi\omega + C'(1-\varphi) + C''\varphi(1-\omega) \quad (8\text{-}2)$$

式中　$\varphi$——易腐货物的含水量，单位为 kg/kg；

$C'$——易腐货物中干燥成分的比热容，单位为 kJ/(kg·K)；

$\omega$——冻结水量占易腐货物全部水量的百分数；

$C''$——易腐货物中未冻结水的比热容，单位为 kJ/(kg·K)。

### 2．易腐货物的传热系数

易腐货物的传热系数（$\lambda$）是指 1m 厚的块状货物，两面温差 1K 时，单位时间内垂直通过 $1m^2$ 面积的热量。单位为 W/($m^2$·K)。

冷却易腐货物
$$\lambda = 0.605 + 0.256(1-\varphi) \quad (8\text{-}3)$$

冻结易腐货物
$$\lambda_0 = 2.326\varphi\omega + 0.256(1-\varphi) + 0.605\varphi(1-\omega) \quad (8\text{-}4)$$

易腐货物的传热系数对于确保易腐货物在储存和运输过程中的质量至关重要，尤其是在冷链管理和包装设计方面。了解和控制传热系数可以帮助有效减少热量传递，确保货物的安全和品质。

### 3．易腐货物的冻结温度

易腐货物的冻结温度是指易腐货物中的水开始冻结出冰晶的温度。在一定限度内，盐的浓度愈大，则冰结温度也愈低。

### 4．易腐货物的密度

易腐货物的密度是指单位体积货物的质量。运输过程中，易腐货物不能紧密挤压，这时的单位体积质量要远小于其密度。

部分易腐货物的主要物理性质见表 8-2。

表 8-2　部分易腐货物的主要物理性质

| 货物名称 | 密度（g/cm³） | 传热系数 [W/(m²·K)] | 冻结温度（℃） | | 比热容 [kJ/(kg·K)] | |
|---|---|---|---|---|---|---|
| | | | 初温 | 终温 | 高于冻结温度 | 低于冻结温度 |
| 瘦肉 | 0.97～0.99 | 0.556 | −0.6 | −1.2 | 3.18 | 1.76 |
| 肥肉 | 0.96～0.98 | − | −0.6 | −1.2 | 2.51 | − |
| 猪肉 | 0.94～0.96 | − | −0.6 | −1.2 | 2.18 | 1.51 |
| 瘦鱼 | 1.01～1.02 | 0.45 | −0.6 | −2.0 | 3.35 | 1.34 |
| 肥鱼 | 0.97～0.99 | − | −0.6 | −2.0 | 2.85 | 1.80 |
| 蛋 | 1.0～1.09 | 0.29 | −0.5 | −0.6 | 3.18 | 1.67 |
| 奶油 | 0.92～0.95 | 0.15 | − | − | 2.68 | 1.67 |
| 牛奶 | 1.03～1.08 | 0.64 | −0.53 | −0.55 | 3.94 | 1.67 |
| 凝乳 | 0.94～1.02 | − | −0.53 | −0.55 | 3.52 | 2.51 |
| 水果 | 1.03～1.07 | − | −1.0 | −2.5 | 3.35～3.77 | 2.09 |
| 蔬菜 | 1.06～1.10 | − | −1.0 | −2.5 | 3.35～3.77 | 1.67～2.09 |

### 三、易腐货物的腐败机理

易腐货物的种类繁多,不同的易腐货物具有不同的色、香、味、质地和营养,这是由于它们的化学成分及其含量决定的。易腐货物在储运过程中,如果采取的措施不当会使其成分发生分解变化,逐渐失去其食用价值和使用价值的现象被称为易腐货物的腐败。

引起易腐货物腐败的原因有很多,有主观方面的因素,也有客观方面的因素,但总的来说主要有微生物作用、呼吸作用和化学作用三种原因。

#### 1. 微生物作用

微生物作用是指微生物在易腐货物内滋长繁殖,导致易腐货物腐败。易腐货物在微生物分泌出的酶、毒素等物质的作用下,将细胞中复杂的有机物水解,使之成为适合供微生物繁殖的营养物质。随着微生物的繁殖,数量不断增加,加速了易腐货物的分解、消耗,最终导致易腐货物腐烂变质。例如蛋白质会在微生物的作用下分解产生硫化氢、氨等各种难闻气体和有毒物质,最后货物不能食用;脂肪由于微生物的作用分解为甘油和脂酸,脂酸再被氧化分解为醛类、酮类和酸类物质,使货物失去食用价值和使用价值。

#### 2. 呼吸作用

呼吸作用的本质是果蔬在酶的作用下进行的一种缓慢氧化过程。在此过程中放出的能量并不是全部被细胞所利用,其中绝大部分以呼吸热的形式散发出来。呼吸包括有氧呼吸、无氧呼吸两种类型,无氧呼吸又分为两种类型:缺氧呼吸(严格意义上的无氧呼吸)和发酵。

1)有氧呼吸时的变化: $C_6H_{12}O_6 + 6O_2 \rightarrow 6CO_2 + 6H_2O + 热量$;

2)无氧呼吸时的变化: $C_6H_{12}O_6 \rightarrow 2C_2H_5OH + 2CO_2 + 热量$;

果蔬等植物性易腐货物虽然离开了母体,但本身仍有呼吸作用。呼吸作用产生的免疫功能可抵御外界微生物,但以消耗货物自身体内的营养物质为代价,因此只能降低呼吸作用而不能停止呼吸作用。

#### 3. 化学作用

化学作用又称氧化作用。果蔬等易腐货物表皮碰伤受损后,内组织即暴露于空气当中,为了抵抗微生物的入侵,货物自身会加强呼吸作用,这也加速了易腐货物的腐烂速度。

易腐货物腐败的三种原因各有特点,相互影响,有时是同时进行的。例如水果碰伤后,伤口迅速氧化变色,呼吸强度加大,同时天然的免疫能力开始减弱以至丧失,微生物乘机侵入繁殖,使水果腐败。

## 项目三 易腐货物的冷藏原理及冷藏条件

导致易腐货物腐烂变质的原因是多方面的。动物性易腐货物和植物性易腐货物腐败的原因不同,动物性易腐货物腐败的主要原因是微生物作用,而植物性易腐货物腐败的主要原因是呼吸作用。

## 一、影响微生物作用和呼吸作用的因素

### 1. 影响微生物作用的因素

微生物主要包括细菌、真菌、病毒、古菌及原生生物。微生物在易腐货物体内以几何级数迅速增加。但其繁殖速度受以下诸多因素的影响。

（1）温度。一般微生物最适宜的繁殖温度是 25～35℃，一般细菌在 60℃环境中 30min 即可被杀死，2～4℃繁殖速度逐渐减慢，−18～−15℃停止繁殖。

（2）湿度。各种微生物的繁殖都有一个最适合的湿度，湿度过高或过低都使微生物的生存繁殖受到限制。一般情况下，湿度越高，细菌繁殖越快。

（3）pH 值。一定的微生物都有自己适宜的酸碱度。多数病菌最适合生存繁殖的 pH 值为 6.8～7.6。最适宜酵母菌生存繁殖的 pH 值为 3～6，一般最适宜霉菌生存繁殖的 pH 值为 2～8。

（4）渗透压。微生物繁殖最适合的盐水浓度为 0.8%～0.9%。1.8% 的盐水即可抑制杆菌繁殖，15% 的盐水可抑制球菌繁殖，接近饱和度的盐溶液即可杀死细菌。

（5）氧气。除厌氧菌外，一般微生物在氧气充足时繁殖会加快。

（6）阳光和紫外线。微生物都怕阳光和紫外线照射。

### 2. 影响呼吸作用的因素

（1）内因。内因主要包括易腐货物的品种、果蔬的生长天数等。在相同的条件下，不同品种的果蔬，呼吸强度有很大的差异。同品种、不同收获期的果蔬呼吸强度也不同，一般是早熟的果蔬比晚熟的果蔬呼吸大。

（2）外因。外因主要包括温度、空气成分、机械创伤、微生物侵蚀等。

## 二、易腐货物的冷藏原理

呼吸作用和微生物作用都与温度有关，因此只要控制好温度这一因素，就有可能既控制呼吸作用，又控制微生物的活动，即通过低温可使易腐货物的抗病性和耐藏性增强。

### 1. 低温对酶活性的影响

酶的活性因温度而发生的变化常用温度系数 $Q_{10}$ 来衡量。即

$$Q_{10} = K_2 / K_1 \tag{8-5}$$

式中　$K_1$——温度为 $T$ 时酶的化学反应速率；

　　　$K_2$——温度增加到 $T+10K$（开尔文，国际单位制中的温度单位）时酶的化学反应速率。

在一定的温度范围内，大多数酶的 $Q_{10}$ 值为 2～3，也就是说温度每下降 10K，酶的活性就会削弱至原来的 1/3～1/2。由此可见，温度越低，对酶的活性的抑制作用越强。

### 2. 低温对微生物的影响

低温储藏可阻止某些微生物的生长，并可大大减缓微生物的生长速度。因此，与在常温下相比，低温储藏可延长易腐货物的储藏期。

易腐货物的低温储藏分为冷却储藏和冻结储藏两大类。冷却储藏是将易腐货物的温度降到易腐货物的冻结点以上的某一合适温度，达到使大多数易腐货物短期储藏或某些易腐货物（如苹果、梨等）长期储藏的目的。而冻结储藏是将易腐货物的温度下降到可使易腐货物中绝大部

分的水形成冰晶,达到易腐货物长期储藏的目的。肉类易腐货物的冻结(包括解冻)变化过程如图 8-1 所示。

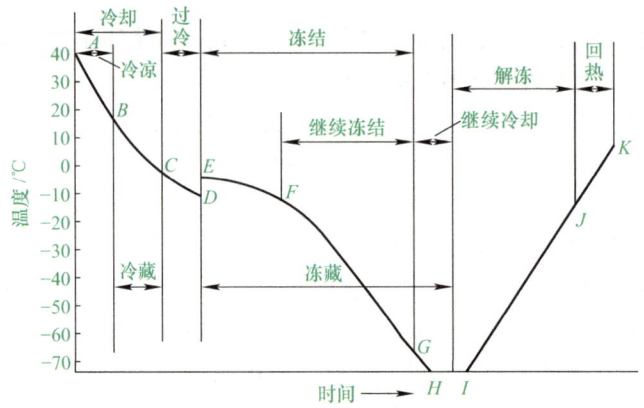

图 8-1　肉类易腐货物冻结(包括解冻)变化过程

由图 8-1 可知,易腐货物刚被冷却时温度下降较快,但温度降到一定程度时,易腐货物中的水分开始冻结并形成冰晶,该温度即为易腐货物的冻结点(冰点)。当易腐货物继续被冷却时,其冷量主要用来夺取易腐货物中大部分水分冻结成冰时所放出的大量潜热,该段时间内易腐货物的温度变化较小(通常在 $-5 \sim -1$℃),该温度范围称为最佳冰晶生成带(Zone of Maximum Crystallization),如图 8-2 所示。此后,货物温度又快速下降,直至冻结结束。

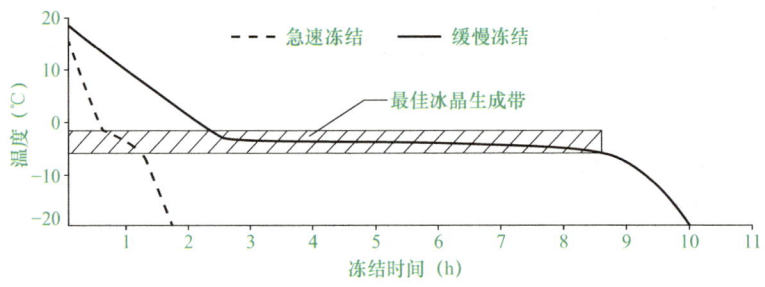

图 8-2　冻结过程中货物的温度与时间的关系

应该指出,控制其他影响呼吸作用和微生物作用的因素也能达到上述的效果,但在铁路运输上主要是用控制温度的方法,即用冷藏方法来加强易腐货物的抗病性和耐藏性,保持易腐货物在储运过程中的质量。其主要原因是冷藏法与其他方法相比有以下优点:

1)能很好地保持易腐货物的原有品质,包括色、味、香、营养物质和维生素;
2)冷源价格低廉,能大量地保管和运输易腐货物;
3)储藏的方法简便,易于操作,易于实现自动化,减少人力。

### 三、易腐货物的冷藏条件

利用冷藏法储运易腐货物时,温度是主要的条件,储运环境的湿度、通风和卫生状况等因素对易腐货物的储运质量也会产生直接的影响,而且温度、湿度、通风和卫生等因素之间又有一定的制约关系,应在了解其内部规律的基础上,妥善处理各因素相互之间的关系,才能达到保证易腐货物储运质量的目的。

1. 硬度

水果的硬度是指水果表面单位面积能承受的压力,可用来判定苹果、梨、西瓜、香蕉等水果的成熟程度。即

$$P = N/S \tag{8-6}$$

式中　$P$——被测水果的硬度值,单位为 $kg/m^2$;
　　　$N$——果实表面承受的力,单位为 $kg$;
　　　$S$——果实的受力面积,单位为 $m^2$。

2. 温度

低温能保持易腐货物的质量,但储运温度并不是越低越好,应根据易腐货物对低温的忍耐性,尽量降低储运温度。储运温度过低,如水果蔬菜就会因冻结而被破坏呼吸机能,失去抗病性,同时因冻结被破坏组织结构而降低其耐藏性,色味香等各方面都会有很大变化,且解冻时会迅速腐烂。又如肉、鱼等动物性易腐货物冻结温度过低,也会加大不可逆反应,使货物品质大大降低。

几种常见易腐货物储运的适宜温度见表 8-3。

表 8-3　几种常见易腐货物储运的适宜温度　　（单位：℃）

| 货物种类 | 冷链运输 | | 货物种类 | 冷链运输 | |
|---|---|---|---|---|---|
| | 储运温度上限 | 储运温度下限 | | 储运温度上限 | 储运温度下限 |
| 苹果 | 5～10 | 3～5 | 莴笋 | 2～6 | 0～2 |
| 甜柑 | 6～8 | 4～6 | 菜豆 | 5～8 | 4～7 |
| 甜橙 | 4～10 | 2～4 | 樱桃 | 5～7 | 0～5 |
| 柠檬 | 10～15 | 8～10 | 黄瓜 | 13～15 | 10～13 |
| 葡萄 | 4～8 | 0～4 | 菠菜 | 2～5 | 0～2 |
| 桃 | 3～7 | 0～3 | 辣椒 | 8～10 | 7～8 |
| 冻结牛肉 | -10～-9.4 | -11.1～-10 | 干鱼 | 7～10 | 4.4～7 |
| 冻蛋 | -10～-9.4 | -12.2～-10 | 猪油 | 2～4.4 | 0.6～2 |

3. 湿度

空气的湿度对易腐货物的品质有很大影响。湿度过小,会破坏易腐货物的维生素、其他营养物质及正常的呼吸。湿度过大,会使易腐货物表面"发汗",便于微生物滋长。

在冷藏技术上,空气的湿度是指相对湿度。相对湿度 $f(\%)$ 是指在一定温度下,空气的绝对湿度(即空气中实际含水蒸气的量)与饱和绝对湿度(即在饱和状态下所含的水蒸气量)之比,即

$$f = \frac{p}{p_0} \times 100\% \tag{8-7}$$

式中　$p$——空气的绝对湿度,单位为 $g/m^3$;
　　　$p_0$——空气的饱和绝对湿度,单位为 $g/m^3$。

空气的湿度与温度有密切的关系。温度愈高,空气的饱和绝对湿度也愈大。不同易腐货物

对湿度的要求有很大的差别。同时湿度还会影响呼吸作用。新鲜和干燥后蔬菜的呼吸强度变化如图8-3所示。

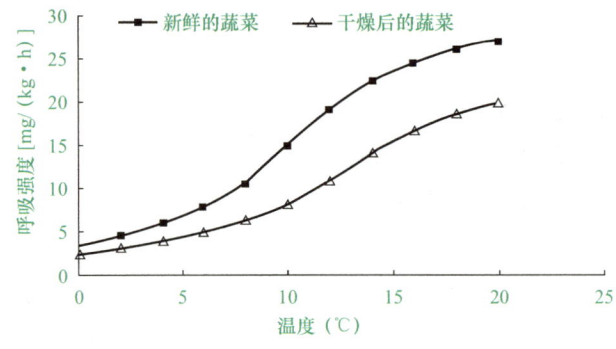

图8-3 新鲜和干燥后蔬菜的呼吸强度变化图

### 4．通风

有些易腐货物（如未冻结的果蔬）在保管和运输中需要通风，以排除有害气体而换入新鲜空气。但通风对温度和湿度都有直接影响，如外界气温较高，通风以后车内温度和湿度都会提高。通风的时间也应适当，过短不起作用，过长又会对车内温湿度和货物品质产生不利影响。

### 5．气体成分

气体成分对易腐货物的呼吸、衰老有很大的影响。适当地降低$O_2$含量并升高$CO_2$的含量，既可抑制货物呼吸又不干扰其正常代谢，如果$O_2$的含量太低，无氧呼吸会产生乙醇、乙醛等有害物质。果蔬因呼吸、容器材料的性质以及运输工具的不同，容器内气体成分也会有相应的变化，如用塑料薄膜贴附的有耐水性的纸箱，气体分子的扩散会受到抑制，同时要进行适当的通风换气。以梨为例，气体成分对梨的影响见表8-4。

表8-4 不同气体组成对梨品质的影响

| 气体组成 | | 储藏前 | | 储藏145天 | | 品质变化 |
|---|---|---|---|---|---|---|
| $O_2$（%） | $CO_2$（%） | 硬度（N/cm²） | 可溶性固形物（%） | 硬度（N/cm²） | 可溶性固形物（%） | |
| 8～10 | 6～8 | 0.718 | 12.4 | 14.7 | 13.0 | 100%轻度褐变 |
| 2～4 | 2.0 | 0.718 | 12.4 | 12.0 | 14.0 | 果皮鲜绿，果肉多汁，无褐变 |
| 3～5 | 6～8 | 0.718 | 12.4 | 12.0 | 12.5 | 100%严重褐变 |

### 6．卫生

易腐货物储运环境的卫生对保证储运质量是十分必要的。如果卫生条件不好，微生物太多，即使温度、湿度等条件都好，易腐货物也易于腐败，同时卫生条件还会直接影响易腐货物的外观和其他品质。

例如，果蔬及蛋乳类易腐货物的冷却可抑制微生物活动和呼吸作用，但也应保证合理的湿度范围和气体成分，湿度过小会使易腐货物干缩，湿度过大会使易腐货物发霉，因此，相对湿度一般应保持在85%～90%，同时需保证合适的气体成分，$CO_2$浓度一般控制在2%～8%，

$O_2$ 浓度一般控制在 2% ～ 5%。而肉类易腐货物的冻结可有效地抑制微生物的活动，但由于缓慢冻结会使细胞膜内大部分水分冻结形成的冰晶体积大、数量少，破坏了易腐货物的组织结构，解冻时冰晶融化成水，易腐货物汁液流失，使其失去或减少其原有的鲜味和营养价值，所以一般采取快速冻结法。快速冻结应保持冻结温度为 −30 ～ −23℃，冻结速度为 2 ～ 5cm/h，仓库温度控制在 −12 ～ −10℃较为经济，低温库的相对湿度一般应保持在 90% ～ 95%。

在铁路易腐货物运输过程中，除满足温度、湿度、通风和卫生等基本的冷藏运输条件外，包装、装卸也是保证易腐货物运输质量的重要措施，良好的包装可减少易腐货物间的摩擦、碰撞和挤压，减少病虫害的蔓延和水分蒸发，缓冲外界温度剧烈变化引起的产品损失，有利于充分利用仓储空间和合理堆码。但需注意，粗放、野蛮的装卸会导致货物机械损伤、腐烂。

## 四、储藏易腐货物的新技术

随着科技的发展，世界各国研制了许多储藏易腐货物的新技术，主要有以下几种：

### 1. 气调技术

气调技术（Controlled Atmosphere Storage，CA）是在冷藏的基础上，把果蔬放在特殊的密闭的库房内，根据果蔬采后的生理特性，通过改变储藏环境的气体成分来储藏货物。该方法储藏效果好、储藏时间长、无污染，主要是用气调集装箱作为运输工具来运输浆果、活牡等。

### 2. 辐射处理保存技术

辐射处理保存技术是用各种射线照射易腐货物，杀死储运环境里的细菌，抑制易腐货物的生化作用和代谢作用，以便延长易腐货物的保存期。

### 3. 电离子防腐技术

电离子防腐技术是把一万伏或两万伏的高压电加到两个特制的电极上，使两电极之间的空气电离产生正离子（Positive ion）和负离子（Negative ion），然后把电离子的空气吹向易腐货物，使易腐货物的生物电得到中和，扑灭生命的动力，使货物处于休眠状态。这种方法可以使易腐货物在常温下长期储藏而不腐烂，其特点是：设备简单、价格低廉、能量消耗小、操作过程可实现自动化。同时经技术处理的易腐货物可用普通棚车或汽车运输，能大大缓和目前冷藏车不足的问题。

### 4. 减压储藏技术

减压储藏技术的原理是降低储藏环境的气压，限制果蔬的呼吸作用，阻止微生物的和细菌的侵入繁殖。

### 5. 太阳能制冷技术

太阳能制冷技术是一个新的课题，它是利用氨−水系统、溴化锂−水系统、氨−氢−水系统、硫氰酸钠−氨制冷系统，主要应用于制冷空调和制冰方面，其特点是节能，但受光照时间和强度的影响大。

### 6. 水果表面涂层

在水果表面喷涂一层薄膜可限制水果的呼吸作用，阻止微生物侵入，防止水分蒸发，从而延长水果的储藏时间。美国等国家很早就在水果表面喷涂果蜡，后来日本试验成功一种蛋白质、淀粉和动植物油等高分子物质组成的溶液，对香蕉、木瓜等水果的储藏能起到良好的作用。

### 7. 浸钙保鲜法

澳大利亚新南威尔士大学食品技术研究所的研究表明，将苹果浸泡在含钙的水中，苹果经过渗透吸足了钙，可延长水果的保鲜时间。近年来，我国两广地区将柿子浸泡在石灰水中，既可杀死微生物又可增加柿子的硬度，以延长柿子的储藏时间。

### 8. 超低温速冻保鲜和冷冻升华干燥技术

超低温速冻保鲜是一种通过极低温度（通常低于-80℃）快速冻结食品的技术。这种方法能够让食品中的水分迅速形成微小的冰晶，从而减少对细胞结构的破坏，最大限度地保持食品的质地、颜色、风味和营养成分。由于冻结速度快，冰晶不会像传统冷冻那样变大而刺破细胞壁，因此解冻后的食品能更好地恢复到原始状态。超低温速冻还有效抑制微生物的生长和酶的活性，显著延长食品的保质期。冷冻升华干燥技术则是一种更复杂的干燥方法。首先将食品在低温下冻结，然后在真空环境中逐渐加热，使冰直接升华为气态，而不经过液态阶段，这一过程可以去除食品中95%以上的水分，同时最大限度地保留其原有的结构和营养成分。冻干食品具有极长的保存期，且在复原后几乎可以恢复原来的口感和形态。

## 项目四　冷藏货物的运输

### 一、冷藏货物的运输特点和运输要求

#### （一）冷藏货物运输的特点

冷藏货物运输具有以下特点：
1）季节性强、运量变化大。
2）运输时间要求短。
3）运输途中需要特殊照料。
4）货物运输质量要求高。

#### （二）冷藏货物运输要求

##### 1. 运输过程中保持一定的温湿度

在运输过程中，温湿度对易腐货物的质量有很大影响。如果易腐货物的运输工具内不能保持一定的温湿度，货物就会腐烂变质。例如，冻肉运输要求冷藏车车内温度在-60℃以下，湿度在95%～100%；蔬菜运输要求冷藏车车内温度在3～8℃，湿度在80%～95%。

##### 2. 运输过程中需要配备相应的运输车辆、运载器具和运输设施

为了安全地运输易腐货物，除了要求配备有适宜货物性质的、装运鲜活货物的、各种类型的专用货车外，还要求在有关站段配备为易腐货物运输服务的制冰设备和加冰、加盐设备等。

##### 3. 运输过程中要有良好的卫生条件和通风条件

运输易腐货物的全过程还必须具有良好的卫生环境，运输工具要有通风装置，以避免或减

少易腐货物的腐坏、变质。

### 4. 运输过程要求全程冷链

因为微生物的活动和呼吸作用都随着温度的升高而加强,若运输过程的某个环节没有保证连续冷藏的条件,那么货物很有可能在这个环节发生变质腐烂。因此,要协调好各个运输环节,尽可能配备一定数量的冷藏车或保温车,尽量组织"门到门"的直达运输,提高运输速度,以保证运输货物的完好。

## (三)冷藏货物的运输温度要求

为了防止冷藏货物在运输过程中变质,所以运输环境需要保持一定的温度,该温度一般称为运输温度。冷藏货物的运输可以根据运输温度细分为以下3种。

(1)冷冻运输(−18~−22℃):提供符合标准的冷冻运输车辆,运送速冻食品、肉类、冰激凌等货物。

(2)冷藏运输(0~7℃):提供符合标准的冷藏运输车辆,运送水果、蔬菜、饮料、鲜奶制品、花草苗木、熟食制品、糕点、食品原料等货物。

(3)恒温运输(18~22℃):提供符合标准的保温、温控运输车辆,运送巧克力、糖果、部分药品、化工产品等货物。

一些具有代表性的冷冻货物和低温货物的运输温度见表8-5和表8-6。

表8-5 冷冻货物的运输温度　　　　　　　　　　　　　　　(单位:℃)

| 货物名称 | 运输温度 | 货物名称 | 运输温度 |
| --- | --- | --- | --- |
| 鱼 | −17.8~−15.0 | 虾 | −17.8~−15.0 |
| 肉 | −15.0~−13.3 | 黄油 | −12.2~−11.1 |
| 蛋 | −15.0~−13.3 | 浓缩果汁 | −20.0 |

表8-6 低温货物的运输温度　　　　　　　　　　　　　　　(单位:℃)

| 货物名称 | 运输温度 | 货物名称 | 运输温度 |
| --- | --- | --- | --- |
| 肉 | −5~−1 | 葡萄 | −8~6 |
| 腊肠 | −5~−1 | 菠萝 | −11~0 |
| 带壳鸡蛋 | −15.0~−1.7 | 橘子 | −10.0~2.0 |
| 苹果 | −16~−1 | 柚子 | −15.0~8.0 |
| 白兰瓜 | −2.2~1.1 | 红葱 | −15.0~−1.0 |
| 梨 | −5~0 | 土豆 | −15.0~3.3 |

## 二、冷藏货物的运输工具

### (一)冷藏车

#### 1. 用于公路运输的冷藏卡车

冷藏卡车的制冷箱体是固定在底盘上的,其制冷系统分为两个大类:非独立式(车驱动)

和独立式（自驱动）。非独立式使用卡车的发动机来驱动制冷机组的压缩机或者驱动发电机，然后通过发电机来驱动制冷机组的压缩机。独立式则有自带的发动机，通常是柴油发动机，以此来独立地驱动制冷系统，而无须借助车辆的发动机动力。公路冷藏卡车如图8-4所示。

图8-4 公路冷藏卡车

### 2. 用于铁路运输的加冰冷藏车、机械冷藏车和冷板冷藏车

1）加冰冷藏车为单节车，使用较方便，但冰盐的制冷能力较小，车内温度难以调控，且盐水易使车体锈蚀。

2）机械冷藏车采用机械制冷，制冷量大，制冷速度快，调温范围宽，控温稳定可靠。但是，车组技术含量高，维修复杂，需配备专业乘务人员负责操作和维护，并设置专门的车辆段负责维修、运用和管理。

3）冷板冷藏车顶部安装有多块冷板，利用冷板制冷。较之加冰冷藏车，冷板冷藏车具有冷剂可循环使用、耗能少、无盐水腐蚀的优点，运输成本低，使用期长。

### （二）冷藏集装箱

冷藏集装箱的载货量相对较小，除了具有运用灵活、市场适应性强、"门到门"运输的优点外，还能减少易腐货物在不同运输工具间换装和在待装、待搬、装卸、搬运、中转、配送等作业过程中的暴露时间，使货物免受外温影响而导致温升软化变质或发生低温冷害冻损，也减少了货物被污染的可能性，有利于保持货物的质量。冷藏集装箱如图8-5所示。

图8-5 冷藏集装箱

### （三）冷藏船

冷藏船的货舱为冷藏舱，常被隔成若干个舱室。每个舱室是一个独立的、封闭的装货

空间。舱壁、舱门均为气密，并覆盖有泡沫塑料、铝板聚合物等隔热材料，使相邻舱室互不导热，以满足不同货物对温度的要求。冷藏舱的上下层甲板之间或甲板和舱底之间的高度与其他货船相比较小，目的是防货物堆积过高而压坏下层货物。冷藏船上有制冷装置，包括制冷机组和各种管路。制冷机组一般由制冷压缩机、驱动电动机和冷凝器组成。冷藏船如图 8-6 所示。

图 8-6　冷藏船

### 三、冷藏货物的运输方式和运输组织

#### （一）冷藏货物的运输方式

易腐货物在不同外界气温条件下，需要采用不同的运输方式。运输易腐货物有冷藏、气调、通风、保温和防寒 5 种运输方式。

1）冷藏运输是指通过一定的制冷方式，让运输工具保持低于外界气温的温度，是让货物保持在适宜的温度条件下的运输方法。

2）气调运输是指运输过程中通过对运输环境中空气成分、浓度及温湿度条件的控制和调节，保证货物的新鲜度和质量。

3）通风运输是指在运输过程中或部分区段需开启门、窗、通风孔或吊起运输工具侧板进行通风的运输方法。

4）保温运输是指不采用任何制冷、加温措施，仅利用车体的隔热结构，使易腐货物本身蓄积的冷量或热量以较为缓慢的速度散失，在一定时间内维持低于或高于外界气温的温度，保持车内适宜温度的一种运输方法。

5）防寒运输是指加强隔热性能的保温运输方法，但这种方法只用于寒季运送易发生冷害或冻害的易腐货物。

#### （二）冷藏货物的运输组织

对于易腐货物的运输应坚持"四优先"的原则，即优先安排运输计划、优先进货装车、优先取送、优先挂运。

发货人在托运之前，应根据货物的不同性质，做好货物的包装工作。托运时，应向承运人提出货物最长的运达期限、某一种货物的具体运输温度及特殊要求，提交卫生检疫等有关证明，并在托运单上注明。检疫证明应退回发货人，或随同托运单代递到终点站交收货人。

承运人在承运易腐货物时，应对货物的质量、包装、温度等进行仔细检查。承运人应根据货物的种类、性质、运送季节、运距和运送地方，确定具体的运输服务方法，及时地组织适合的车辆予以装运。

在易腐货物装车前，应认真检查车辆及设备的完好状态，做好车厢的清洁、消毒工作，适当风干后再装车。装车时，应根据不同货物的特点，确定装载方法。

对于易腐货物的运送，应充分发挥公路运输快速、直达的特点，协调好仓储、配载、运送各环节，及时运送货物。在运输途中，应由托运方派人沿途照料。天气炎热时，应尽量利用早晚时间运输货物。

### 职业素养

随着我国冷链物流行业的快速发展以及消费者对食品品质要求的不断提高，冷藏货物运输成为保障食品安全的关键环节。近年来，国家层面相继出台了一系列政策措施，旨在规范冷链物流市场，提升服务质量和安全保障水平。在这样的背景下，从事冷藏货物运输的相关从业者不仅需要掌握必要的专业技能，还需要具备相应的职业素养。首先，了解并遵守国家相关政策法规是基本的职业要求。例如，《关于加快推进冷链物流运输高质量发展的实施意见》等文件明确了冷链物流的发展方向和重点任务，从业者需深入学习这些政策文件，确保在实际操作中严格按照规定执行，比如正确使用温度控制设备、合理规划运输路线等，从而保证货物的安全和质量。其次，持续学习的态度是提升职业能力的重要途径。随着技术进步，冷链物流行业不断引入新技术、新设备，如智能温控系统、物联网监测等，从业者应当主动学习掌握这些新技术的应用方法，提高自身的技术水平和服务能力，更好地满足客户的需求。再次，良好的沟通协调能力对于保证冷藏货物运输过程中的各个环节顺畅运行至关重要，这包括与发货人、收货人以及其他物流合作伙伴的有效沟通。通过建立良好的合作关系，可以有效避免运输过程中的延误和其他问题，确保货物按时、安全地送达目的地。最后，高度的责任感和诚信意识也是不可或缺的职业素养。在冷链物流中，任何一个小的疏忽都可能导致货物变质或损坏，进而影响消费者的健康。因此，每位从业者都必须时刻牢记自己的责任，严格遵守行业标准和道德规范，确保每一项工作都能高标准完成。综上所述，面对日益严格的监管环境和不断提高的服务标准，冷藏货物运输领域的从业者应当不断强化自身的专业技能和职业素养，为推动整个行业向更高水平发展贡献力量。

## 模块练习

### 一、单项选择题

1. 冷藏货物运输的主要方式不包括（　　）。
   A. 冷藏车　　　　B. 冷藏船　　　　C. 冷藏集装箱　　　　D. 冷藏飞机
2. 冷藏货物的特点不包括（　　）。
   A. 易腐烂　　　　B. 易变质　　　　C. 价格昂贵　　　　D. 体积小

3. 下列不属于冷冻货物的是（　　）。
    A. 冷冻肉　　　　B. 冷冻海鲜　　　C. 冷冻蔬菜　　　D. 新鲜水果
4. 冷藏货物在运输过程中，最重要的因素是（　　）。
    A. 运输时间　　　B. 运输距离　　　C. 温度控制　　　D. 货物包装
5. 冷藏货物在运输过程中，为了防止交叉污染，应做到（　　）。
    A. 分类装载　　　B. 单独包装　　　C. 快速运输　　　D. 以上都是
6. 冷藏货物的包装材料应具备（　　）性能。
    A. 防潮　　　　　B. 防霉　　　　　C. 保温　　　　　D. 以上都是
7. 冷藏货物在装运前应进行（　　）检查。
    A. 温度　　　　　B. 湿度　　　　　C. 包装　　　　　D. 以上都是
8. 冷藏货物在运输过程中，为了保持温度稳定，应（　　）。
    A. 保持通风良好　B. 适当降低温度　C. 避免频繁开关门　D. 以上都是
9. 冷藏货物在装卸过程中，为减少温度波动，应（　　）。
    A. 加快装卸速度　B. 使用保温垫　　C. 避免阳光直射　D. 以上都是
10. 冷藏货物在运输过程中，为了保证货物质量，应定期（　　）。
    A. 更换包装　　　B. 测量温度　　　C. 检查湿度　　　D. 以上都是
11. 冷藏货物在运输过程中，为了避免货物受潮，应使用（　　）。
    A. 防潮包装　　　B. 干燥剂　　　　C. 保温箱　　　　D. 以上都是
12. 冷藏货物在途中遇到异常情况时，应及时（　　）。
    A. 上报主管部门　B. 通知发货人　　C. 采取应急措施　D. 以上都是
13. 冷藏货物在运输过程中，为了防止货物受损，应避免（　　）。
    A. 频繁振动　　　B. 摔落　　　　　C. 堆压　　　　　D. 以上都是
14. 冷藏货物在运输过程中，为了保证食品安全，应符合（　　）标准。
    A. 国家食品卫生　B. 行业标准　　　C. 国际公约　　　D. 以上都是

## 二、判断题

1. 冷藏货物是指需要在特定温度范围内储存和运输的商品，以保持其品质和安全性。
（　　）
2. 所有的水果和蔬菜都需要冷藏运输以延长保鲜期。（　　）
3. 冷藏运输车辆必须配备温度监控设备，确保货物在整个运输过程中保持适宜的温度。
（　　）
4. 冷藏货物在装载前，车辆必须预先冷却到规定的温度范围之内。（　　）
5. 在冷藏运输过程中，货物之间的空隙越大越好，以便于冷空气流通。（　　）
6. 冷藏货物在运输过程中一旦发现温度异常，应立即采取措施调整，必要时需将货物转移到合适的冷藏环境中。（　　）
7. 为了保证冷藏货物的质量，运输途中应避免频繁开启车厢门。（　　）
8. 冷藏货物的温度要求非常严格，不同的货物可能需要在不同的温度条件下进行运输。
（　　）

9. 冷藏货物在装卸过程中也必须保持适当的温度控制，以避免温度波动影响产品质量。
（　　）

10. 冷藏运输车辆长时间停放后，在重新启动前，无须再次检查和预冷车辆，可以直接装载货物。
（　　）

### 三、简答题

1. 什么是冷藏货物？简述冷藏货物的特点。
2. 冷藏货物在运输过程中，如何控制温度？
3. 举例说明几种常见的冷藏货物及其储存温度要求。
4. 冷藏货物在运输过程中，应采取哪些措施以保证货物质量？
5. 冷藏货物在运输过程中，遇到异常情况时，应如何处理？
6. 冷藏货物在储存和运输过程中需要注意哪些事项？
7. 冷藏货物包装的基本要求有哪些？
8. 简述冷藏货物在运输过程中可能出现的问题及解决办法。

### 四、案例分析题

金秋十月，菊黄蟹肥，苏州阳澄湖、太湖的大闸蟹早已名扬海内外。给远方的朋友或亲人捎去苏州特有的品牌大闸蟹，是不少人的美好愿望。每年苏州大闸蟹都会通过快递方式，被发运到全国各地。据悉，大闸蟹属鲜活类水产品，不易运输。为了确保大闸蟹在运输途中的鲜活，快递企业在快递大闸蟹时，需要保持设备有一定的湿度，一般都是将螃蟹放入专用的包装箱，在螃蟹周围放上冰块，当螃蟹进入低温休眠后，再用专用胶带进行密封加固，这样才能做到万无一失。

问题：

1. 如何保存大闸蟹？
2. 运输大闸蟹的途中应注意哪些问题？

## 模块九 绿色货物

**知识目标**：绿色货物的基本概念及其重要性；掌握实现货物绿色化的方法和技术手段。
**能力目标**：能够分析绿色货物在市场中的竞争优势和发展前景。
**素质目标**：树立社会责任感和环境保护意识。理解绿色货物的意义以及如何在实践中实现货物的绿色化，同时思考未来如何在自己的专业领域内将知识贡献于可持续发展。
**学习重点**：绿色货物的特点。
**学习难点**：实现货物绿色化的方法和技术手段。

### 案例导入

#### "绿竹生活"公司的绿色产品

随着全球环境保护意识的不断提高，越来越多的消费者开始倾向于选择那些既环保又实用的产品。在这个背景下，一家名为"绿竹生活"的公司应运而生，专注于开发和销售由可持续生长的竹子制成的各种家居用品。该公司不仅注重产品的环保属性，还致力于通过创新设计提升用户体验，旨在为现代家庭提供一种更加绿色的生活方式。

一、产品特点与优势

1. 原材料的选择

"绿竹生活"所使用的竹材来自经过认证的可持续管理竹林，确保了原材料的可再生性和环境友好性。与传统木材相比，竹子生长周期短（约3～5年即可成熟），不需要使用化肥和农药，因此是一种非常理想的绿色原材料。

2. 生产工艺

"绿竹生活"在生产过程中采用了先进的环保技术，最大限度地减少了废水排放和有害物质的产生。例如，在加工过程中产生的废料被回收再利用，转化为生物质燃料，用于工厂内部的能源供应。

3. 产品种类

"绿竹生活"的家居用品涵盖了厨房用具（如砧板、餐具）、浴室用品（如牙刷架、垃圾桶）、装饰品（如花瓶、挂饰）等多个类别。这些产品不仅外观时尚，而且耐用性强，可以长期使用，减少了资源消耗和废弃物产生。

### 4. 包装材料

为了进一步减少对环境的影响,"绿竹生活"的所有产品都使用可降解或可回收材料进行包装。比如使用玉米淀粉制成的塑料袋代替传统的塑料包装,既保护了产品,又减少了塑料垃圾的产生。

## 二、社会影响力

### 1. 环保宣传

"绿竹生活"通过社交媒体和线下活动积极传播环保理念,鼓励更多人参与到绿色生活中来。

### 2. 社区支持

"绿竹生活"与当地社区建立了良好的合作关系,定期举办竹林维护和生态教育活动,提高了公众对可持续生活方式的认识和支持。

### 3. 经济价值

通过销售环保产品,绿竹生活不仅为企业带来了经济效益,也为当地提供了就业机会,促进了地区的经济发展。

**思考:** "绿竹生活"的成功秘诀是什么?

**分析:** "绿竹生活"的成功案例展示了如何通过采用可持续原材料、优化生产工艺、设计实用且美观的产品来实现商业目标的同时保护环境。这种模式不仅有助于缓解当前面临的环境压力,也为其他企业提供了宝贵的参考经验。随着人们对绿色生活需求的不断增长,相信未来会有更多的企业和个人加入到这一行列中来,共同推动社会向更加可持续发展的方向迈进。

# 项目一 绿色货物的概念和特征

## 一、绿色货物的概念

绿色货物是指那些在生产、包装、运输、销售、使用及使用后的处置全过程都符合环境保护要求,对生态环境无害或危害极小,并有利于资源的保护和再回收的商品。这些商品通常采用可再生资源作为原料,通过清洁生产技术制造,并且在使用过程中能够有效减少能源消耗和废弃物排放。

## 二、绿色货物的特征

(1)环保原材料:绿色货物往往采用可再生或可回收的原材料,比如有机棉、竹子、再生纸等,以减少对自然资源的消耗。

环保原材料的选择与应用

(2)节能生产:在制造过程中,采用低能耗技术和设备,可以减少能源消耗和温室气体排放。此外,还可以采用清洁能源(如太阳能、风能)作为生产动力。

(3)减少污染:在生产过程中采取措施减少水污染、空气污染和其他类型的环境污染。例如,通过改进工艺流程减少废水排放量,或者使用无毒的染料和化学品。

（4）可持续包装：使用可降解或可回收材料进行包装，减少包装废弃物。常见的可持续包装材料包括纸质包装、生物基塑料等。

（5）绿色物流：在运输环节采用绿色物流方案，如电动货车配送、优化运输路线以减少碳足迹。

（6）长寿命设计：产品设计时考虑耐用性和可维修性，延长使用寿命，减少频繁更换导致的资源浪费和垃圾产生。

（7）易回收性：产品结构设计便于拆解和回收，确保产品到达其生命周期终点时能够被有效回收再利用。

（8）公平贸易：部分绿色货物还强调公平贸易原则，确保供应链中的劳动者获得合理待遇和工作条件。

（9）透明度高：企业提供详细的生产和供应链信息，让消费者了解产品背后的故事，增强信任感。

（10）社会责任：除了关注环境影响外，许多绿色货物还会考虑社会层面的责任，比如支持当地社区发展项目、促进性别平等和社会公正等。

### 三、绿色货物的分类

#### 1．按照产品类型分类

（1）食品类。有机农产品、绿色蔬菜水果、无公害食品等。

（2）家居用品。环保家具、生态纺织品、可降解清洁剂等。

（3）个人护理。天然化妆品、无添加洗护用品等。

（4）电子产品。节能电器、可再生能源设备、低辐射电子产品等。

（5）包装材料。可降解塑料袋、再生纸制品、生物基材料等。

#### 2．按照生产过程的环保程度分类

（1）原料阶段。使用可再生或可回收材料制成的产品。

（2）加工阶段。采用低能耗技术、减少化学物质使用的生产过程。

（3）包装阶段。使用易于回收或可降解的包装材料。

（4）物流阶段。采取低碳运输方式，减少物流过程中的碳排放。

#### 3．按照产品的使用周期分类

（1）耐用消费品。设计用于长期使用的物品，如耐用家具、高质量电子设备等。

（2）一次性消费品。虽然为一次性使用设计，但采用可降解材料制成的产品，如可降解餐具、环保纸巾等。

（3）循环再利用产品。设计时考虑到了产品的回收和再利用，如可拆解电子产品、可回收包装材料等。

#### 4．按照产品认证标志分类

（1）有机认证。获得有机认证的农产品和食品。

（2）环保标志。获得各国政府或国际组织颁发的环保标志的产品，如欧盟的"生态标签"、中国的"绿色产品"标志等。

（3）公平贸易认证。符合公平贸易标准的产品，保证了供应链中工人的权益。
（4）节能认证。如中国能效标识、美国的 ENERGY STAR 等节能标志。

### 四、实现货物绿色化的方法和技术手段

（1）绿色包装。使用可回收、可降解或环保材料制作的包装，减少一次性塑料等不易降解材料的使用。

（2）优化物流与运输。利用智能物流系统和大数据分析优化配送路线，减少不必要的运输距离；采用更加环保的运输方式（如铁路运输而非公路运输）；使用电动或混合动力车辆替代传统燃油车进行货物运输。

（3）节能仓储设施。建设节能型仓库，如通过安装太阳能板、采用高效照明系统等方式降低能耗。

（4）循环经济模式。推广产品的循环再利用，例如建立回收机制，鼓励消费者将不再需要的商品退回给生产商，进行修复或重新加工后再出售。

（5）信息技术应用。运用物联网（IoT）、区块链等先进技术追踪产品从生产到消费全过程中的碳足迹，确保供应链各环节符合环保标准。

（6）可持续采购策略。优先选择那些采取了绿色生产方式的企业作为供应商，鼓励更多公司参与到绿色供应链实践中来。

（7）环境友好型产品设计。在产品设计阶段就考虑到其生命周期结束时的处理问题，尽量使用易于回收的材料，并减少有害物质的使用。

（8）教育培训与意识提升。加强对员工及消费者的环保教育，提高大家对绿色物流重要性的认识。

（9）政策支持与激励措施。政府可以出台相关政策，为实施绿色物流的企业提供税收减免、资金补贴等激励措施。

## 项目二　绿色货物的标准与认证体系

### 一、绿色货物的标准要素

绿色货物的标准要素主要包括以下几个方面：

#### 1. 原材料获取

优先使用可再生、可回收或低环境影响的材料。例如，使用有机棉代替传统棉，可以显著降低水资源消耗和化学肥料使用量。

#### 2. 生产制造

（1）能源效率。采用高效节能技术，减少生产过程中的能源消耗。
（2）清洁生产。采用先进的生产工艺，减少污染物排放。
（3）废弃物管理。建立有效的废弃物分类和回收系统，减少垃圾填埋量。

### 3．包装与运输

（1）环保包装。采用可降解或易于回收的材料，减少包装废弃物。

（2）低碳运输。优化物流网络，采用清洁能源车辆，减少运输过程中的碳排放。

### 4．使用与维护

（1）耐用性。设计耐用且易于维护的产品，延长使用寿命。

（2）可修复性。提供维修服务和支持，便于用户自行维护或修理产品。

### 5．废弃处理

（1）回收设计。产品设计时考虑易于拆解和回收利用。

（2）回收支持。建立回收网络，提供回收服务，鼓励消费者参与回收。

## 二、国内外主要认证体系介绍

绿色货物的标准与认证体系是为了确保货物在整个生命周期内对环境的影响最小化，并且符合特定的环保要求而设立的一系列规范和评估机制。这些标准与认证体系通常由政府机构、非政府组织（NGO）或者行业协会制定并实施。下面详细介绍一些主要绿色货物的标准与认证体系。

### 1．国际标准

（1）ISO 14000 系列：国际标准化组织（ISO）发布的一套关于环境管理的系列标准，涵盖环境管理体系、环境审核、生命周期评估等方面的内容。

（2）ISO 14020 系列：国际标准化组织（ISO）发布的 ISO 14020 系列标准，涉及环境标志和声明，帮助消费者识别和选择环境友好型产品和服务。

### 2．地区性/国家性标准与认证

（1）欧洲。

1）欧盟生态标签（EU Ecolabel）：通过一个统一的标志来促进欧洲市场的环保产品和服务。

2）能源之星（Energy Star）：虽然起源于美国，但在欧洲也得到了广泛应用，是针对节能产品的认证。

（2）美国。

1）能源之星（Energy Star）：由美国环境保护署（EPA）和美国能源部共同发起的节能产品认证计划。

2）Green Seal：为各种产品和服务提供环保标准和认证。

（3）中国。

1）中国环保产品认证（China Certification for Environmental Protection，CCEP）：由中环协（北京）认证中心开展的一项认证工作，旨在推动企业生产环保产品，减少产品在生产、使用和废弃过程中对环境的影响。

2）有机产品认证：由国家认证认可监督管理委员会（CNCA）授权的认证机构对有机农产品和其他有机产品的认证。

### 3. 行业特定标准与认证

（1）森林管理委员会（FSC）认证：确保木材和纸张产品的来源是负责任的森林管理。

（2）公平贸易认证：确保产品在生产过程中遵守公平贸易原则，保护工人权益和环境。

（3）USDA 有机认证：由美国农业部（USDA）制定的有机产品认证标准，确保产品符合有机生产的严格要求。

### 4. 生命周期评估（LCA）

生命周期评估是一种评估产品在其整个生命周期内的环境影响的方法，涵盖从原材料提取、生产、使用到废弃处理的全过程。LCA 能够帮助企业识别并减少产品对环境的负面影响。

（1）全面评估：对产品从原材料获取到废弃处理的整个生命周期进行全面环境影响评估。

（2）持续改进：根据 LCA 结果，定期更新产品设计和技术，以减少环境影响。

## 三、绿色货物标准与认证体系的意义

（1）提升产品竞争力。获得绿色货物认证的企业能够在市场上脱颖而出，吸引越来越多注重可持续发展的消费者。此外，这也有助于企业在国际市场上的拓展，尤其是在那些对环保有较高要求的国家和地区。

（2）促进产业升级。绿色货物标准与认证体系的建立和完善，能够引导和激励企业采用更加环保的生产方式，推动整个产业链向绿色化方向发展，从而实现产业结构的优化升级。

（3）保护生态环境。通过严格执行绿色货物标准，可以有效减少环境污染和资源浪费，有助于保护地球生态环境，为后代留下一个更加美好的家园。

建立和完善绿色货物的标准与认证体系对于推动经济社会可持续发展具有重要意义。未来，随着技术的进步和社会对环保要求的不断提高，绿色货物的标准也将不断完善和提高，这将对企业和消费者提出更高的要求，同时也为环境保护事业做出更大的贡献。

## 四、绿色货物认证流程

（1）申请准备。首先，收集所有必要的文件和数据，包括产品设计、制造工艺、原料来源等信息。其次，进行自我评估，确保符合绿色货物的基本要求。

（2）提交申请。首先，向认证机构提交正式申请及所有相关文档。其次，缴纳认证费用。

（3）文件审核与现场审核。首先，认证机构对提交的文件进行初步审核。其次，安排专家团队进行现场审核，检查生产设施、质量管理体系等是否符合标准。

（4）产品测试。首先，根据标准要求对产品进行实验室测试，验证其性能指标。其次，测试可能包括但不限于材料安全性、能源效率、环境影响等方面。

（5）综合评估。首先，结合文件审核、现场审核和产品测试的结果，进行综合评估。其次，评估报告应详细说明符合项和不符合项。

（6）颁发证书。如果所有要求均满足，认证机构将颁发绿色货物认证证书。证书有效期一般为一定年限，期间需要进行年度监督审核。

（7）市场监督。认证机构会定期对已获证产品进行市场监督抽查，确保其持续符合标准要求。

（8）持续改进。鼓励企业根据市场反馈和技术进步，不断改进产品和服务，提升环境绩效。

## 项目三　绿色物流

### 一、绿色物流的发展背景及概念

绿色物流的发展背景可以追溯到 20 世纪末到 21 世纪初，随着全球环境问题的逐渐凸显，人们对气候变化、资源枯竭以及生态平衡的担忧日益增加。传统的物流活动因其高能耗、高排放、低效率的特点成为环境保护的焦点之一。

（1）环境意识的觉醒（20 世纪 90 年代）。在 20 世纪 90 年代，社会对环境问题的认识逐渐加深，全球气候变化、大气污染和自然资源耗竭等问题引起了广泛关注。这为绿色物流的兴起提供了社会意识的基础。

（2）《京都议定书》（1997 年）。《京都议定书》是一个国际环境协定，于 1997 年通过，旨在减少温室气体排放。这一协定对企业和国家提出了更为严格的环境要求，促使各界开始关注如何通过改进物流活动来减少对气候的不良影响。

（3）可持续发展理念的兴起（2000 年以后）。随着可持续发展理念在全球范围内的推广，企业开始认识到环境保护不仅是一种道德责任，更是未来业务可持续发展的必要条件。在这一背景下，物流业成为实践绿色理念的重要领域之一。

（4）政策法规的推动（2000 年以后）。各国纷纷制定了一系列环保政策和法规，对碳排放、废物处理等方面提出了更为严格的要求。这推动了企业加强绿色物流管理，以符合法规标准。

（5）技术创新的推动（2000 年以后）。随着科技的不断进步，绿色物流得以通过新技术的引入实现更高效的能源利用、智能化的运输和仓储管理，以降低环境负担。

总体而言，绿色物流的发展是在环境问题引起广泛关注、国际协定的制定和可持续发展理念逐渐深入人心的大背景下逐步兴起的。通过不断的技术创新、政策法规的支持以及企业社会责任的意识提升，绿色物流在全球范围内逐渐成为物流业发展的主流趋势。

绿色物流是一种关注环保、可持续发展和社会责任的物流管理方式。它强调减少对环境的不良影响，通过采用清洁能源、降低废物排放、提高能源效率等手段，实现物流活动的可持续性和环保性。2021 年，我国发布实施的国家标准《物流术语》（GB/T 18354—2021）对绿色物流的定义是：通过充分利用物流资源、采用先进的物流技术，合理规划和实施运输、储存、装卸、搬运、包装、流通加工、配送、信息处理等物流活动，降低物流活动对环境影响的过程。

### 二、绿色物流的管理方法

绿色物流管理方法是一系列综合性的战略和实践，旨在降低物流活动对环境的不良影响，提高资源利用效率，以促进可持续发展。以下是一些主要的绿色物流管理方法。

（1）能源效率改进。采用先进的技术和设备，以提高运输和仓储系统的能源效率。例如，物流公司可以更新运输车队，选择更为高效的交通工具，或者在设施中使用节能型照明装置和设备，从而减少整体的能源消耗。

（2）清洁能源应用。推动使用清洁能源，例如电动车辆、太阳能或风能等，以减少运输活动的碳排放。一些物流公司已经采用电动卡车或使用可再生能源来供应其设施的电力，以减少对传统能源的依赖。

（3）供应链优化。通过对供应链的全面优化，减少资源的浪费。这包括减少库存水平，改进供应链可视性，提高生产计划的准确性，从而减少过度生产和不必要的运输。

（4）再制造和循环经济。鼓励再制造和回收利用，减少废弃物的产生。企业可以设计可重复使用的包装，通过回收和再制造过程降低对新原材料的需求，并将废弃物纳入循环经济系统。

（5）绿色包装。采用环保材料设计和生产包装，以减少资源的使用和废弃物的产生。使用可降解或可回收的包装材料，或采用轻量化设计，都是推动绿色包装的方式。

（6）智能物流技术。应用物联网、大数据和人工智能等技术，以提高物流的可操作性和效率。智能物流系统可以实时监测货物运输，优化路线规划，减少空驶和拥堵，从而降低碳排放。

（7）遵守环保法规。遵守环境法规和标准，确保物流活动符合当地和国际的环保要求。积极参与碳排放报告和环境审核，以确保企业在法规要求方面达到或超过标准。

（8）强化社会责任。建立绿色物流的企业文化，推动员工、供应商和客户的参与。加强培训，使员工认识到环保实践的重要性，建立合作伙伴关系，共同努力推动整个供应链的绿色化。

这些方法的综合应用可以使企业在物流活动中实现经济效益，同时最大程度的减少对环境的负面影响。通过采用这些绿色物流管理方法，企业可以在可持续性方面取得显著的进展，提高市场竞争力，满足消费者和利益相关者对环保责任的期望。

### 三、绿色物流的发展现状和存在问题

#### 1. 发展现状

随着全球对气候变化和环境问题的关注日益增加，绿色物流已成为企业和政府关注的重点领域。一些发达国家和地区在推动绿色物流方面取得了显著进展，企业通过采用清洁能源、优化运输路线、推动循环经济等手段，努力减少对环境的负面影响。同时，智能物流技术的应用也在提高运输效率、减少浪费。

#### 2. 存在问题

绿色物流是全球物流行业迈向可持续性的重要趋势，但在其发展过程中仍然面临一些挑战和问题。

（1）高成本挑战。采用绿色物流方法通常需要投入更多的成本，例如购买清洁能源设备、更新车队、改善供应链等。这些高额的初期投资可能成为企业发展绿色物流的障碍。

（2）技术标准不一。目前，关于绿色物流的技术标准和认证体系尚未统一。这导致了企业在实施绿色物流时难以评估和证明其效果，也降低了消费者对绿色物流的信任度。

（3）供应链复杂性。跨国供应链的复杂性增加了实施绿色物流的难度。涉及多个国家和地区的物流活动可能受到不同国家法规、文化和基础设施水平的影响，使得统一的绿色物流标准难以制定和执行。

（4）缺乏统一的政策支持。不同国家和地区的政策在支持绿色物流的程度上存在差异。

一些地区采取了积极的激励措施，如税收减免、补贴和奖励计划，而另一些地区可能缺乏明确的政策支持，限制了企业发展绿色物流的积极性。

（5）意识和文化转变。推动绿色物流还需要广泛的社会意识和文化转变。消费者、企业和政府需要更加关注环境的可持续性，并愿意为绿色物流支付额外成本，并鼓励和支持绿色物流的发展。

尽管绿色物流在全球范围内取得了一些显著的进展，但仍需面对多方面的挑战。解决这些问题需要产业链各方的共同努力，包括政府、企业和消费者，以实现可持续发展的目标。

## 四、绿色物流的发展策略及建议

绿色物流的发展策略涉及多个方面，包括技术创新、政策支持、企业社会责任等。以下是一些关键的发展策略和建议。

（1）采用清洁能源。为了减少运输过程中的碳排放，企业可以考虑转向清洁能源，例如电动车辆、氢燃料电池车辆等。政府可以通过提供补贴或减税等方式鼓励企业投资清洁能源交通工具。

（2）优化运输网络。利用先进的技术优化运输路线，减少空载率和里程，提高运输效率。物流企业可以借助物联网、大数据分析等技术，实现实时监控和智能调度，降低运输成本和环境影响。

（3）推动循环经济。推广包装可循环利用、产品再制造等循环经济模式，减少包装废弃物和物流中产生的浪费。企业可以与供应商合作，优化包装设计，减少不必要的包装材料，提高包装的可回收性。

（4）建立绿色物流标准和认证体系。制定统一的绿色物流标准和认证体系，帮助企业评估和证明其绿色物流实践。这有助于提高企业的竞争力，同时也增加了消费者对产品的信任。

（5）政府政策激励。制定有力的政策支持措施，如对使用清洁能源车辆给予税收优惠、对绿色物流企业提供财政支持等。政府还可以设立奖励计划，鼓励企业采取更环保的物流方式。

（6）提高员工意识。培训和提高物流从业人员的环保意识，使他们更加注重环境友好的物流实践。员工的积极参与和意识提升对于推动绿色物流的发展至关重要。

（7）建立合作伙伴关系。物流企业可以与供应商、客户、运输公司等建立紧密的合作伙伴关系，共同推动绿色物流的实践。合作可以涉及共享运输资源、共同投资绿色技术研发等方面。

（8）利用数字化技术。物流企业可以充分利用数字化技术，如区块链、人工智能等，优化整个供应链的可视化管理，减少不必要的中间环节，提高供应链的透明度和效率。

（9）社会宣传和教育。开展广泛的社会宣传和教育活动，提高公众对绿色物流的认知度，鼓励消费者选择支持环保的物流服务，推动市场对绿色物流的需求。

（10）跨国合作。鼓励国际合作，分享绿色物流的最佳实践和经验。通过国际合作，企业可以更好地应对全球范围内的环境问题，促进绿色物流的全球化发展。

总体而言，绿色物流的发展需要各方的共同努力，包括政府、企业、消费者等。通过技术创新、政策支持、合作共赢等手段，绿色物流有望成为推动全球可持续发展的关键力量。

# 项目四　逆向物流

## 一、逆向物流概述

### 1. 逆向物流产生的背景及概念

由于自然资源和生产资料的有限性，回收利用成了人类可持续发展的基础。近年来，随着人们环保意识的增强，以及对环保的重视程度越来越高，如何减少工业污染和废物排放是目前工业发展的关键问题。因此，物质循环的概念正逐渐取代经济的"单向"观念。此外，随着科技进步和人们生活水平的提高，消费者对产品多样化和个性化的要求越来越高，由此导致废旧产品越来越多。与此同时，随着人们的环保意识不断增强、环保法规日益完善，许多国家开始要求生产企业对产品生命周期全过程负责，这就产生了生产商延伸责任制（Extended Producer Responsibility，EPR）。它最早是瑞典隆德大学（Lund University）的托马斯·林赫斯特（Thomas Lindhqvist）在1988年提交给瑞典环境部的报告中提出的。报告认为，生产者的责任应该延伸到整个产品的生命周期。欧盟把生产者延伸责任定义为生产者必须承担产品使用完毕后的回收、再生和处理的责任，其策略是将产品废弃阶段的责任完全归于生产者。目前各国的政府部门出台了相关的法规强制企业对回流物品负责，如欧盟、日本等。

从物流的角度看，产品回收是指产品从消费地流向生产地，这与正向物流（Forward Logistics）相反的物流就是逆向物流（Reverse Logistics）。不同的学者对逆向物流的定义有不同的表述，但其主要思想是一致的，可以概括为四个方面：

1）逆向物流的目的是重新获得废弃产品或有缺陷产品的使用价值，或是对最终的废弃物进行正确的处理。

2）逆向物流的流动对象是产品、用于产品运输的容器、包装材料及相关信息，将它们从供应链终点沿着供应链的渠道反向流动到相应的各个节点。

3）逆向物流的活动包括对上述流动对象的回收、检测、分类、再制造和报废处理等活动。

4）尽管逆向物流是物品的实体流动，但同正向物流一样，逆向物流中也伴随了资金流、信息流以及商流的流动。

逆向物流可以认为是物品从消费地向生产地回流的一个过程，这个过程中既伴随着物品逆向流动，又伴随着资金流、信息流以及商流的流动，与正向物流无缝对接，形成闭环，成为整个物流系统的有机组成部分。然而，我们国家《物流术语》对逆向物流的定义是：逆向物流也称为反向物流，是指为恢复物品价值、循环利用或合理处置，对原材料、零部件、在制品及产品从供应链下游节点向上游节点反向流动，或按特定的渠道或方式归集到指定地点所进行的物流活动。

### 2. 逆向物流的特点

在现实中，逆向物流不是单纯的逆向运输活动，它包括广泛的和跨行业的内容。与正向物流相比，二者既有共同点，又有各自不同的特点。虽然两者都具有包装、装卸、运输、储存和加工等物流功能，但是，逆向物流本身又具有其鲜明的特殊性。

（1）反向性。逆向物流同正向物流运作的起始点和方向基本相反，实物和信息的流动基本都是由供应链末端的成员或最终消费者发起的。

（2）分散性和不确定性。由于退回的物品有各种不同的原因，逆向物流产生的地点、时间和数量是难以预见的，因此废旧物资流可能产生于生产领域、流通领域或生活消费领域，涉及任何领域、任何部门、任何个人，在社会的每个角落日夜不停地发生。

（3）缓慢性。回流物品的数量少，种类多，只有在不断汇集的情况下才能形成较大的流动规模。废旧物资的产生也往往不能立即满足人们的某些需要，它需要经过收集、分类、整理、运输、加工、改造等环节，甚至只能作为原料回收使用，这是一个较复杂的过程，所需要的时间比较长，这一切都决定了废旧物资缓慢性这一特点。

（4）混杂性与复杂性。在进入逆向物流系统时，不同种类、不同状况的回流物品通常混杂在一起；由于回流物品的产生地点、时间分散、无序，因此不可能集中一次转移，而且对于不同的回流物品需要采用不同的处理方法，从而导致管理的复杂性。

（5）处理费用高。由于这些回流物品通常缺乏规范的包装，又具有不确定性，难以形成运输和储存的规模效益；另一方面，许多物品需要人工的检测、分类、判断、处理，效率比较低，大大增加了人工处理的费用。

（6）价值递减性与递增性。一些回流物品，由于逆向物流过程中会产生一系列的运输、仓储及处理费用，因而会使其本身的价值递减。而另一些回流物品，对一些消费者而言没有什么价值，但是通过逆向物流系统处理后，又会变成二手产品、零件或者生产的原材料，获得再生的价值，因此逆向物流又具有价值的递增性。

### 3．逆向物流的类型

为了更加深入地了解逆向物流，有必要对其进行细致的分类。下面按照不同的角度对逆向物流进行分类如下：

（1）按回收物品的特点分。按照回收物品的特点可分为退货逆向物流和回收逆向物流两部分。退货逆向物流是指下游顾客将不符合订单要求的产品退回给上游供应商，其流程与常规产品流向正好相反。回收逆向物流是指将最终消费者所持有的废旧物品回收到供应链上各节点企业的物流活动。

（2）按材料的物理属性分。按照逆向物流材料的物理属性可分为钢铁和有色金属制品逆向物流、橡胶制品逆向物流、木制品逆向物流、玻璃制品逆向物流等。

（3）按成因、途径和处置方式及产业形态分。按成因、途径和处置方式的不同，逆向物流被学者们区分为投诉退货、终端使用退回、商业退回、维修退回、生产报废与副品，以及包装等6大类别。

## 二、逆向物流模式

逆向物流包括退货逆向物流和回收逆向物流，其与传统正向物流的对比如图9-1所示。可见，退货逆向物流是将不符合订单要求的商品退回供应商的一个过程，其流程与常规的正向物流相反，正好形成闭环。而回收逆向物流是指将客户所持有的废旧物品回收到供应链上各节点企业，它包括五种物资流。即直接在售产品流（回收→检验→配送）、再加工产品流（回收→检验→再加工）、再加工零部件流（回收→检验→分拆→再加工）、报废产品流（回收→检验→处理）和报废零部件流（回收→检验→分拆→处理）。因此，逆向物流包括两个模式，分别是回收再利用模式和退货退款模式。

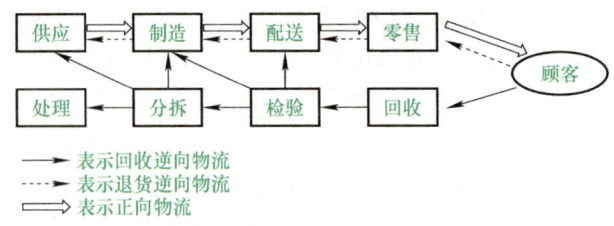

图 9-1 逆向物流与传统正向物流的对比

回收再利用模式是指将消费者废弃的产品或材料通过回收渠道收集起来，经过处理后再次利用的模式。这种模式主要适用于可循环利用的产品或材料，如废纸、废塑料等。在这种模式下，回收渠道的建立和管理非常重要，可以通过与回收机构合作或设置回收箱等方式，将废弃物品回收起来，再通过分类、清洗、加工等环节进行处理，使其能够再次投入生产和销售中。

退货退款模式是指消费者在购买产品后，因为产品不符合预期或有质量问题而申请退货退款的模式。在这种模式下，消费者可以通过线上或线下渠道提出退货退款申请，供应链会对申请进行审核，确认符合条件后，将产品回收，并退还相应的款项给消费者。这种模式需要供应链建立完善的退货退款流程和政策，并确保产品的质量和售后服务的及时响应，以提升消费者的购物体验和信任度。

总之，这些模式分别适用于不同类型的产品或材料，如可循环利用的废弃物、需要维修或返修的产品以及无法满足消费者需求的产品。通过建立和管理相关的回收渠道、售后服务体系和退货退款流程，供应链可以更好地处理逆向物流的需求，提高资源利用效率，增强消费者的满意度和忠诚度。

### 三、逆向物流发展存在的问题

逆向物流在提高顾客满意度、降低物流成本、保护环境等方面具有重要战略意义。目前中国很多企业的逆向物流成本占总成本 20% 以上，远高于发达国家企业 4% 的平均水平，这也让许多企业望而却步。尽管中国逆向物流行业发展迅速，但仍面临着一些挑战和问题。主要表现在以下几个方面：

一是法律法规不健全。目前我国对于逆向物流相关的法律法规还不够完善和具体，缺乏对逆向物流行为的明确规范和约束，也缺乏对逆向物流行业的有效激励和保护。例如，对于废旧产品和资源的回收利用标准、责任主体、费用分担等问题还没有明确的法律规定，导致逆向物流行业在实践中遇到很多困难和障碍。

二是信息系统不完善。目前我国逆向物流行业还没有形成一个统一、完整、高效的信息系统，导致逆向物流过程中各个环节之间信息不畅通、不协调、不准确。例如，在回收环节，由于缺乏有效的信息平台和渠道，导致回收需求和回收能力之间存在信息不对称和信息不匹配的问题，在运输环节，由于缺乏有效的信息跟踪和监控系统，导致运输过程中出现延误、损耗、错配等问题，在处理环节，由于缺乏有效的信息分析和决策系统，导致处理过程中出现资源浪费、成本增加、效果降低等问题。

三是回收渠道不畅通。目前我国逆向物流行业还没有建立起一个覆盖广泛、便捷高效、低成本的回收渠道体系，导致回收过程中存在着回收范围小、回收效率低、回收成本高等问题。例如，在城市地区，由于缺乏专门的回收点或者回收点分布不均，导致消费者或使用者将废旧产品和资源丢弃或者随意处理，造成资源浪费和环境污染；在农村地区，由于缺乏有效的回收组织或者回收组织工作效率低下，导致废旧产品和资源积压或者被低价出售，造成资源价值损失和经济损失。

四是处理能力不足。目前我国逆向物流行业还没有形成一个高水平、高效率、高质量的处理能力体系，导致处理过程中存在着处理技术落后、处理设备缺乏、处理人员不足等问题。例如，在再制造环节，由于缺乏先进的再制造技术和设备，导致再制造过程中出现质量不稳定、效率不高、成本不低等问题；在再利用环节，由于缺乏有效的再利用方式和渠道，导致再利用过程中出现需求不足、价格不合理、市场不规范等问题。在处置环节，由于缺乏合理的处置方法和设施，导致处置过程中出现污染排放、安全隐患、社会抵触等问题。

### 四、逆向物流发展策略建议

虽然中国逆向物流行业在近年来取得了显著的发展成果，但仍面临着一些挑战和问题。为了实现逆向物流行业的可持续发展，可以加强以下几方面的措施。

一是加强法律法规的制定和完善。政府部门应根据逆向物流行业的特点和需求，制定和完善相关的法律法规，明确逆向物流行为的规范和约束，保障逆向物流行业的合法权益，促进逆向物流行业的规范发展。

二是加强信息系统的建设和完善。逆向物流企业应当利用新兴技术，建立完善的信息系统，实现逆向物流过程中各个环节的信息共享、协同和优化，提高逆向物流的效率和效果。

三是加强回收渠道的拓展和优化。逆向物流企业应利用互联网平台，拓展回收渠道，增加回收主体，扩大回收范围，降低回收成本，提高回收效率。

四是加强处理能力的提升和创新。逆向物流企业应利用新技术、新设备、新方法等，提升处理能力，创新处理方式，提高处理质量，增加处理价值。

五是加强行业合作的深化和拓展。逆向物流企业应与正向物流企业、政府部门、社会组织、科研机构等进行合作，形成多方参与、多方受益的逆向物流产业生态圈。

## 项目五 绿色货物的市场分析与展望

随着全球环境保护意识的不断增强，绿色货物作为一种能够减少对环境负面影响的产品，正逐渐受到市场的广泛欢迎。

### 一、市场现状

#### 1. 市场规模与增长趋势

近年来，随着全球范围内对环境保护和可持续发展的重视程度不断提高，绿色货物市场展现出了强劲的增长势头。这一趋势的背后有多重驱动因素，主要包括：

（1）消费者需求变化。越来越多的消费者开始注重健康生活和环境保护，他们更加倾向于购买那些对环境友好且具有可持续性的产品。

（2）政策支持。各国政府通过制定一系列有利于绿色生产和消费的政策来促进市场的发展，比如欧盟推出的"绿色协议"、中国在"十四五"规划中提出的生态文明建设目标等。

（3）技术创新。新材料、新能源技术的进步不仅降低了绿色产品的生产成本，还提高了其性能和竞争力。

根据国际市场研究机构的数据分析，预计在未来五年内，全球绿色货物市场的年均复合增长率将达到12%～15%，市场规模将持续扩大。

### 2. 主要消费群体特征

随着环保意识的普及，绿色货物的消费者群体正在不断扩大，具体特征如下：

（1）年龄层次。年轻一代（尤其是80后至00后）构成了绿色货物的主要消费群体，这部分人群通常拥有较高的教育背景和较强的环保意识。

（2）收入水平。虽然初期绿色货物的消费者多集中在中高收入阶层，但随着成本的降低和技术的进步，越来越多的普通消费者也开始加入到这一行列中。

（3）价值观。愿意为环保付出额外费用的人群通常具有较强的社会责任感和对未来可持续发展的期望。

### 3. 行业分布

绿色货物覆盖了广泛的行业领域，以下是对几个重点领域的概述。

（1）食品饮料。有机食品因其无农药残留、无化学添加剂等特点而备受青睐。

（2）日用品。环保材料制成的日用品，如可降解塑料袋、无毒洗涤剂等越来越受欢迎。

（3）服装鞋帽。采用再生纤维或天然植物纤维制成的衣物成为新的时尚趋势。

（4）家居装饰。环保建材和家具不仅减少了对环境的影响，还能提供更加健康舒适的居住环境。

（5）电子消费品。节能高效的电子产品逐渐成为市场的主流，例如使用清洁能源充电的智能手机、智能家电等。

随着消费者环保意识的增强和科学技术的进步，绿色货物市场正迎来前所未有的发展机遇。未来几年内，这一市场有望继续保持高速增长态势，并吸引更多企业加入到绿色生产和销售的行列中。

## 二、面临的挑战

### 1. 成本问题

（1）原材料成本。为了减少对环境的影响，绿色产品通常需要使用更加环保且可持续的原材料。这类材料往往价格较高，从而增加了产品的初始生产成本。

（2）技术投入。实现绿色生产和提高能效往往需要采用先进的技术和设备，这同样会增加企业的研发投入和固定资产投资成本。

（3）物流与包装。环保型的物流运输方式（如低碳运输）以及可循环利用或降解的包装材料也会带来额外的成本。

（4）市场竞争力下降。在没有足够的政府补贴或政策支持的情况下，较高的成本可能会使绿色产品在市场上难以与传统低价竞争者抗衡。

### 2．消费者认知度不足

（1）教育普及不足。尽管绿色消费理念逐渐受到关注，但仍有部分消费者对于绿色产品的真正意义及其长期价值缺乏了解。

（2）信息获取困难。市场上绿色产品的相关信息可能不够透明，导致消费者难以获得准确的产品性能、环境影响等方面的资料。

（3）价格敏感度高。许多消费者在购买决策时仍然将价格作为首要考虑因素，而绿色产品的高价位往往成为阻碍其选择的主要障碍。

（4）信任度问题。由于市场上存在虚假宣传的现象，一些消费者对于所谓"绿色"标签的真实性持怀疑态度。

### 3．标准与监管体系不健全

（1）标准缺失。目前全球范围内缺乏一套统一且权威的绿色产品标准体系，不同国家和地区之间存在着较大的差异。

（2）认证混乱。市场上存在多种不同的绿色认证标志，缺乏统一性和权威性，这不仅增加了企业的认证成本，也让消费者感到困惑。

（3）监管不力。部分地区对于绿色产品的市场监管力度不够，未能有效打击假冒伪劣产品，损害了消费者的权益。

（4）国际合作有限。在全球化背景下，不同国家和地区之间的合作机制尚待完善，难以形成有效的国际共识和行动。

要解决上述问题，需要政府、企业和消费者三方面共同努力：政府应制定更加明确的标准和严格的监管措施，并提供相应的激励政策；企业需加大技术创新力度，在降低成本的同时提升产品质量；加强公众教育，提高消费者对绿色消费重要性的认识，共同推动绿色经济的发展。

## 三、未来展望

### 1．政策支持将进一步增强

（1）国际层面。目前在全球范围内，各国政府正继续加大对于绿色产业的支持力度。通过制定更具有吸引力的政策框架，如提供税收减免、资金补助、贷款优惠等措施，鼓励企业和个人参与到绿色转型中来。

（2）国内层面。除了直接的财政支持外，各国政府还致力于建立更为透明可信的认证体系，提高消费者对绿色产品的信任度。同时，也会加强对相关企业的监管，确保其符合环保标准。

### 2．技术进步推动成本下降

（1）科研投入增加。随着科研投入的不断加大，新材料、新能源等领域将迎来突破性进展。比如，新型太阳能电池板、高效能电池技术等的研发应用将显著降低绿色产品的生产成本。

（2）规模化生产。随着技术的成熟和市场的扩大，规模化生产将使绿色产品的生产成本进一步下降，提高其在市场上的竞争力。

### 3. 消费者需求持续增长

（1）环保意识提升。随着公众环保意识的不断增强，尤其是年轻消费群体越来越重视产品的可持续性和环保属性，将推动绿色产品需求的持续增长。

（2）健康生活方式。越来越多的人开始追求健康的生活方式，对健康安全、低碳环保的产品有着强烈的需求。这种趋势不仅限于食品和日用品，还包括出行方式、居住环境等方面。

### 4. 跨界合作成为新趋势

（1）产业融合。为更好地满足市场需求并提高自身竞争力，不同行业之间的跨界合作将成为一种新的趋势。例如，电商平台可以与绿色品牌合作，推出定制化的环保产品；餐饮企业引入有机食材，提升品牌形象。

（2）创新服务模式。除了产品本身的合作外，服务模式的创新也是重要方向之一。例如，共享经济在绿色交通、办公空间等方面的运用，既减少了资源浪费，又提供了便捷的服务。

尽管绿色货物市场目前面临许多挑战，如技术瓶颈、高昂的成本、消费者认知不足等问题，但在政策环境的持续改善、科技创新的推动以及消费者环保意识不断提高的大背景下，这一市场的发展前景仍然非常广阔。企业需要抓住这一历史机遇，不断创新，满足市场需求，共同促进全球经济向更加可持续性的方向发展。

### 职业素养

随着全球气候变化问题的日益严峻，各国政府纷纷出台相关政策，推动绿色低碳经济的发展。在中国，近年来更是加大了对绿色发展的支持力度，明确提出要构建绿色低碳循环发展的经济体系。在此背景下，从事与绿色货物相关工作的人员不仅需要具备专业的技能和知识，更应具备高度的职业素养。首先，绿色货物行业的从业者应当深刻理解并积极响应国家政策导向。例如，《中华人民共和国环境保护法》《中华人民共和国清洁生产促进法》等一系列法律法规为绿色发展提供了坚实的法律基础，从业者需要了解这些法律法规的基本内容，并将其融入日常工作中，确保企业在生产和运营过程中遵守相关规定，实现经济效益与社会效益的双赢。其次，持续学习和创新是绿色货物行业从业者必备的职业素养之一。随着科技的进步和市场需求的变化，绿色货物行业的新技术、新材料层出不穷，从业者应当保持好奇心和求知欲，不断学习最新的专业知识和技术动态，以适应行业发展需求。再次，面对复杂的市场环境和技术难题，创新思维尤为重要。通过技术创新解决实际问题，不仅可以提高工作效率，还能为企业创造更多价值。最后，良好的沟通能力和团队合作精神也是从业者不可或缺的职业素养。绿色货物项目的实施往往涉及多个环节和部门之间的协作，有效的沟通能够确保信息准确传递，促进项目顺利进行，而强大的团队合作则有助于克服困难，共同实现目标。因此，在日常工作和项目执行中，积极倾听他人的意见和建议，善于与不同背景的人士交流协作，对于推动绿色货物行业健康发展至关重要。

总之，在追求绿色发展的道路上，每一位从业者都需要不断提升自我，不仅要成为专业知识丰富、技能精湛的专业人才，更要成为具备高度责任感和社会使命感的现代公民，为构建美丽中国贡献自己的力量。

## 模块练习

**一、选择题**

1. 绿色货物的概念主要强调的是（　　）。
   A. 货物的颜色为绿色
   B. 货物在生产、运输过程中对环境的影响较小
   C. 货物的包装材料使用了绿色材料
   D. 货物的价格比普通货物更便宜

2. 不是绿色货物的特点的是（　　）。
   A. 低碳排放　　B. 高能耗　　C. 可循环利用　　D. 环境友好

3. 绿色物流的核心目标是（　　）。
   A. 提高物流效率　　　　　　B. 减少环境污染
   C. 降低成本　　　　　　　　D. 加快货物周转速度

4. 实现绿色货物的关键措施之一是（　　）。
   A. 增加货物的重量　　　　　B. 使用一次性包装
   C. 采用可降解的包装材料　　D. 扩大生产规模

5. 绿色供应链管理不包括（　　）。
   A. 原材料采购　　B. 生产制造　　C. 产品废弃处理　　D. 高频次运输

6. 有助于提高货物运输过程中能效的是（　　）。
   A. 传统燃油发动机　　　　　B. 智能物流系统
   C. 低品质轮胎　　　　　　　D. 高耗能制冷设备

7. 绿色货物的发展对于环境保护的意义在于（　　）。
   A. 增加温室气体排放　　　　B. 减轻生态压力
   C. 加剧资源浪费　　　　　　D. 提高能源消耗

8. 企业在推行绿色货物时面临的挑战不包括（　　）。
   A. 成本增加　　B. 技术难题　　C. 法规限制　　D. 市场需求下降

9. 消费者对于绿色货物的态度通常表现为（　　）。
   A. 不关心产品的环保属性　　B. 更倾向于购买价格更低的产品
   C. 对绿色产品的认知度不高　D. 愿意为环保产品支付更高价格

10. 绿色包装材料的优点不包括（　　）。
    A. 易于回收　　B. 生产成本低廉　　C. 可生物降解　　D. 降低环境污染

11. 不是实现货物绿色化有效途径的是（　　）。
    A. 使用可降解材料进行包装　　B. 采用传统燃油车进行长途运输
    C. 建立产品回收机制　　　　　D. 运用大数据优化配送路线

12. 关于绿色包装的说法，错误的是（　　）。
    A. 可以减少资源浪费　　　　B. 需要使用更多的塑料制品
    C. 有助于降低环境污染　　　D. 有利于提高企业形象

13. 在物流与运输方面,最有利于减少碳排放的是(　　)。
    A. 选择航空货运  B. 采用电动货车代替燃油车
    C. 增加中转次数  D. 扩大单次装载量但增加空驶率
14. 实现绿色货物的目标,不包括(　　)。
    A. 减少废物产生  B. 提高能效
    C. 加强化学物质使用  D. 促进循环经济
15. 有助于追踪产品全生命周期中碳足迹的是(　　)。
    A. 人工智能  B. 区块链  C. 虚拟现实  D. 云计算

## 二、判断题

1. 绿色货物指的是在生产、运输过程中对环境影响最小的商品。(　　)
2. 采用可降解包装材料是提高货物绿色程度的有效方法之一。(　　)
3. 绿色货物的运输过程中必须使用新能源车辆。(　　)
4. 对于易腐烂的农产品来说,减少从农田到餐桌的时间可以显著降低其碳足迹。(　　)
5. 绿色货物认证标准在全球范围内都是统一的。(　　)
6. 企业实施绿色供应链管理能够有效提升其社会形象和市场竞争力。(　　)
7. 在计算货物的碳足迹时,只需考虑其生产过程中的排放量。(　　)
8. 通过优化物流网络布局,可以显著减少货物运输过程中的能源消耗。(　　)
9. 消费者对绿色货物的需求增加不会影响其价格水平。(　　)
10. 实现绿色货物的关键在于政府制定严格的环保法规,企业自身无法推动绿色转型。(　　)

## 三、简答题

1. 简述绿色货物的基本概念及其重要性。
2. 列举至少三种绿色货物或绿色物流的实施策略。
3. 从企业和消费者两个角度分析推动绿色货物发展的动力因素。
4. 描述智能物流系统如何助力绿色货物的发展。
5. 分析绿色包装材料在实际应用中可能遇到的问题及解决方案。

## 四、案例分析题

某食品公司计划推出一款新的有机蔬菜产品线,以满足市场上日益增长的健康饮食需求。为了确保该产品线符合绿色货物的标准,公司决定从种植、加工到销售的各个环节都采取环保措施。其中包括选择可持续农业技术、使用可回收包装材料、建立高效的冷链物流体系等。

**问题:**

1. 分析该公司在推出这款新产品线时可能遇到的主要挑战,并提出应对策略。
2. 评估这些环保措施对公司成本及品牌形象的影响。
3. 探讨如何通过营销手段提高消费者对该系列产品的认知度和接受度。

# 模块十
# 货物运输安全管理

**知识目标**：掌握货物运输安全的概念；掌握各种货物运输方式的安全管理措施；理解货物运输系统事故模式；理解骨牌理论。

**能力目标**：能够分析事故的发生、发展和形成过程；能够绘制控制图；能够进行事故树结构重要度排序。

**素质目标**：树立规则意识；强化遵守行业职业道德规范的自觉性，增强职业责任感。

**学习重点**：货物运输安全管理。

**学习难点**：货物运输系统安全技术。

## 案例导入

### 车辆超载案例

2015年7月28日，在某省境内发生了一起严重的货物车辆超载事故。当时，一辆重型半挂牵引车（以下简称"事故车辆"）在经过一座桥梁时突然失控侧翻，导致桥梁受损严重并部分垮塌，造成交通中断。事故车辆装载的是建筑材料，包括水泥、砂石等，实际装载量远超车辆核定载重量，属于严重超载。

事故经过：事故当天下午，事故车辆从某市出发前往另一城市，计划途经事发地所在的国道。行驶过程中，司机发现车辆稳定性变差，尤其是在通过桥梁时更为明显。当车辆行驶至事故地点时，由于车辆超载导致重心过高且车速较快，加之遇到突发情况采取措施不当，最终导致车辆失控侧翻。侧翻瞬间产生的巨大冲击力造成了桥梁结构的严重损坏，所幸未造成人员伤亡。

救援与调查：事故发生后，当地交警部门迅速赶到现场进行救援，并对事故原因展开调查。通过对事故车辆的初步检查发现，该车核定总质量为30吨，但实际装载量超过60吨，超载率高达100%以上。此外，警方还调取了沿途监控录像，确认了事故车辆行驶过程中的具体情况。在进一步调查中了解到，事故车辆所属的物流公司为降低成本、提高效益，在明知车辆已超载的情况下仍让其上路行驶。公司管理层忽视了交通安全的重要性，没有对驾驶员进行必要的安全教育和培训，导致驾驶员在面对紧急情况时无法做出正确判断和处置。

> 处理结果：根据相关法律法规，该物流公司因违规超载运输行为被处以高额罚款，并责令停业整顿。同时，对事故直接责任人（即驾驶员）也依法给予相应处罚。此外，相关部门还对该区域内所有涉及超载运输的企业和个人开展了专项整治行动，严厉打击超载违法行为，以维护道路运输秩序和保障公共安全。
>
> **思考：** 本案例给了我们怎样的教训？
>
> **分析：** 本案例再次警示我们，超载运输不仅严重违反了道路交通安全法规，还可能导致重大安全事故的发生，给人民群众生命财产安全带来极大威胁。因此，无论是企业还是驾驶员，都必须深刻认识到超载的危害性，自觉遵守法律规定，共同营造安全有序的道路运输环境。此外，政府及有关部门也需加大监管力度，建立健全长效管理机制，从根本上杜绝此类违法现象的发生。

## 项目一　货物运输安全管理概述

### 一、公路货物运输安全管理

公路货物运输的安全管理工作，必须贯彻"安全第一"的方针，坚持预防为主的原则。事故从隐患到苗头再到发生具有一定的规律性，只要认识和掌握了它的规律就可以避免事故的发生，把一切不安全的隐患消灭在萌芽状态。企业安全生产管理的内容主要包括组织、制度、教育等几个方面。

#### （一）建立和完善安全管理机构，把抓安全生产落在实处

公路运输企业在安全管理上应根据自己的实际情况，建立健全强有力的安全管理机构和联系网络，特别是要配齐、配好专职和兼职的安全技术人员，把素质好、责任心强、业务熟悉的人员充实到安全管理部门，发挥管理人员的骨干作用。公路运输企业安全管理机构的职责如下：

1）传达落实国家及上级主管部门有关安全方面的文件和会议精神。
2）定期召开安全生产会议，及时研究解决企业安全生产中的重大问题。
3）分析驾驶员的安全素质，提出教育方案并组织实施。
4）组织开展安全生产活动的总结、评比、表彰。
5）对企业发生的安全事故提出处理意见，并在报请上级主管领导批准后执行。
6）监督并指导各车队、车站、车间安全生产领导小组的工作，定期听取各安全领导小组的汇报，定期检查各安全领导小组的工作开展情况。
7）负责企业安全培训和教育工作。

#### （二）建立健全以责任制为重点的安全管理规章制度

安全运输责任制的落实与否，关系到运输的安全。因此，公路货物运输企业必须狠抓安全管理责任制的制定和落实，并在此基础上，一方面不断建立健全各种安全管理规章制度，另一

方面狠抓落实，坚持消除纪律松弛、管理不严、有章不循、有法不依的现象，对因不负责任、玩忽职守、违章违规造成的事故，应严肃追查责任人，从严处理。

公路货物运输企业安全管理的责任制度主要包括以下方面。

1）车队领导安全管理责任制。
2）调度员安全管理责任制。
3）汽车站安全管理责任制。
4）维修厂（车间）安全质量责任制。
5）油料、材料供应部门安全管理责任制。
6）驾驶员安全行车责任制。
7）乘务员安全管理责任制。
8）设备安全管理责任制。

### （三）抓好运输安全的源头管理

在公路货物运输过程中，人和车的因素是造成交通事故的主要原因。因此，公路运输安全源头管理主要包括对驾驶员的管理和对运输车辆的管理。

#### 1. 注重对驾驶员的管理

（1）严格审查。坚持把好"五关"：一是把好新驾驶员的选拔关；二是把好增加大客车驾驶执照关；三是把好新调进驾驶员的考核关；四是把好部队转业人员的审查关；五是把好非职业驾驶员的上岗关。

（2）安全管理人员要敢抓敢管。安全管理人员在安全管理中应牢固树立"安全第一"的思想，克服畏难情绪，该纠则纠，该罚则罚。对于因超速违章、车辆带病行驶等严重违规行为酿成的事故应严肃处理，绝不姑息迁就。对触犯法律的肇事者，要坚决地绳之以法。

（3）加强对驾驶员的安全教育。企业应根据运输企业经营过程流动、分散的特点，开展多种形式的安全宣传教育。使广大员工认识到安全生产的重要意义，懂得交通规则，自觉维护交通秩序，自觉遵守安全操作规程，只有这样企业的安全工作才有可靠的保证。企业在搞好安全宣传教育的同时，应及时总结推广安全生产的先进经验，并针对薄弱环节提出预防措施。

（4）配合检查。配合交通管理部门做好车辆年检以及驾驶员考核、换证及年检工作。

（5）查定与培训会同有关部门，参与新开辟线路的查定和驾驶员技术的培训工作。

#### 2. 注重对车辆的管理

（1）遵守相关规定。企业安检部门对参加客、货运车辆，必须按交通运输部颁布的《道路运输车辆技术管理规定》对所有参营车辆严格执行定期检测、强制维护、视情修理制度。

（2）建立车辆"维修卡"制度。对于维修车辆有关人员要在"维修卡"上签字认可后才能运行。

（3）加强对客、货车车况的监督检查，坚决杜绝车辆带病行驶。对于支持、纵容驾驶违章违规车辆的有关人员应进行批评教育，必要时给予经济处罚和行政处分，以保证源头管理的落实。

### (四)加强企业安全生产检查开展

安全生产检查,是进一步落实安全生产方针和规章制度的有效办法,是发现和纠正各种违章、消除事故隐患的重要措施。安全生产检查可分为安全生产大检查和行车安全检查。

#### 1. 安全生产大检查

汽车运输企业应每月开展一次安全生产大检查,主要内容如下:
1)检查落实文件精神、上级指示、规章制度的执行情况。
2)检查会议记录和资料保管是否完整。
3)检查档案管理是否齐全。
4)检查安全设施是否明显有效。
5)检查消防设备是否齐全有效和使用方便。
6)检查维护质量是否达到标准。
7)检查停车场的车辆停放是否整齐、出入方便。
8)检查驾驶员是否遵章守纪。
9)检查站务员是否礼仪达标。

#### 2. 行车安全检查

行车安全检查主要是指车辆进场检查、驾驶员一日三检和路检路查。在路检路查上,车队领导和安全技术人员应根据运输业务范围和各时期交通情况、季节气候,有计划地组织线路检查。检查的内容应重点放在驾驶操作和安全机件以及道路情况上,检查中发现的问题,必须及时处理。

### (五)搞好企业安全资料及档案的管理

资料及档案的管理,是企业安全管理中的一项基础工作,它对分析事故、制定措施等方面有重要作用。企业安全资料及档案的管理内容有以下几方面:

#### 1. 各种资料的管理

1)上级有关安全生产方面的文件、通知和规章制度。
2)企业所属单位的安全生产检查总结和典型经验。
3)车队预防事故、安全生产方面的措施。
4)来信来访、合理化建议。

#### 2. 各种会议记录

1)安全生产会议记录。
2)安全活动日记录。
3)家属座谈会记录。

#### 3. 各种安全工作登记

1)路检、路查情况登记。
2)安全管理信息反馈登记。

3）事故登记。
4）违章记录登记。
5）事故车辆鉴定记录。

### 4．各种报表

1）连月事故报表。
2）逐月事故登记表。
3）安全四项指标（事故次数、死亡人数、受伤人数、直接经济损失）表。
4）车辆、驾驶员分布情况表。

### 5．档案

1）驾驶员档案。
2）机动车档案。
3）事故档案。
4）设备机具档案。

## 二、铁路货物运输安全管理

铁路货物运输包括普通货物运输和特种货物运输。本节重点讲解特种货物运输安全。

特种货物运输是指由于货物本身的性质特殊，在装卸、存储、运送过程中有特殊要求，以确保货物完整无损及运输安全的运输方式。此类货物通常需要使用专用的运输车辆，如大型平板车、罐车、冷藏车、保温车等。

特种货物运输的范围广泛，主要包括以下几类：超大超重货物、押运货物、贵重货物、鲜活易腐物品、活体动物、灵柩骨灰、生物制品、菌种和毒种、植物和植物产品、危险物品、枪械、弹药、急件货物、外交信袋、AOG 货物（Aircraft on Ground，用于飞机紧急维修的零部件，运输时效性要求极高）。

### （一）超限、超重货物运输

承运人在每条铁路正线（区段）、每个车站（含专用铁路、专用线）办理超限、超重货物运输时，均须按规定取得资质许可。

#### 1．超限货物

在铁路运输中，超限货物是指货物的尺寸或重量超出了铁路运输规定的标准。铁路运输对货物的装载有严格的要求，以确保列车的安全运行和铁路设施的完整性。超限货物在铁路运输中通常需要进行特殊装载和加固，并且可能需要使用特殊的运输车辆。

货物装车后，车辆停留在水平直线上，货物的任何部位超出机车车辆限界基本轮廓或车辆行经半径为 300 米的曲线时，货物的计算宽度超出机车车辆限界基本轮廓，均为超限货物，机车车辆限界如图 10-1 所示。

根据货物的超限程度，超限货物分为三个等级：一级超限、二级超限和超级超限。

（1）一级超限。自轨面起高度在 1250mm 及其以上超限但未超出一级超限限界。

（2）二级超限。超出一级超限限界而未超出二级超限限界，以及自轨面起高度在 150mm 至未满 1250mm 间超限但未超出二级超限限界。

（3）超级超限。超出二级超限限界。

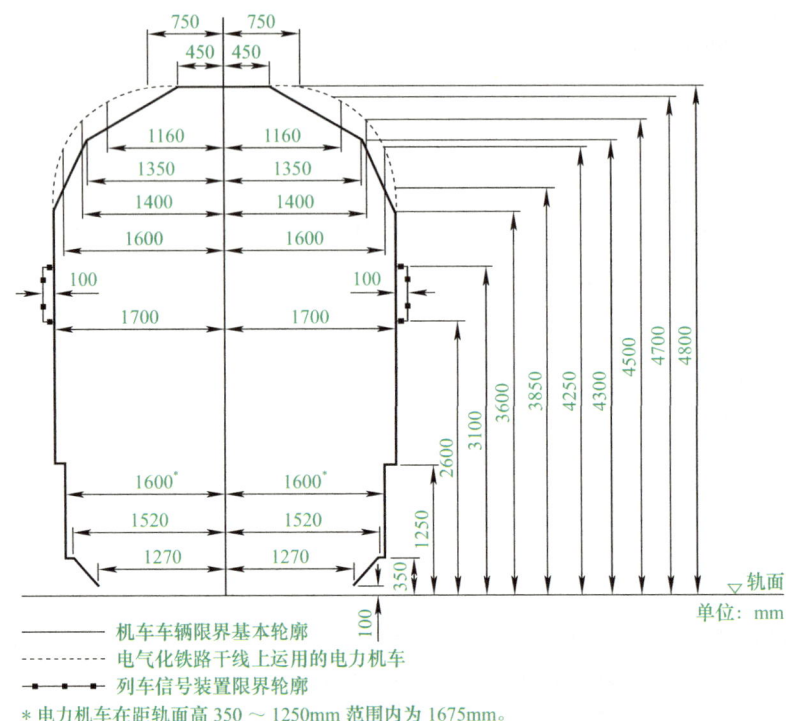

图 10-1　机车车辆限界图

### 2．超重货物

装车后，重车总重的活载效应超过桥涵设计标准活载（即中 - 活载）的货物，称为超重货物。根据货物的超重程度，超重货物分为三个等级：一级超重、二级超重和超级超重。

（1）一级超重。$1.00 < Q \leqslant 1.05$；

（2）二级超重。$1.05 < Q \leqslant 1.09$；

（3）超级超重。$Q > 1.09$。

$Q$ 为活载系数。

超重货物分级见表 10-1。

表 10-1　超重货物分级

| 项目等级 | 长大货车型号 | 重车总重 $P$（吨） | 长大货车型号 | 重车总重 $P$（吨） |
| --- | --- | --- | --- | --- |
| 一级 | D2 | $314 < P \leqslant 330$ | D26 | $371 < P \leqslant 390$ |
| | D2A | $P > 329$ | D26AK | $P > 332$ |
| | D2G | $326 < P \leqslant 342$ | D26B | $371 < P \leqslant 390$ |
| | D9G | $372 < P \leqslant 391$ | D28 | $369 < P \leqslant 388$ |
| | D17 | $P > 197$ | D30A | $369 < P \leqslant 388$ |
| | D18A | $P > 310$ | D30G | $437 < P \leqslant 459$ |
| | D18G | $P > 331$ | D32 | $491 < P \leqslant 515$ |
| | D19G | $372 < P \leqslant 391$ | 350t 落下孔车 | $490 < P \leqslant 514$ |

（续）

| 项目等级 | 长大货车型号 | 重车总重 $P$（吨） | 长大货车型号 | 重车总重 $P$（吨） |
|---|---|---|---|---|
| 一级 | D23G | $310<P\leqslant 326$ | D35 | $502<P\leqslant 527$ |
|  | D25A | $P>374$ | D38 | $543<P\leqslant 571$ |
|  | D32A | $P>545$ | 450t 落下孔车 | $580<P\leqslant 609$ |
| 二级 | D2 | $330<P\leqslant 343$ | D30A | $388<P\leqslant 403$ |
|  | D2G | $342<P\leqslant 355$ | D30G | $P>459$ |
|  | D9G | $P>391$ | D32 | $515<P\leqslant 535$ |
|  | D19G | $391<P\leqslant 406$ | 350t 落下孔车 | $P>514$ |
|  | D23G | $P>326$ | D35 | $527<P\leqslant 548$ |
|  | D26 | $P>390$ | D38 | $571<P\leqslant 592$ |
|  | D26B | $P>390$ | 450t 落下孔车 | $609<P\leqslant 632$ |
|  | D28 | $P>388$ |  |  |
| 超级 | D2 | $P>343$ | D32 | $P>535$ |
|  | D2G | $P>355$ | D35 | $P>548$ |
|  | D19G | $P>406$ | D38 | $P>592$ |
|  | D30A | $P>403$ | 450t 落下孔车 | $P>632$ |

### （二）危险货物运输

#### 1．铁路危险货物运输概述

铁路危险货物运输管理，坚持安全第一、以人为本、依法行政、预防为主的方针。

在铁路运输中，凡具有爆炸、易燃、毒害、感染、腐蚀、放射性等特性的货物，及在运输、装卸和储存保管过程中，容易造成人身伤亡和财产毁损而需要特别防护的货物，均属危险货物。

根据国家公布的《危险货物分类与品名编号》（GB 6944—2012）和《危险货物品名表》（GB 12268—2012）两项标准，结合铁路运输实际情况，铁路运输危险货物按其主要危险性和运输要求划分如下类项：

第一类：爆炸品；第二类：气体；第三类：易燃液体；第四类：易燃固体、易于自燃的物质、遇水放出易燃气体的物质；第五类：氧化性物质和有机过氧化物；第六类：毒性物质和感染性物质；第七类：放射性物质；第八类：腐蚀性物质；第九类：杂项危险物质和物品。

#### 2．铁路危险货物运输资质及托运

铁路危险货物运输的承运人、托运人，必须具有铁路危险货物承运人资质或铁路危险货物托运人资质。有关资质的许可程序及监督管理，按《铁路危险货物承运人资质许可办法》《铁路危险货物托运人资质许可办法》执行。

1）危险货物承运人和托运人资质每年应进行复审。

2）危险货物仅办理整车和 10t 及以上集装箱运输。

3）国内运输危险货物禁止代理。

4）托运人托运危险货物时，应在货物运单"货物名称"栏内填写"危险货物品名索引表"内列载的品名和铁路危险货物编号，在货物运单的右上角用红色戳记标明类项名称，并在货物运单"托运人记载事项"栏内填写托运人资质证书、经办人身份证和铁路危险货物运输业务培训合格证号码，对派有押运员的还需填写押运员姓名、身份证号码和培训合格证号码，气体危险货物还需填写液化气体铁路罐车押运员证号码。

5）托运爆炸品时，托运人须出具到达地县级人民政府公安部门批准的民用爆炸物品运输许可证，托运烟花爆竹时须出具烟花爆竹道路运输许可证，并注明许可证名称和号码，并在运单右上角用红色戳记标明"爆炸品"或"烟花爆竹"字样。

6）危险货物运单包装栏须按《铁路危险货物包装表》的规定填写相应的外包装和内包装名称。受理、承运危险货物时，必须符合下列规定：

① 托运人资质证书、经办人身份证和培训合格证与运单记载相统一。

② 运单记载的品名、类项、编号等内容与《铁路危险货物运输品名表》的规定相统一，并核查《铁路危险货物运输品名表》第11栏内有无特殊规定。

③ 发到站、办理品名、运输方式与办理规定相统一。

④ 货物品名、重量、件数与运单记载相统一。

⑤ 具有危险货物运输包装检测合格证明。

⑥ 货物运单右上角用红色戳记标明编组隔离、禁止溜放或限速连挂等警示标记。

⑦ 国内运输危险货物禁止代理。

⑧ 其他有关规定。

7）禁止运输国家禁止生产的危险物品。

8）禁止运输未确定运输条件的过度敏感或能自发反应而引起危险的物品。如叠氮铵（$NH_4N_3$）、无水雷汞、高氯酸（>72%）、高锰酸铵、4-亚硝基苯酚等。

9）对易发生爆炸性分解反应或需控温运输等危险性大的货物，须由铁道部确定运输条件。如乙酰过氧化磺酰环己烷、过氧重碳酸二仲丁酯等。

10）凡性质不稳定或由于聚合、分解在运输中能引起剧烈反应的危险货物，托运人应采用加入稳定剂或抑制剂等方法，保证运输安全。如乙烯基甲醚、乙酰乙烯酮、丙烯醛、丙烯酸、醋酸乙烯、甲基丙烯酸甲酯等。

### （三）鲜活货物运输

鲜活货物是指在铁路运输过程中需要采取制冷、加温、保温、通风、上水、加冰等特殊措施，以防止出现腐烂、变质、冻损、生理病害、病残死亡等问题的货物。鲜活货物分为易腐货物和活动物两大类。

易腐货物包括肉、蛋、乳制品、速冻食品、冻水产品、鲜蔬菜、鲜水果等，按其热状态（即温度状态）分为冻结货物、冷却货物和未冷却货物，常见品名见"易腐货物机械冷藏车运输条件表"。冻结货物是指经过冷冻加工成为冻结状态的易腐货物。冷却货物是指经过冷却处理，温度在冻结点以上的易腐货物。未冷却货物是指未经过任何冷处理，完全处于自然状态的易腐货物。

活动物包括禽、畜、兽、蜜蜂、活水产品等。

托运的鲜活货物必须质量良好、无病残、包装适合货物性质并能保证铁路运输安全。按照货物性质、容许运输期限及运送全程的季节和气候条件，选择合适的车辆、装载方法和运送方法，并根据需要采取预冷、制冷、加温、保温、通风、上水、加冰或押运等措施，以最大限度地保持货物质量。

托运人、收货人和承运人在办理易腐货物运输时，均应遵守《铁路鲜活货物运输规则》中"易腐货物运输条件表"的规定。该表以热状态分类，按序号对各品类易腐货物的承运质量、承运温度、适用包装、装载方法、运输温度等做了具体规定。

易腐货物通常按整车运输，但也可用冷藏集装箱或保温集装箱运输，经铁路局确定，在一定季节和一定区域内不易腐烂的货物也可用通用集装箱运输。

不同热状态的易腐货物不得按一批托运。例如，冰蛋（要求温度在-6℃左右）和鲜蛋（要求温度在20℃左右）由于两者热状态差异较大，所以不能在同一运输批次中混装。这是为了避免因温度差异导致货物变质或损坏，确保运输过程中货物的质量和安全。

托运人要落实货源，备齐单证，准备好必要的货物安全防护用品。车站、托运人、收货人应密切配合，及时做好装车、卸车和搬运工作，并采取必要的防护措施，防止货物在装卸、搬运过程中出现腐烂、变质、冻损、污染、生理病害、病残死亡等问题。

收货人领取货物时，必须将货物的装车备品、防护用品、衬垫物品等全部搬出。卸车单位负责将卸货后的车辆和货位清扫干净。

被动物、动物产品等污染的车辆、货位，卸车单位要彻底洗刷除污，保证没有残留的污水、秽物。按规定需要消毒的，由收货人委托有资质的单位进行消毒。车辆洗刷除污、消毒后适当通风，晾干后再关车门。机械冷藏车洗刷除污、消毒后须经车站和乘务组检查验收，棚或敞车洗刷除污、消毒后须经车站检查验收。卸车单位没有货车洗刷除污条件的，车站应根据调度命令填写"特殊货车及运送用具回送清单"，回送至铁路局指定的洗刷除污站，清扫、洗刷除污费用由收货人承担。

### （四）铁路货物运输事故及赔偿

#### 1. 货运事故范围

货物在铁路运输过程中发生火灾、被盗、丢失、损坏、变质、污染等情况，给货物造成损失及误运送、误交付等严重办理差错，在铁路内部均属货运事故。

#### 2. 货运事故处理

发生或发现货运事故时，车站应在当日按批编制货运记录，记录有关情况。托运人组织装车，收货人组织卸车的货物，交接无异状，收货人提出货物有损失或依据有关规定，需作证明时，应编制普通记录。

货物发生损坏或部分丢失，不能判明事故发生原因或损坏程度时，承运人与收货人或托运人协商，也可邀请鉴定人进行鉴定，根据鉴定结果编制货运事故鉴定书。

在货物运输过程中，如发现违反政府法令，危及运输安全等情况，承运人依据有关规定进行处理，将处理结果编制记录，随货物运输票据递交到站处理。承运人无法处理的意外情况，应立即通知车站转告托运人或收货人处理。

货运事故发生后，处理单位通知有关各方组织调查分析，确定货物损失事故原因和事故责任单位，并根据有关规定做出赔偿处理。

### 3. 货运事故责任划分

承运人自承运货物时起至将货物交付时止，对货物发生的灭失、短少、变质、污染、损坏承担赔偿责任，但下列原因造成的损失，承运人不承担赔偿责任：

1）不可抗力；
2）货物本身自然属性、合理损耗；
3）托运人、收货人、押运人的过错；
4）由于托运人、收货人的责任或押运人的过错，使铁路运输工具、设备或第三者的货物造成损失时，托运人、收货人应负赔偿责任。

### 4. 提赔

收货人或托运人在接到承运人交给的货运记录后，认为是属于承运人的责任，可向承运人提出赔偿要求。提出赔偿要求时，须填制赔偿要求书并附货物运单（货物全部丢失时或票据丢失时凭领货凭证和货票丙联）、货运记录、货物损失清单和其他证明材料。承运人向托运人、收货人提出赔偿要求时，须提出货运记录、损失清单和其他必要的证明文件。

托运人、收货人与承运人相互间要求赔偿的有效期间为 180 日。有效期间的起算时间：货物丢失、损坏或铁路设备损坏为承运人交给货运记录的当日，货物全部损失未编有货运记录时为运到期限满期的第 31 日，其他赔偿为发生事故的次日。

承运人对托运人或收货人提出的赔偿要求，自受理之日起 30 日内（跨及 2 个铁路局以上的赔偿要求为 60 日）进行处理，并答复要求人。要求人收到答复的次日起 60 日内未提出异议，即为结案。对于承运人的审理结果有不同意见时，应自收到承运人答复的次日起 60 日内提出异议，逾期则视为默认。

对于托运人或收货人退还运输费用要求的处理也适用上述原则。

### 5. 赔偿款额

（1）保价货物。按货物实际损失赔偿，最多不超过该批货物的保价金额。货物损失一部分时，按损失部分占全批货物的比例乘以保价金额进行赔偿。

（2）非保价货物。不按件数只按重量承运的货物，每吨最多赔偿 100 元；按件数和重量承运的货物，每吨最多赔偿 2000 元；个人托运的行李或搬家货物，每 10 公斤最多赔偿 30 元；实际损失低于上述赔偿限额的，按照实际损失赔偿。

投保运输险的货物发生损失，由承运人与保险公司按规定赔偿。货物的损失，由于承运人的故意行为或重大过失造成的，不适用上述赔偿限额的规定，按照实际损失赔偿。

### 6. 事故责任分歧处理

托运人、收货人与承运人若对事故责任有分歧，应依照下列程序解决：

1）双方协商解决；
2）协商解决尚不能达成一致意见，一方可申请合同管理机关进行调解、仲裁；
3）向人民法院起诉，由法院审理判决。

提赔人不论采取哪种方式，均须在收到对方答复的 60 日内提出，超过这个期限各方均不予受理。经人民法院判决的案件，当事人一方对判决不服的，必须在判决书的指定日期内上诉，期满不上诉的，判决即付诸实施。

### 三、水路货物运输安全管理

随着经济和对外贸易的发展,我国的水运交通已经形成相当大的规模。船舶数量不断增多,航行密度不断增大。船舶日益趋向大型化、专业化,船舶航速不断提高,这也增大了船舶发生事故的风险。水运具有高风险的特点,一旦发生事故,造成的危害是巨大的,不但可能造成重大的人身伤亡,而且还可能造成巨大的社会、经济损失,有些事故可能造成严重的环境污染。因此,加强水路货物运输安全管理已经是一项非常迫切的任务。

在水路运输中,发生货物损失的情况有很多种,根据原因主要有两种。

#### (一)锈损

锈损为水路运输主要的损失方式,这是由于钢材的本身特性和运输时间决定的。在水路货物运输中发生生锈的原因主要有以下几种:

**1. 装入湿货**

钢材生锈是一个持续性的过程。在装货时,如果装入受潮(湿)的货物,就为钢材制品在运输中生锈提供了这个持续性过程的开始条件。在装货时,即使在钢材表面上只有少许的水分,在航行期间遇到货舱环境不利的情况,也可能发展为严重锈蚀,因此受潮(湿)的货物不能放入货舱。在装卸期间,如果遇到下雨(雪)天气,务必迅速关上舱盖,正常情况下,严禁在雨(雪)天气作业。如果在船方及港口、收货方交接记录上显示雨雪天气仍然卸货,就为追偿提供了有力的证据。

**2. 舱盖漏水**

在卸货港打开舱口时,有时由于航行途中突遇恶劣天气,船方在舱口密封不严或使用篷布质量不合格等导致渗漏或者篷布翻开。因此开航时必须用封舱胶带进行密封,并在天气变化时进行记录检查,是船方必须履行的义务。

**3. 未能正确通风**

在水路运输中,因为路途长、天气变化大、船舱内封闭,船舱内外会产生温差,舱内产生大量凝结水,从而导致钢材锈蚀。所以通风可以有效防止货舱内湿气积聚,避免舱内凝结水的产生。

**4. 污水井未及时排水**

污水井必须完全清洁和干燥,这是钢材运输中的先决条件。在航行中,货舱内污水主要由凝结水形成,如果钢材未垫高,很容易发生水损锈蚀。每天定期对污水井进行监控,并用泵及时抽水,是保持货舱内干燥的主要办法,负责任的船方一定会控制该风险。

#### (二)物理损伤

货物的物理损伤的主要形式有弯曲、凹陷、变形和边角蜷缩,主要原因为装卸货时未能按照规范堆码、拖吊时野蛮施工造成,很多钢材规定只能一层堆放,装船时必须垫高、铺草,防止滚动,拖吊时用吊装带施工,未按规定装卸货的,发生货损的原因均由承运方人为因素造成。

### 四、航空货物运输安全管理

随着国民经济的飞速发展，民用航空货运量与日俱增，危险物品的种类和数量也越来越多。航空运输的危险物品，无论在空中，还是在地面上，都对飞机的安全构成严重威胁，极易造成恶性事故。因此，了解一些危险物品空运安全的基本知识，以利于在各个环节上采取有效的安全措施，对于保证航空安全是很有必要的。

航空货物运输安全管理相关要求有以下两个方面：

#### 1. 托运要求

托运货物凭本人居民身份证或者其他有效身份证件，填写货物托运书，向承运人或其代理人办理托运手续。如承运人或其代理人要求出具单位介绍信或其他有效证明时，托运人也应提供。托运地政府规定限制运输的货物以及需向公安、检疫等有关政府部门办理手续的货物，应当随附有效证明。

#### 2. 航空邮件及航空快递运输

航空邮件的托运和承运双方要相互协作、密切配合，按公布的航班计划和邮件路单安全、迅速、准确地组织运输。

1）航空邮件应当按种类，用完好的航空邮袋分袋封装，加挂"航空"标牌。
2）承运人对接收的航空邮政信函应当优先组织运输。
3）航空邮件内不得夹带危险品及国家限制运输的物品。
4）航空邮件应当进行安全检查。
5）航空邮件按运输时限的不同计收相应的运费。
6）承运人运输邮件，仅对邮政企业承担责任。
7）航空快递企业要以相应规则为依据，使用专用标志、包装。
8）航空快递企业应当安全、快速、准确、优质地为货主提供服务，并按规定收取相应的服务费。发生违约行为时航空快递企业应当承担相应的经济责任。

### 五、管道运输安全管理

管道是工业装置中输送原料、中间产品和产品不可缺少的设备，并且所输送的物料也是多种多样的，有毒、腐蚀、易燃、易爆等物质都有，输送条件也多样化，有的要求低温或高温，有的要求高压等。因而，管道运输安全管理是一项只有开始没有结束的工作。在管道事故中，危害最大的当属爆炸和火灾事故，其次是水击事故，发生最多的是泄漏事故。各种事故之间经常会相互引发，以致一种事故没有得到及时控制，从而导致次生事故发生，有时次生事故的危害性和破坏性往往更加严重。

#### 1. 管道火灾爆炸事故的预防

管道火灾爆炸的原因有：管道泄漏，管道内形成爆炸性混合物，管道内超压，管道因堵塞而爆炸，由自燃而引发事故、引火源、易成火灾蔓延的通道。

管道火灾爆炸事故的预防要注意：遵守规范原则，选材、设计、加工、安装合理，加强防腐措施，要消除管道残余应力，按照安全规范操作，加强防火安全管理的工作，防静电，加装防火防爆安全装置。

### 2. 管道水击现象的预防

在日常生活中，我们碰到水流不稳定的现象很多。当我们快速关闭水龙头或关闭闸阀和水轮机导水叶时，在关闭过程中，随着阀门开度的减少，管道中的水流流速也逐渐减小，由于水流的动量快速变化，在闸阀的上游部分将产生压力升高，而在下游部分（如在尾水管中）产生压力降低。当开启阀门或水轮机导水叶时，管道中的流速逐渐增大，在导叶上游部分产生压力降低，而在下游部分（如在尾水管中）产生压力升高。特别是在水电站或水泵站的有压引水系统中，通常用导叶或阀门调节流量，以达到适应水电站出力变化或水泵站供水量变化的生产要求。这种调节往往是快速的，因此必然引起有压引水管道中的流速发生急剧变化，伴随着将产生管道中液体内部压强迅速交替升降的水力现象。这种交替升降的压强作用在管道、阀门或其他管道元器件上好像锤击一样，故称这种有压非恒定流为水击现象，简称水击。交替升降的压强称为水击压强。

由于水击可能对管道或设备等造成很大破坏，因此有必要根据具体情况采取相应的措施来消除水击或减少水击压力。如增设防止水击的设备、建立安全操作规程等。

### 3. 管道防腐

由于管道一般所处的物理空间存在发生腐蚀变化的条件，如空气、土壤等，管道的内部和外部容易发生腐蚀。管道的腐蚀是发生泄漏、管道穿孔、压力不足等故障的主要原因之一。在一些运输活动中，由于输送介质种类不一，有些在高温高压下进行，且腐蚀介质复杂，腐蚀严重，经常出现穿孔泄漏，甚至引起火灾爆炸，严重危害人身和财产安全，污染环境，影响正常的物流活动。因此，管道运输过程中应特别注意管道的防腐工作。对腐蚀严重的旧管道进行返修时，可采用涂敷固化法、塑料管穿插法、软管翻转转法、预成型二次固化法等工艺技术，使管道恢复正常使用，具有较好的经济效益和安全效益。

## 项目二　货物运输系统安全技术

### 一、运输系统事故模式

事故发生有其自身的规律和特点，了解事故的发生、发展和形成过程对于辨识、评价和控制危险源具有重要意义。只有掌握事故发生的规律，才能保证生产系统处于安全状态，事故致因理论是帮助人们认识事故整个过程的重要理论依据。运输系统事故模式包括（但不限于）以下几种：

#### （一）骨牌理论

骨牌理论，也称作多米诺骨牌理论。该理论认为，在物流的人机环境系统中，事故的发生也往往具有连锁反应的特征，一种可防止的伤亡事故的发生，是一系列事件顺序发生的结果。它引用了多米诺效应的基本含义，认为事故的发生，就好像是一连串垂直旋转的骨牌，前一个倒下，引起后面的一个个骨牌顺序倒下。当最后一个倒下，就意味着伤害结果

骨牌理论——揭开事故连锁反应的神秘面纱

发生，其原理如图 10-2 所示。

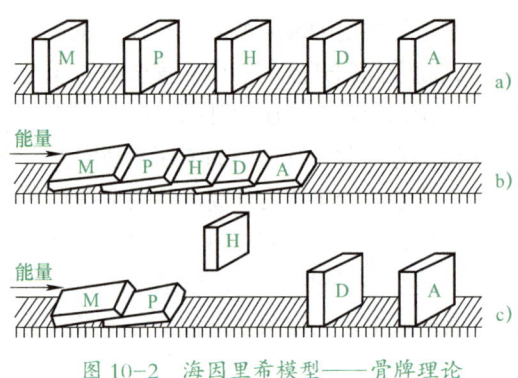

图 10-2　海因里希模型——骨牌理论

## （二）能量意外释放理论

调查伤亡事故原因发现，大多数伤亡事故都是因为过量的能量或干扰人体与外界正常能量交换的危险物质的意外释放引起的，并且几乎毫无例外，这种过量能量或危险物质的释放都是由于人的不安全行为或物的不安全状态造成的。即人的不安全行为或物的不安全状态使得能量或危险物质失去了控制，是能量或危险物质释放的导火线。

1961 年吉布森（Gibson）提出，事故是一种不正常的或不希望的能量释放，意外释放的各种形式的能量是构成伤害的直接原因。因此，应该通过控制能量或控制能量载体（能量达及人体的媒介）来预防伤害事故。在吉布森的研究基础上，1966 年时任美国运输部安全局局长的哈登（Haddon）完善了能量意外释放理论，提出"人受伤害的原因只能是某种能量的转移"，并提出了能量逆流于人体造成伤害的分类方法，他将伤害分为以下两类。

第一类伤害是由于施加了超过局部或全身性损伤阈值的能量引起的；第二类伤害是由于影响了局部或全身性能量交换引起的，主要指中毒窒息和冻伤。能量在生产过程中是不可缺少的，人类利用能量做功以实现生产目的。人类为了利用能量做功，必须控制能量。在正常生产过程中，能量受到种种约束和限制，按照人们的意志流动、转换和做功。如果由于某种原因，能量失去了控制，超越了人们设置的约束或限制而意外地逸出或释放，必然造成事故。如果失去控制的、意外释放的能量达及人体，并且能量的作用超过了人体的承受能力，人体必将受到伤害。

根据能量意外释放理论，伤害事故原因有以下两个方面：

1）接触了超过机体组织（或结构）抵抗力的某种形式的过量的能量。

2）有机体与周围环境的正常能量交换受到了干扰（如窒息、淹溺等）。

因而，各种形式的能量是构成伤害的直接原因。同时，也常常通过控制能源或控制达及人体媒介的能量载体来预防伤害事故。机械能（动能和势能统称为机械能）、电能、热能、化学能、电离及非电离辐射、声能和生物能等形式的能量，都可能导致人员伤害，其中前四种形式的能量引起的伤害最为常见。意外释放的机械能是造成工业伤害事故的主要能量形式。处于高处的人员或物体具有较高的势能，当人员具有的势能意外释放时，发生坠落或跌落事故；当物体具有的势能意外释放时，将发生物体打击等事故。除了势能外，动能是另一种形式的机械能，各种运输车辆和各种机械设备的运动部分都具有较大的动能，工作人员一旦与之接触，将发生车辆伤害或机械伤害事故。现代化工业生产中广泛利用电能，当人们意外地接近或接触带电体时，可能因发生的触电事故而受到伤害。工业生产中广泛利用热能，生产中利用的电能、机械能或化学能可以转变为热能，可燃物燃烧时释放出大量的热能，人体在热能的作用下，可能遭受烧灼或发生烫伤。有毒有害的化学物质使人员中毒，是化学能引起的典型伤害事故。

## 二、运输系统安全质量分析工具

运输系统是一个复杂的系统，具有自身的特性，同时运输行业涉及的范围广，条件差异性很大，下面介绍几种常用的分析工具。

### （一）因果分析图

影响事故发生的因素多种多样，这些因素往往又错综复杂地交织在一起。企业只有准确地找出问题产生的根源，才能从根本上解决问题，进而避免事故的发生。因果分析图就是寻找问题产生原因的一种有效方法，它能清晰、有效的整理和分析出事故和诸多因素之间的关系。

因果分析图又叫特性要素图、树枝图和鱼刺图等，它最早于1953年应用于实际工作中，并取得了很好的效果，从而得到推广。

一般说来，影响事故的原因尽管很多，关系复杂，但归纳起来，不外乎存在两种互为依存的关系，即平行关系和因果关系。在进行事故分析时，如果通过直观方法能够找出属于同一层的有关因素的主次关系（平行关系），就可以利用排列图对它们进行统计分析。但是由于因素在层间还存在着纵向的因果关系，这就要求要有一种方法能同时整理出这两种关系，因果分析图就是根据这种需要而构思的。在具体分析时，我们可以从事故出发，分析哪些因素是影响事故的大原因，进而从大原因出发寻找中原因、小原因和更小原因，并查出和确定主要原因。

因果图就是用"鱼骨"表示小原因、中原因、大原因、某种结果之间的因果关系的图形。因果分析图法是针对某一结果通过分析，制作因果图，并查明和确认主要原因的方法。

### （二）安全检查表

安全检查表（safety check list）是通过安全检查发现潜在危险的一种有力工具，国外在20世纪30年代即已经采用。因为安全检查表可以事先组织有关人员编制，可以做到内容全面周到，再经过较长时间的实践检验和修订，还可能成为检查、预测事故的重要手段，既可供设计新企业、新工艺时参考，又可作为进行安全教育用的教材，所以直到现在仍为各国安全工作人员所采用。

安全检查表为安全系统工程的产生创造了基础，因为这种表本身就应用了系统分析的原理。现在的安全系统分析方法，如故障类型影响及危险度分析（FMECA）、事件树分析（ETA）、事故树分析（FTA）等，都是在这个基础上发展出来的。

安全检查表分析是将一系列分析项目列入检查表进行分析，以确定系统、场所的状态，这些项目可以包括场所、周边环境、设备、设施等。

安全检查表是进行安全检查、发现潜在危险的一种实用而简单可行的工具，其内容包括法律法规、标准、规范和规定。因为安全检查表的编制是基于经验的，所以编制安全检查表的评价人员应当熟悉装置的操作、标准和规程，并从有关渠道（如内部标准、规范、行业指南等）选择合适的安全检查内容。

### （三）预先危险分析

预先危险分析又称初步危险分析，主要用于对危险物质和装置的主要工艺区域等进行分析。它常常用于项目装置等在开发初期阶段,针对物料、装置、工艺过程以及能量失控时可能出现的危险性类别、条件及可能造成的后果作宏观的概略分析,其目的是辨识系统中存在的潜在危险,确定其危险等级,防止这些危险发展成事故。其功能主要有:大体识别与系统有关的主要危险;鉴别产生危险的原因;估算事故出现对人体及系统产生的影响;判定已识别的危险性等级,并提出消除或控制危险的措施。

### (四)排列图分析法

排列图分析法又称主次因素分析法、帕累托(pareto)图法,它是找出影响安全质量主要因素的一种简单而有效的图表分析方法。1897年意大利经济学家柏拉图(1848—1923)在分析社会经济结构时发现,80%的财富掌握在20%的人手里,该理论后被称为"柏拉图法则"。排列图是根据"关键的少数和次要的多数"的原理而制作的,也就是将影响产品质量的众多影响因素按其对质量影响程度的大小,用直方图形(也称为矩形或柱状图)顺序排列,从而找出主要因素。其结构是由两个纵坐标和一个横坐标、若干个直方形和一条折线构成。左侧纵坐标表示不合格品出现的频数(出现次数或金额等),用于衡量每个因素的具体影响程度;右侧纵坐标表示不合格品出现的累计频率(如百分比表示),用于显示各因素对总问题的累积贡献;横坐标表示影响质量的各种因素,按照影响从大到小顺序排列,即最重要的因素排在最左边,次要因素依次向右排列;直方图形高度表示相应的因素影响程度(即出现频率为多少),折线表示累计频率(也称帕累托曲线)。

通常累计百分比将影响因素分为以下三类。

1)占比约为80%的为A类因素,也就是主要因素;

2)占比约为10%的为B类因素,是次要因素;

3)占比小于10%的为C类因素,即一般因素。

由于A类因素占存在问题的80%,此类因素问题解决了,质量方面的大部分问题就得到了解决。

### (五)控制图

控制图又叫管理图。它是用来区分由异常原因引起的波动,或是由过程固有的随机原因引起的偶然波动的一种工具。控制图建立在数理统计学的基础上,它利用有效数据建立控制界限。控制界限一般分为上控制界限(UCL,Upper Control Limit)和下控制界限(LCL,Lower Control Limit)。控制图的基本结构如图10-3所示。

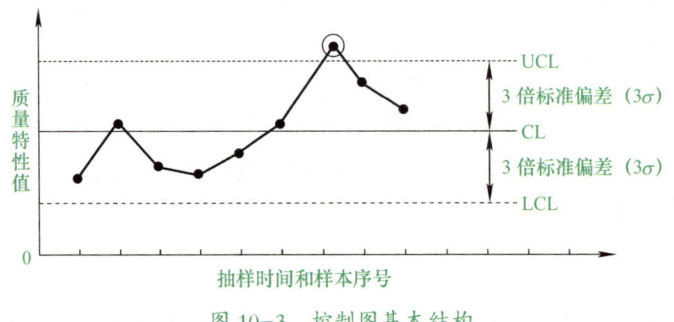

图10-3 控制图基本结构

### 1. 控制图分类

控制图的种类很多，一般按数据的性质分为计量值控制图、计数值控制图两大类。

### 2. 控制图的作用

（1）在质量诊断方面。可以用来度量过程的稳定性，即过程是否处于统计控制状态；

（2）在质量控制方面。可以用来确定什么时候需要对过程加以调整，什么时候需使过程保持相应的稳定状态；

（3）在质量改进方面。可以用来确认某过程是否得到了改进。

控制图的分类、特点和适用场合见表10-2。

表10-2 控制图的分类、特点和适用场合

| 类别 | 名称 | 控制图符号 | 特点 | 适用场合 |
| --- | --- | --- | --- | --- |
| 计量值控制图 | 平均值-极差控制图 | x-R | 最常用，判断工序是否正常的效果好，但计算工作量很大 | 适用于产品批量较大的工序 |
| | 中位数-极差控制图 | x-R | 计算简便，但效果较差 | 适用于产品批量较大的工序 |
| | 单值-移动极差控制图 | x-Rs | 优点是简便省事，并能及时判断工序是否处于稳定状态。缺点是不易发现工序分布中心的变化 | 因各种原因（时间、费用等）每次只能得到一个数据或希望尽快发现并消除异常原因 |
| 计数值控制图 | 不合格品数控制图 | Pn | 较常用，计算简单，操作工人易于理解 | 样本容量相等 |
| | 不合格品率控制图 | P | 计算量大，控制线凹凸不平 | 样本容量不等 |
| | 缺陷数控制图 | c | 较常用，计算简单，操作工人易于理解 | 样本容量相等 |
| | 单位缺陷数控制图 | u | 计算量大，控制线凹凸不平 | 样本容量不等 |

## （六）事故树分析法

事故树分析法（FTA）又称故障树分析法，是从结果到原因找出与灾害事故有关的各种因素之间因果关系和逻辑关系的作图分析法。它是从要分析的特定事故或故障开始（顶上事件），层层分析其发生原因，直到找出事故的基本原因，即故障树的底事件为止，这些底事件又称为基本事件。各因果关系用不同的逻辑门连接起来，这样得到的图形像一棵倒置的树，所以人们给这种方法起了个形象的名字——事故树分析法。

### 1. 事故树分析法的基本程序

（1）熟悉系统。详细了解系统状态、工艺过程及各种参数，以及作业情况、环境状况等，绘出工艺流程图及布置图。

（2）调查事故。广泛收集同类系统的安全事故，进行事故统计（包括未遂事故），设想给定系统可能要发生的事故。

（3）确定顶上事件。要分析的对象事件即为顶上事件，对所调查的事故进行全面分析，

分析其损失大小和发生的概率，从中找出后果严重且较易发生的事故作为顶上事件。

（4）确定目标枝。根据经验教训和事故案例，经统计分析后，求出事故发生的概率（频率）作为要控制的事故目标值，计算事故的损失率，采取措施使之达到可以接受的安全指标。

（5）调查原因事件。全面分析、调查与事故有关的所有原因事件和各种因素，如设备、设施、人为失误、安全管理、环境等。

（6）画出事故树。从顶上事件起，按演绎分析的方法，逐级找出直接原因事件，到所要分析的深度，按其逻辑关系，用逻辑门将上下层连接起来，画出事故树。

（7）定性分析。按事故树结构运用布尔代数进行简化，求出最小割（经）集确定各基本事件的结构重要度。

（8）求出顶上事件发生概率。确定所有原因事件发生概率，标在事故树上，并进而求出顶上事件（事故）发生概率。

（9）进行比较。将求出的概率与统计所得概率进行比较，如不符，则需返回"（5）调查原因事件"，查找原因事件是否有误或遗漏，逻辑关系是否正确，基本原因事件的概率是否合适等。

（10）定量分析。分析研究事故发生概率、如何才能降低事故概率，并选出最优方案。通过重要度分析，确定突破口，加强控制，防止事故的发生。

从理论角度，事故树分析法分上述 10 个基本程序，在分析时可视具体问题灵活掌握。如果事故树规模很大，可借助计算机进行。

### 2. 事故树分析法的特点

事故树分析法的应用范围比较广泛，非常适用于重复性较大的系统。其优点如下：

1）能识别导致事故的基本事件（基本的设备故障）与人为失误的组合，可为人们提供设法避免或减少导致事故基本原因的线索，从而降低事故发生的可能性；

2）对导致灾害事故的各种因素及逻辑关系能做出全面、简洁和形象的描述；

3）便于查明系统内固有的各种危险因素，为设计、施工和管理提供科学依据；

4）使有关人员、作业人员全面了解和掌握各项防灾要点；

5）便于进行逻辑运算，进行定性分析、定量分析和系统评价。

事故树分析法是一种非常有效的系统安全分析工具，通过构建事故树模型，不仅可以帮助人们识别可能导致事故发生的各种潜在因素，还可以评估这些因素对事故发生的影响程度，从而采取有效的预防措施，提高系统的安全性和可靠性。在实际应用中，结合其他分析方法和技术手段，可以进一步增强事故树分析法的效果。事故树的缺点是分析步骤多，计算复杂，且国内相关数据积累较少，进行定量分析的工作量大。

### 职业素养

随着我国经济的快速发展，物流行业已成为支撑国民经济运行的重要力量。2021 年，国务院办公厅发布的《关于进一步优化营商环境更好服务市场主体的实施意见》中明确指出，要提高交通运输行业的服务水平和安全保障能力，这对从业人员的职业素养提出了更高要求。首先，在货物运输安全管理概述方面，从业者需要具备扎实的专业知识基础，了解相关法律法规，如《中华人民共和国安全生产法》《中华人民共和国道路运输条例》等，并能将这些法律法规知识运用到实际工作中去。同时，还应掌握风险管理的基本方法和技术手段，能够有效识别和评估运输过程中的潜在风险点，采取合理措施进行预防和控制。其次，在货物运输系统安全技术层面，随着物联网、大数据、人工智能等新技术的发展与应用，现代物流业正在经历一场深刻的变革。这就要求从业人员不仅要熟练掌握传统物流管理技能，还要不断学习新知识、新技能，比如智能仓储管理系统、自动化分拣设备的操作与维护等，以适应行业发展需求。再次，良好的职业道德也是相关人员不可或缺的一部分。诚实守信、尊重客户、团结协作、积极进取等品质有助于塑造良好的企业形象和社会声誉，为构建和谐稳定的物流市场环境做出贡献。总之，只有不断提高自身的职业素养，才能更好地应对挑战、把握机遇，在保障货物安全高效运输的同时，推动整个物流行业持续健康地发展。

## 模块练习

### 一、选择题

1. 下列不属于货物运输安全管理基本原则的是（　　）。
   A. 安全第一　　　B. 预防为主　　　C. 综合治理　　　D. 最大化效益
2. 下列不需要进行特殊安全评估和管理的是（　　）。
   A. 运输放射性物质　　　　　　　B. 运输易燃液体
   C. 运输大宗普通货物　　　　　　D. 运输剧毒化学品
3. 关于货物装载的要求，说法错误的是（　　）。
   A. 货物必须按照规定的顺序装载　　B. 危险货物可以与普通货物混装
   C. 装载时要考虑车辆的承载能力　　D. 特殊货物需要采取特定的安全措施
4. 在货物运输中，驾驶员的安全培训内容不包括（　　）。
   A. 交通安全法律法规　　　　　　B. 应急处理技能
   C. 心理健康知识　　　　　　　　D. 货物装卸操作技巧
5. 在货物运输安全管理中，运输路线的选择应考虑（　　）。
   A. 路线的安全性　　　　　　　　B. 路线的距离和时间
   C. 路线的通行条件　　　　　　　D. 以上所有
6. 在货物运输中，关于 GPS 监控系统的使用，说法正确的是（　　）。
   A. 主要用于追踪车辆位置　　　　B. 只能监控车辆速度
   C. 无法实现远程调度管理　　　　D. 仅在长途运输中有用
7. 在运输安全管理中，最容易发生事故的环节是（　　）。
   A. 装货　　　　B. 运输　　　　C. 卸货　　　　D. 仓储
8. 以下属于运输安全管理中的重要环节的是（　　）。
   A. 运输效率　　B. 运输质量　　C. 运输成本　　D. 运输时间

## 二、判断题

1. 货物运输安全管理的目标之一是确保货物的安全送达。（    ）
2. 所有运输车辆都必须配备灭火器。（    ）
3. 运输易燃物品时，车辆必须贴有相应的警示标志。（    ）
4. 对于普通货物运输，无须进行特别的安全培训。（    ）
5. 运输过程中发生的任何安全事故都必须立即上报相关部门。（    ）
6. 为了提高效率，可以在保证安全的前提下适当超载。（    ）
7. 货物运输车辆的维护保养记录不是必要的。（    ）
8. 在货物运输中，应当定期对驾驶员进行心理辅导以减轻工作压力。（    ）
9. 运输危险品时，只需要遵守国内相关法规即可，无须考虑国际标准。（    ）
10. GPS 监控系统只能用于长途运输车辆的监控。（    ）

## 三、简答题

1. 简述货物运输安全管理的基本原则。
2. 说明在货物运输过程中，如何确保货物的安全？
3. 危险品运输车辆的日常检查主要包括哪些方面？
4. 如何预防货物运输过程中的交通事故？
5. 事故树分析法的优缺点有哪些？
6. 公路货物运输安全管理措施有哪些？

## 四、案例分析题

某物流公司是一家专业从事危险化学品运输的企业，在行业内享有较高声誉。近年来，随着业务规模的不断扩大，公司在货物运输安全管理方面遇到了一些挑战。2023 年初，该公司发生了一起较为严重的安全事故：一辆装载有易燃液体的运输车辆在高速公路上发生侧翻，导致部分化学品泄漏并引发火灾，造成周边环境受到污染，同时也给公司的声誉带来了负面影响。

事故发生后，公司领导层高度重视，立即启动应急预案，组织专业人员进行现场处置，并邀请专家对事故原因进行深入调查。初步调查显示，此次事故的发生可能与以下几个方面有关：

1. 驾驶员操作不当：据目击者反映，事发前该车驾驶员可能存在疲劳驾驶的情况。
2. 车辆维护不及时：事故车辆存在一定的安全隐患，如制动系统老化等，未能得到及时有效的检修。
3. 货物包装存在问题：部分易燃液体的包装不符合国家标准要求，增加了运输过程中的风险。
4. 应急响应机制不健全：虽然公司制定了应急预案，但在实际操作过程中，由于公司对员工的培训不足，导致应急处置效率低下。

**问题：**

请从货物运输安全管理的角度出发，对此次事故进行全面分析，并提出具体的改进措施。

# 参 考 文 献

[1] 霍红，牟维哲，徐玲玲，等. 货物学 [M]. 4 版. 北京：中国人民大学出版社，2022.
[2] 张彤，赵静，孙国芳，等. 货物学基础 [M]. 2 版. 北京：清华大学出版社，2021.
[3] 霍红，牟维哲. 货物学 [M]. 3 版. 北京：中国人民大学出版社，2018.
[4] 蔡佩林，蓝贤钢，辛明，等. 货物学基础 [M]. 北京：人民交通出版社股份有限公司，2016.
[5] 周艳，王波，白燕. 货物学 [M]. 北京：清华大学出版社，2015.
[6] 黎聪，颉栋栋. 运输管理实务 [M]. 北京：电子工业出版社，2023.
[7] 陈赋光，颉栋栋. 物流工程概论 [M]. 北京：机械工业出版社，2024.
[8] 吴砚峰. 物流信息技术 [M]. 4 版. 北京：高等教育出版社，2021.